AF275196

Disfrute gratuitamente **DURANTE UN AÑO** de los eBook y audiolibros de las obras de Editorial Colex*

⊙ Acceda a la página web de la editorial **www.colex.es**

⊙ Identifíquese con su usuario y contraseña. En caso de no disponer de una cuenta regístrese.

⊙ Acceda en el menú de usuario a la pestaña «Mis códigos» e introduzca el que aparece a continuación:

RASCAR PARA VISUALIZAR EL CÓDIGO

Negligencias médicas. Paso a Paso

⊙ Una vez se valide el código, aparecerá una ventana de confirmación y su eBook y/o audiolibro estará disponible **durante 1 año desde su activación** en la pestaña «Mis libros» en el menú de usuario.

---

* Los audiolibros están disponibles en las ediciones más recientes de nuestras obras. Se excluyen expresamente las colecciones «Códigos comentados», «Biblioteca digital» y los productos de www.vademecumlegal.es.

No se admitirá la devolución si el código promocional ha sido manipulado y/o utilizado.

¡Gracias por confiar en nosotros!

La obra que acaba de adquirir incluye de forma gratuita la versión electrónica. Acceda a nuestra página web para aprovechar todas las funcionalidades de las que dispone en nuestro lector.

Funcionalidades eBook

Acceso desde cualquier dispositivo con conexión a internet

Idéntica visualización a la edición de papel

Navegación intuitiva

Tamaño del texto adaptable

Síguenos en:

NEGLIGENCIAS MÉDICAS

Guía práctica sobre la responsabilidad civil,
administrativa y penal del colectivo médico

NEGLIGENCIAS MÉDICAS

Guía práctica sobre la responsabilidad civil, administrativa y penal del colectivo médico

4.ª EDICIÓN 2024

Obra realizada por el Departamento de Documentación de Iberley

COLEX 2024

© Editorial Colex, S.L.
Calle Sol, número 20, bajo
A Coruña, C.P. 15003
info@colex.es
www.colex.es

I.S.B.N.: 978-84-1194-614-8
Depósito legal: C 1593-2024

SUMARIO

ANEXO I.
CASOS PRÁCTICOS

ANEXO II.
FORMULARIOS

0.
INTRODUCCIÓN

JURAMENTO HIPOCRÁTICO
(versión actualizada)

Como miembro de la profesión médica:

Prometo solemnemente dedicar mi vida al servicio de la humanidad; velar ante todo por la salud y bienestar de mis pacientes; respetar la autonomía y la dignidad de mis pacientes; velar con el máximo respeto por la vida humana; no permitir que consideraciones de edad, enfermedad o incapacidad, credo, origen étnico, sexo, nacionalidad, afiliación política, raza, orientación sexual, clase social o cualquier otro factor se interpongan entre mis deberes y mis pacientes; guardar y respetar los secretos que se me hayan confiado, incluso después del fallecimiento de mis pacientes; ejercer mi profesión con conciencia y dignidad, conforme a la buena práctica médica; promover el honor y las nobles tradiciones de la profesión médica; otorgar a mis maestros, colegas y estudiantes el respeto y la gratitud que merecen; compartir mis conocimientos médicos en beneficio del paciente y del avance de la salud; cuidar mi propia salud, bienestar y capacidades para prestar atención médica del más alto nivel; no emplear mis conocimientos médicos para violar los derechos humanos y las libertades ciudadanas, ni siquiera bajo amenaza; hago esta promesa solemne y libremente, empeñando mi palabra de honor.

Ya desde la antigua redacción del Juramento Hipocrático queda patente que los profesionales de la medicina deben desempeñar su labor con el máximo rigor y diligencia pues tienen en sus manos el bien más preciado: la vida.

La falta de información previa a las intervenciones, los retrasos en el diagnóstico, las infecciones o contagios en centros médicos, suministros de medicamentos inadecuados, daños en el feto, ausencia de actuaciones de urgencia, etc. Son solo algunos de los errores que pueden cometer los profesionales en el ejercicio de la actividad médica.

En la presente guía se aborda la regulación jurídica de la responsabilidad de los profesionales sanitarios cuando comenten errores, causando daños a los pacientes o a sus familiares. La responsabilidad puede tener lugar en los ámbitos civil, administrativo y penal.

Mientras que en la vía civil se resarcirán los daños causados en la sanidad privada, en la vía administrativa se reclamará la responsabilidad patrimonial de la Administración por las actuaciones en la sanidad pública. Finalmente, la vía penal queda reservada para los casos más graves y las más patentes vulneraciones del deber de diligencia y cuidado.

Se reiterará a lo largo de esta obra tres cuestiones fundamentales:

1. La necesidad de verificar si la actuación sanitaria se ha desarrollado conforme a la *lex artis*, que no es otra cosa que la obligación del profesional de la medicina de actuar con la debida diligencia, realizando sus funciones según la técnica, la deontología y el sentido común humanitario y teniendo en cuenta las especiales características de su autor, de la profesión, de la complejidad y trascendencia vital del paciente, así como de la influencia de otros factores del enfermo.

2. No se podrán realizar formulaciones genéricas sobre cuándo el profesional debe ser necesariamente responsable, pues siempre hay que examinar cada caso y paciente en concreto, ya que ningún caso clínico es idéntico a otro.

3. Toda intervención médica está sujeta al componente aleatorio propio de la misma por lo que los riesgos y las complicaciones que pueden surgir se escapan en muchas ocasiones al control humano del facultativo.

A partir de estas cuestiones esenciales puede comenzar el estudio paso a paso de la responsabilidad médica en la triple vertiente: civil, administrativa y penal.

1.
RESPONSABILIDAD CIVIL

1.1. Jurisdicción

La responsabilidad civil por una negligencia médica es la responsabilidad derivada de una mala praxis médica por parte de un médico o un proveedor de asistencia sanitaria, y como consecuencia de esa mala práctica el paciente sufre una lesión o incluso la muerte, por la que surge un derecho a ser indemnizado.

El **Tribunal Supremo en la sentencia n.º 334/2024, de 6 de marzo, ECLI:ES:TS:2024:1466**, establece que «es evidente, también, que constituye presupuesto indeclinable para la apreciación de la responsabilidad civil o patrimonial de la administración la existencia de una relación de causalidad entre la conducta de un sujeto de derecho y el resultado producido, y tal requisito opera tanto en los casos de responsabilidad subjetiva como objetiva, pues la diferencia entre ambas radica en el título de imputación jurídica, pero no en el vínculo que ineludiblemente debe existir entre acción u omisión y el resultado dañoso causado, pues como señala la sentencia de esta sala primera 1122/2006, de 15 de noviembre, "[...] si no hay causalidad no cabe hablar, no ya de responsabilidad subjetiva, sino tampoco de responsabilidad objetiva u objetivada" y añadimos nosotros y patrimonial de la administración».

1.1.1. Jurisdicción civil

Debemos partir de la **Ley Orgánica 6/1985, de 1 de julio, del Poder Judicial** (en adelante, **LOPJ**). El artículo 9.2 de la LOPJ dispone que conocerá la jurisdicción civil de las materias que le son propias y de todas aquellas no atribuidas a otro orden jurisdiccional.

Corresponde a la jurisdicción civil conocer de las **controversias sobre responsabilidad médica si la asistencia sanitaria se prestó en el marco de una relación de derecho privado**:

- Si entre el facultativo y el paciente no existe una relación contractual previa, surgirá la responsabilidad extracontractual si se causa un daño habiendo mediado culpa o negligencia, de conformidad con el **artículo 1902 del Código Civil**.

- Si entre el facultativo y el paciente ha mediado un acuerdo contractual (normalmente de arrendamiento de obra o servicios) surgirá la obligación de indemnizar en caso de incumplimiento de las cláusulas pactadas por dolo o culpa.

CUESTIÓN

En caso de que no se sigan los cauces del recurso contencioso-administrativo contra la resolución de la Administración, alcanzando esta firmeza, ¿supone la renuncia de la acción directa contra la aseguradora?

No, pues una cosa es que ya no se pueda exigir responsabilidad a la Administración, y otra muy distinta que, de haberse producido el riesgo asegurado, la aseguradora no deba responder. En este sentido, la **sentencia de la Audiencia Provincial de Madrid n.º 126/2018, de 10 de abril, ECLI:ES:APM:2018:5404**, dispone: «(...) con sustento en la jurisprudencia extractada, aunque la doctrina de los tribunales provinciales no es pacífica sobre la posibilidad de ejercicio de la acción directa después de recaída resolución denegatoria de la responsabilidad patrimonial en vía administrativa o incluso después de haberse desistido del recurso contencioso-administrativo; compartimos la tesis de que "no se puede obligar a quienes les asiste un derecho procesal autónomo de ejercitar la acción directa del artículo 76 de la LCS a acudir a la jurisdicción contencioso-administrativa buscando una declaración de responsabilidad patrimonial de Administración" (SAP Barcelona 14ª 395/2017, 27.7, con excepciones). "El hecho de que los actores no prosiguieran los cauces del recurso contencioso-administrativo contra la resolución de la administración, alcanzando firmeza esta última, no supuso su renuncia al ejercicio de la acción directa frente a la aseguradora, ex artículo 76 de la Ley 50/1980. Una cosa es que ya no se pueda exigir responsabilidad a la Administración, y otra muy distinta que, de haberse producido el riesgo asegurado -mal funcionamiento del servicio público, ante una actuación negligente de los facultativos que atendieron a la parturienta-, la aseguradora no deba responder. No hay resolución judicial firme alguna en la que se declare la inexistencia de responsabilidad del Servicio Público de Salud de la Comunidad de Madrid, único supuesto en que esta jurisdicción se vería abocada a negar también la de la aseguradora, deudora solidaria junto con aquél frente al paciente. Interpretar de otro modo el alcance del artículo 76 de la Ley de Contrato de Seguro, supondría vaciarlo de contenido" (SAP Madrid 9ª 276/2017, 12.6; contra Madrid 18ª 384/2016, 3.10 si bien para negar la posibilidad de recibir una indemnización mayor). Finalmente, alguna resolución es pábulo del argumento de que "hay dos acciones distintas que son objeto de cobertura en el contrato de seguro, una la exigencia de responsabilidad civil del profesional y otra la de responsabilidad patrimonial administrativa del S.A.S. (por defectuoso funcionamiento de la Administración)" (SAP Huelva 2ª 273/2016, 30.5), aunque la demandante pretende auxiliarse de esta razón coadyuvante mediante un exceso reinterpretativo en el recurso en relación con la fundamentación verdaderamente contenida en su escrito rector inicial».

1.1.2. Otros órdenes jurisdiccionales

Durante mucho tiempo ha existido problemática a la hora de acudir a determinar la jurisdicción competente en materia de responsabilidad médica. Así durante años se producía lo que se conocía como «peregrinaje de jurisdicciones», pues entraban en conflicto los órdenes civil, penal y contencioso-administrativo.

Jurisdicción contencioso-administrativa

En la actualidad dilucidar la jurisdicción para el conocimiento de las controversias en materia de responsabilidad médica es una cuestión que no plantea una gran problemática. Tradicionalmente cuando el perjudicado por el acto médico quería demandar al servicio público de salud y al médico particular causante del daño o a la compañía aseguradora, la jurisprudencia del Tribunal Supremo declaraba competente su jurisdicción sobre la base de la vis atractiva de la jurisdicción civil.

La reforma llevada a cabo en la LOPJ en el año 2003 puso fin al conflicto entre los órdenes civil y contencioso-administrativo, al atribuir a este último la competencia jurisdiccional para conocer todos los supuestos en que intervenga el centro público en la producción del daño, salvo los casos de acción directa contra la compañía aseguradora.

Actualmente, tanto el **artículo 9.4 de la LOPJ** como el artículo 2 de la Ley 29/1998, de 13 de julio, reguladora de la Jurisdicción Contencioso-administrativa, atribuyen la competencia al orden jurisdiccional contencioso-administrativo en materia de responsabilidad patrimonial de las Administraciones públicas y del personal a su servicio, cualquiera que sea la naturaleza de la actividad o el tipo de relación de que derive. Asimismo, en los casos siguientes:

- Cuando concurran sujetos privados a la producción del daño.
- Cuando se accione directamente contra la aseguradora de la Administración, junto a la Administración respectiva.
- Cuando las demandas de responsabilidad patrimonial se dirigen, además, contra las personas o entidades públicas o privadas indirectamente responsables de aquellas.

Además, una de las características de la responsabilidad patrimonial de la Administración es que se trata de una **responsabilidad directa**, es decir, aunque se va a verificar la actuación de los profesionales sanitarios, **será la Administración de la que dependan la que responderá frente al perjudicado**. Todo ello, sin perjuicio de que la Administración que satisface la indemnización al perjudicado, disponga de una acción de regreso frente a sus agentes si hubiesen incurrido en dolo, culpa o negligencias graves, de acuerdo con el artículo 36.2 de la Ley 40/2015, de 1 de octubre.

En este sentido, la **sentencia de la Audiencia Provincial de Barcelona n.º 477/2018, de 2 de octubre, ECLI:ES:APB:2018:9940**, establece que la competencia para conocer de los asuntos en que se ejercite una demanda de responsabilidad civil contra un ente u organismo de la Administración, sea o no conjuntamente con un particular, corresponde a la jurisdicción contencioso-administrativa.

En conclusión, corresponde a la jurisdicción civil conocer de las demandas sobre responsabilidad médica si la asistencia sanitaria se prestó en el marco de una relación de derecho privado. Si quien ha causado el daño es exclusivamente un particular/centro médico o se ejercita acción directa contra la compañía aseguradora (artículo 76 de la Ley 50/1980, de 8 de octubre de Contrato de Seguro, en adelante LCS) conocerá de la controversia la jurisdicción civil.

En los demás casos, **siempre que intervenga un centro público extenderá su jurisdicción el orden contencioso-administrativo.**

> **CUESTIÓN**
>
> **Un paciente sufre un daño como consecuencia de la actuación de un médico de la sanidad pública. ¿Ante qué jurisdicción debe presentar la reclamación?**
>
> Se debe demandar ante la jurisdicción contencioso-administrativa por estar el médico al servicio de un centro sanitario público, conforme a los artículos 9.4 de la LOPJ y 2 de la LJCA, que atribuye competencia al orden jurisdiccional contencioso-administrativo cuando «el daño haya sido causado por centros sanitarios públicos y el personal a su servicio».

Es importante traer a colación la **sentencia del Tribunal Supremo n.º 321/2019, de 5 de junio, ECLI:ES:TS:2019:1840,** que advierte que **la jurisdicción civil puede y debe pronunciarse prejudicialmente sobre la existencia de responsabilidad de la Administración cuando se ejercite solo la acción directa frente a la aseguradora,** lo que expresamente viene contemplado en el artículo 42 de la LEC.

Sin embargo, el pleno del Alto Tribunal hace dos puntualizaciones:

- **El pronunciamiento prejudicial sobre si la Administración ha incurrido en responsabilidad patrimonial se verificará conforme a la normativa de la misma.**

- **Solo será competente la jurisdicción civil a los solos efectos del proceso,** sin que ello suponga reconocerle la competencia a la jurisdicción civil para declarar la responsabilidad de la Administración pública asegurada, para lo que debe seguirse el proceso administrativo legalmente.

Por lo que, cuando ocurre un siniestro por el que pudiese exigirse responsabilidad patrimonial a una Administración sanitaria, se abrirán diferentes posibilidades:

- Que el perjudicado ejercite contra la aseguradora de la Administración la acción directa que prevé el artículo 76 de la LCS, obviando seguir el procedimiento administrativo previsto legalmente para reclamar responsabilidad y consiguiente indemnización de esta.

- Que el perjudicado acuda a la vía administrativa y contencioso-administrativa y que, una vez declarada la responsabilidad de la Administración y su condena, ejercite contra la aseguradora de esta la acción directa prevista en el artículo 76 de la LCS.

- Que el perjudicado opte por seguir el expediente administrativo de responsabilidad patrimonial y, recaída resolución por la Administración sea consentida por aquel al no impugnarla en la vía contencioso-administrativa.

De ahí que la referida sentencia dé respuesta a la cuestión sobre el alcance de la acción civil frente a la aseguradora de la Administración, con el tenor literal siguiente y la competencia exclusiva de la jurisdicción contencioso-administrativa:

«(...) la aseguradora no puede quedar obligada más allá de la obligación del asegurado así como que la jurisdicción contencioso- administrativa es la única competente para condenar a la Administración, mientras que la jurisdicción civil sólo conoce de su responsabilidad y consecuencias a efectos prejudiciales en el proceso civil, se ha de convenir que sería contrario a la legalidad que se utilizase la acción directa para impugnar el acto administrativo, que se había consentido, a los solos efectos indemnizatorios.

Se conseguiría así el reconocimiento en vía civil de una responsabilidad de la entidad aseguradora distinta cualitativa y cuantitativamente a la que con carácter firme ha sido reconocida y declarada por el órgano administrativo legalmente previsto, que ha sido consentido por los perjudicados al no acudir a la jurisdicción contencioso- administrativa, única que podría revisarla.

Con la consecuencia de que sería condenada la aseguradora en el proceso civil, en aplicación del art. 76 de la LCS (EDL 1980/4219), a una cantidad superior a la obligación de la Administración asegurada, que de haberse satisfecho se podría tener por extinguida.

Por tanto, cuando como es el caso, existe una estimación, total o parcial, de la reclamación, se pone en marcha una serie de mecanismos que justifican la solución que propugnamos.

Así: (i) fijada la indemnización, la aseguradora o la propia asegurada pueden pagarla y extinguir el crédito; (ii) una vez declarada la responsabilidad y establecida la indemnización, si el perjudicado no acude a la vía contenciosa, esos pronunciamientos quedan firmes para la administración; (iii) pueden producirse, potencialmente, todos los efectos propios de las obligaciones solidarias, además del pago, ya mencionado; y (iv) la indemnización que queda firme en vía administrativa es el límite del derecho de repetición que el art. 76 LCS (EDL 1980/4219) reconoce a la aseguradora».

En conclusión, cuando el perjudicado se dirija, al amparo del artículo 76 de la LCS, directa y exclusivamente contra la compañía aseguradora, la competencia para conocer la acción corresponde necesariamente a la jurisdicción civil, pues **no cabe acudir a los tribunales de lo contencioso-administrativo sin actuación u omisión administrativa previa que revisar ni Administración demandada que condenar**; en este sentido se pronuncia la **sentencia del Tribunal Supremo n.º 616/2013, de 15 de octubre, ECLI:ES:TS:2013:4953**.

A TENER EN CUENTA. En cuanto al orden social, la reforma llevada a cabo por la Ley 4/1999, de 13 de enero, que modificó la disposición adicional duodécima de la derogada Ley 30/1992, de 26 de noviembre, eliminó su competencia, al establecer que «la responsabilidad patrimonial de las Entidades Gestoras Servicios Comunes de la Seguridad Social, sean estatales o autonómicos, así como de las demás entidades, servicios y organismos del Sistema Nacional de la Salud y de los centros sanitarios concertados con ellas, por los daños y perjuicios causados por o con ocasión de la asistencia, y las correspondientes reclamaciones, seguirán la tramitación administrativa prevista en esta ley, correspondiendo su revisión jurisdiccional al orden contencioso-administrativo».

Jurisdicción penal

En cuanto a la jurisdicción penal, **solo entra en juego cuando la responsabilidad resultante derive de un hecho tipificado como delito**, normalmente de homicidio o lesiones, y está reservada para los casos de violaciones más graves de la diligencia por parte del profesional sanitario.

Como indica la **sentencia de la Audiencia Provincial de Las Palmas n.º 257/2016, de 30 de junio, ECLI:ES:APGC:2016:1253**, la vía penal es más barata e intimidativa que la civil, pero precisa una imprudencia o una culpa penal que supone un obrar con descuido o falta de diligencia o de modo negligente, causando con ello un resultado no querido pero previsible.

CUESTIÓN

Un paciente sufre una lesión severa como consecuencia de la actuación de un médico que presta servicios en una clínica privada. ¿Ante qué jurisdicción deberá presentar la posible reclamación?

En este caso la jurisdicción contencioso-administrativa queda descartada pues el servicio se prestó por el facultativo en un centro privado, por lo que, no interviene ningún ente u organismo público.

Para determinar si el asunto corresponde a la jurisdicción civil o penal, debe valorarse si la infracción del deber de cuidado y el riesgo creado por el profesional es de tal gravedad para hablar de delito y de sanciones, que en muchos casos incluyen la pena de prisión y la inhabilitación para el ejercicio profesional, o si es suficiente el resarcimiento indemnizatorio de los daños y perjuicios causados.

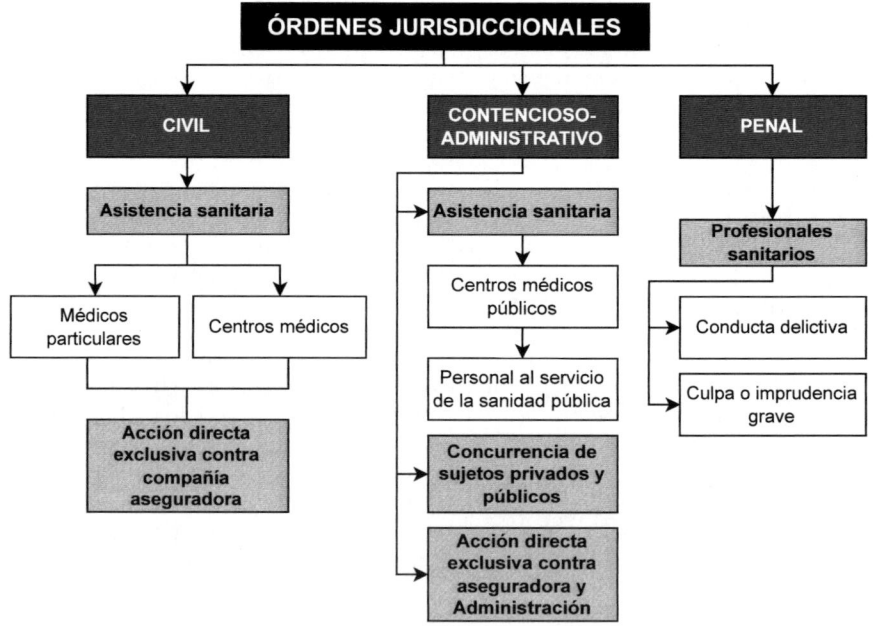

1.2. Reclamación ante la jurisdicción civil

Responsabilidad contractual y extracontractual derivada de negligencias médicas

Como ya hemos adelantado en el tema anterior, la responsabilidad médica en el orden jurisdiccional civil se ejercitará por el perjudicado contra el médico, el centro sanitario privado o contra la compañía aseguradora.

Esta responsabilidad puede tener su origen en una **responsabilidad contractual**, es decir, cuando existe una relación jurídica previa, de la que nacen derechos y obligaciones para las partes, o bien de una **responsabilidad extracontractual**, cuando la responsabilidad deriva de un ilícito, sin que existe una relación obligacional entre las partes.

En cuanto a la responsabilidad extracontractual, el **Tribunal Supremo en su sentencia n.° 804/2003, de 22 de julio, ECLI:ES:TS:2003:5287**, determina que la responsabilidad por culpa extracontractual requiere para su apreciación:

- **La concurrencia de una acción u omisión imputable al agente.**
- **Culpa o negligencia por parte de este.**
- **La realidad del daño.**
- **Nexo o relación de causalidad entre la acción, la omisión y el daño causado.**

En ambos casos, la reclamación se articulará a través de demanda declarativa de responsabilidad y de reclamación de indemnización por daños y perjuicios.

Establece la **Audiencia Provincial de León en su sentencia n.° 28/2018, de 9 de febrero, ECLI:ES:APLE:2018:130**, que

> «en igual sentido la STS de 22 de Diciembre de 2008 declara que: 'Según la jurisprudencia de esta Sala, «la responsabilidad debe considerarse contractual cuando a la preexistencia de un vínculo o relación jurídica de esa índole entre personas determinadas se une la producción, por una a la otra, de un daño que se manifiesta como la violación de aquel y, por lo tanto, cuando concurren un elemento objetivo -el daño ha de resultar del incumplimiento o deficiente cumplimiento de la reglamentación contractual, creada por las partes e integrada conforme al artículo 1258 CC - y otro subjetivo -la relación de obligación en la que se localiza el incumplimiento o deficiente cumplimiento ha de mediar, precisamente, entre quien causa el daño y quien lo recibe-» (STS de 31 de octubre de 2007, recurso de casación núm. 3219/2000). Es aplicable el régimen de la responsabilidad extracontractual, aunque exista relación obligatoria previa, cuando el daño no haya sido causado en la estricta órbita de lo pactado por tratarse de daños ajenos a la naturaleza del negocio aunque hayan acaecido en la

ejecución del mismo (SSTS 22 de julio de 1927, 29 de mayo de 1928, 29 de diciembre de 2000) '.

Son netamente diferentes las acciones de responsabilidad contractual y extracontractual (diferente plazos de prescripción, diferente funcionamiento del onus probandi, diferente juego de las cláusulas de exclusión o modificación de la responsabilidad, entre las variedades más destacables)».

La demanda por negligencia médica

A falta de norma específica por razón de la materia, la demanda seguirá los cauces del juicio ordinario o verbal en función de si la cuantía es superior o no a **15.000 euros**, de conformidad con el artículo 248.2 de la LEC.

Las acciones de juicio ordinario o verbal no plantean mayor problemática ni merecen mayor consideración, a excepción de tres cuestiones que merece tratar por su especificidad en este campo de la responsabilidad médica: la prescripción de la acción, la cuantía y la prueba pericial.

> **A TENER EN CUENTA.** La cuantía mencionada correspondiente tanto al juicio ordinario como al juicio verbal ha sido modificada por el Real Decreto-ley 6/2023, de 19 de diciembre, con entrada en vigor el 20 de marzo de 2024. Anteriormente, la cuantía estaba fijada en 6.000 euros.

‖ Prescripción

El plazo para el ejercicio de la acción dependerá del tipo de responsabilidad:

- **En la responsabilidad contractual** el plazo será de **cinco años** ya que el Código Civil no prevé un plazo específico, por lo que es de aplicación el genérico apartado segundo del artículo 1964 del CC, que dispone que las acciones personales que no tengan plazo especial prescriben a los cinco años desde que pueda exigirse el cumplimiento de la obligación.

- **En la responsabilidad extracontractual** el plazo será de **un año**, de conformidad con el artículo 1968.2 del CC: «Prescriben por el transcurso de un año: La acción para exigir la responsabilidad por injuria o calumnia, y por las obligaciones derivadas de la culpa negligencia de que se trata el artículo 1902, desde que lo supo el agraviado».

En cuanto al cómputo, debemos acudir a lo que dispone el artículo 1969 del CC: «El tiempo para la prescripción de toda clase de acciones, cuando no haya disposición especial que otra cosa determine, se contará desde el día en que pudieron ejercitarse».

Con **carácter general, el inicio del cómputo coincidirá con el alta del paciente**, pero esta regla no debe ni puede extenderse a todos los supuestos pues puede que en ese momento sea indeterminado el alcance de todos los daños o las secuelas. En este sentido es preciso conocer la doctrina que diferencia los daños continuados, permanentes y las secuelas:

- **Daños continuados**: mientras continúan los daños derivados de una actuación negligente y culpable, no puede iniciarse el cómputo de la prescripción, sino que dicho cómputo debe esperar al momento en que se conozca el último desenlace de la serie temporal en que se despliega el total resultado dañoso (entre otras, **sentencia del Tribunal Supremo n.º 355/2009, de 27 de mayo, ECLI:ES:TS:2009:3292**).

- **Daños permanentes**: son aquellos que persisten en el tiempo. El cómputo comienza en este caso desde el día en que el perjudicado tuvo conocimiento real del daño, pues en caso contrario se correría el riesgo de la imprescriptibilidad de la acción.

- **Secuelas**: si las lesiones causadas dejan secuelas físicas o psíquicas susceptibles de curación o mejora mediante el oportuno tratamiento continuado de las mismas, el cómputo del plazo se iniciará cuando se conozca el alcance o efecto definitivo de estas consecuencias y el tratamiento de las mismas que se ha venido haciendo. En este caso, la fijación del *dies a quo* le corresponde al juez de instancia conforme a las reglas de la sana crítica.

Por ejemplo, en caso de una invalidez, no puede entenderse como fecha inicial del cómputo la fecha del alta en la enfermedad, sino la de la determinación del efecto de invalidez de las secuelas, es decir, el momento en que queda determinada la incapacidad o los defectos permanentes originados, pues hasta que no se conoce su alcance no puede reclamarse con base en ellas. En este sentido, la **sentencia del Tribunal Supremo n.º 480/2013, de 19 de julio, ECLI:ES:TS:2013:4093**, establece que «**esta doctrina obedece, en atención al principio de indemnidad, a la necesidad de preservar el derecho del perjudicado a ser íntegramente resarcido** en situaciones en que no ha podido hasta entonces conocer en su totalidad el alcance de su daño, por causas en modo alguno imputables a su persona o comportamiento (...)».

Así, la **sentencia del Tribunal Supremo n.º 688/2017, de 19 de diciembre, ECLI:ES:TS:2017:4584**, reza el tenor literal siguiente:

> «La jurisprudencia de esta sala es reiterada en el sentido de que, con carácter general, el momento del alta definitiva es el momento en que las secuelas han quedado determinadas y en el que comienza la prescripción de la acción para reclamar la indemnización, o, en su caso, a partir del momento de fijación de la incapacidad o defectos permanentes originados por el suceso lesivo, lo que no excluye que en atención a las circunstancias especiales concurrentes en casos determinados pueda apreciarse que el plazo de prescripción se inicia en un momento posterior por resultar necesarias ulteriores comprobaciones para determinar el alcance de las secuelas (sentencias 368/2009, de 20 de mayo; 272/2010, de 5 de mayo; 22/2015, 19 de enero). Así es porque en esa fecha se establece la curación de las lesiones (médicamente se entiende que han

curado) y se fijan las secuelas que pueden quedar. Hay secuelas que quedan fijadas sin transcurso de tiempo. Otras necesitan tratamiento, terminado el cual, si se entiende inmodificable la mejoría, se consideran médicamente estables. A partir de ese momento el perjudicado estará en condiciones de poder reclamar con conocimiento de todos los datos (sentencia 22/2015,19 de enero)».

JURISPRUDENCIA

Sentencia del Tribunal Supremo n.º 725/2014, de 18 de diciembre, ECLI:ES:TS:2014:5252

Enfermedades crónicas. *Dies a quo para el cómputo. Fecha de determinación de padecimiento de la enfermedad, de su posible evolución y del agente causante.*

«Por su parte, la sentencia núm. 545/2011, de 18 julio, se pronuncia en los siguientes términos: «Esta Sala tiene declarado que la prescripción de la acción para reclamar por secuelas se inicia con la determinación de su alcance o de los defectos permanentes originados, pues hasta que no se determina ese alcance no puede reclamarse por ellas (SSTS de 20 de mayo de 2009, 14 de julio de 2008, 13 de julio de 2003 y 26 de mayo de 2010, RC n.º 764/2006). El conocimiento del daño sufrido que ha de determinar el comienzo del plazo de prescripción lo tiene el perjudicado al producirse el alta, en la medida que en esta fecha se declaran estabilizadas las lesiones y se concretan las secuelas o, lo que es igual, se determina en toda su dimensión el daño personal y los conceptos que han de incluirse en la indemnización (SSTS, de Pleno, de 17 de abril de 2007, RC n.º 2908/2001 y de 17 de abril de 2007, RC n.º 2598/2002, así como SSTS de 7 de mayo de 2009, RC n.º 220/2005; 9 de julio de 2008, RC n.º 1927/2002, 10 de julio 2008, RC n.º 1634/2002, 10 de julio de 2008, RC n.º 2541/2003, 23 de julio de 2008, RC n.º 1793/2004, 18 de septiembre de 2008, RC n.º 838/2004 y 30 de octubre de 2008, RC n.º 296/2004, las cuales, al referirse a la distinción entre sistema legal aplicable para la determinación del daño y cuantificación económica del mismo refrendan el criterio de que el daño queda concretado, como regla general, con el alta médica, y que esto obliga a valorarlo con arreglo a las cuantías actualizadas vigentes para todo el año en que ésta se produjo); (...)».

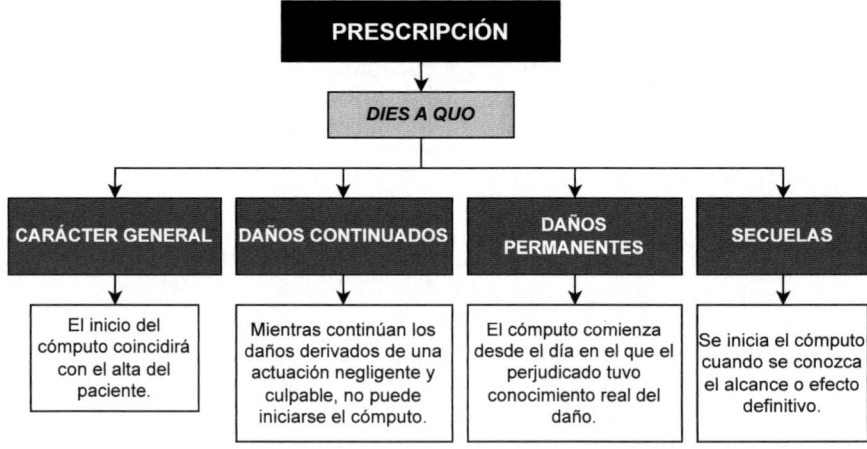

PRESCRIPCIÓN			
DIES A QUO			
CARÁCTER GENERAL	**DAÑOS CONTINUADOS**	**DAÑOS PERMANENTES**	**SECUELAS**
El inicio del cómputo coincidirá con el alta del paciente.	Mientras continúan los daños derivados de una actuación negligente y culpable, no puede iniciarse el cómputo.	El cómputo comienza desde el día en el que el perjudicado tuvo conocimiento real del daño.	Se inicia el cómputo cuando se conozca el alcance o efecto definitivo.

CUESTIÓN

A una paciente embarazada se le practicó amniocentesis por un doctor en el centro médico privado, distinto de su ginecólogo, con el que no tenía relación previa contractual. La amniocentesis se realizó de forma incorrecta y como consecuencia el feto sufrió lesiones. Una vez que tuvo lugar el parto, la mujer y su hijo recibieron el alta médica el 4 de octubre de 2016. Se interpone demanda civil el 4 de octubre de 2018. ¿Ha prescrito el derecho a demandar?

El plazo en el caso de acciones civiles por responsabilidad extracontractual es de un año, normalmente desde el alta médica, a no ser que no se conozcan los daños en ese momento, en cuyo caso el cómputo comenzaría, no el 4 de octubre de 2016, sino el día en que se conocen definitivamente los daños o secuelas al feto como consecuencia de la negligente amniocentesis.

Determinación de la cuantía. Uso orientativo de los baremos de circulación

De acuerdo con el artículo 1106 del CC, la indemnización de daños y perjuicios comprende no solo el valor de la pérdida que hayan sufrido, sino también el de la ganancia que haya dejado de obtener el acreedor, sin embargo, el Código Civil no contempla la indemnización por daños morales, si bien en el artículo 1107 del CC se impone el resarcimiento de «todos» y ha sido la jurisprudencia la que ha ido elaborando doctrina continuada y progresiva sobre la inclusión de los daños morales en la indemnización.

Jurisprudencialmente ha venido **definiéndose el daño moral como el padecimiento causado por la zozobra, angustia, desasosiego, ansiedad, preocupación susceptible de generar desestabilización e inquietud, inestabilidad emocional personal y/o familiar**. La situación básica para que pueda dar lugar al daño moral consiste en un sufrimiento o padecimiento psíquico.

Para determinar el *quantum* indemnizatorio no existe en nuestro ordenamiento jurídico un sistema o baremo específico de valoración de las negligencias médicas, pero los tribunales son partidarios de la aplicación del baremo de tráfico, aunque no es vinculante para el juzgador. Citamos al respecto la **sentencia del Tribunal Supremo n.º 906/2011, de 30 de noviembre, ECLI:ES:TS:2011:9288**, que reza como sigue:

> «La jurisprudencia más reciente de esta Sala ha aceptado que los criterios cuantitativos que resultan de la aplicación de los sistemas basados en la tasación legal, y en especial el que rige respecto de los daños corporales que son consecuencia de la circulación de vehículos de motor, pueden tener valor orientador para la fijación del pretium doloris [precio del dolor] y las consecuencias patrimoniales derivadas de daños corporales acaecidos en otros sectores de la actividad, teniendo en cuenta las circunstancias concurrentes en cada caso (SSTS 11 de noviembre de 2005, RC n.º 1575/99; 10 de febrero de 2006, 19 de mayo de 2006; 22 de julio de 2008, RC n.º 553/2002; 2 de julio de 2008, RC n.º 1563/2001; 9 de diciembre de 2008, RC n.º 1577/2002) (...)».

En este sentido el Alto Tribunal en su **sentencia n.º 696/2012, de 14 de noviembre, ECLI:ES:TS:2012:7154**, a favor de la aplicación del baremo, argumenta que el mismo «(...) no solo **no menoscaba el principio de indemnidad de las víctimas, sino que la mayoría de las veces son ellas las que acuden a este sistema de valoración para identificar y cuantificar el daño** entendiendo que, en esa siempre difícil traducción a términos económicos del sufrimiento causado, no solo constituye el instrumento más adecuado para procurar una satisfacción pecuniaria de las víctimas, sino que viene a procurar al sistema de unos criterios técnicos de valoración, dotándole de una seguridad y garantía para las partes mayor que la que deriva del simple arbitrio judicial».

|| La prueba pericial. Peritos de parte y peritos judiciales

El informe pericial es la prueba por excelencia en los procesos en los que se debate la responsabilidad sanitaria puesto que, aunque no son vinculantes, el juez necesitará de expertos en la materia que le ilustren con sus conocimientos científicos sobre la actuación del facultativo y su incidencia en el resultado dañoso.

Asimismo, existen dos tipos de dictámenes elaborados por peritos:

- **Peritos de parte**: los designados por las partes.

- **Peritos judiciales**: los designados por el juzgado, que pueden ser a instancia de parte, o del propio juzgador. Se puede solicitar la designación a instancia de parte si son titulares de asistencia jurídica gratuita o si lo entienden conveniente para sus intereses.

La función del perito es la de auxiliar al juez ilustrándolo sobre las circunstancias del caso y aportando sus conocimientos especializados, pero sin privar al juzgador de la facultad de valorar el informe pericial, por ello, incumbe al órgano judicial la valoración de los dictámenes periciales según las reglas de la sana crítica. En este sentido se pronuncia la sentencia del **Tribunal Superior de Justicia de Valencia n.º 1095/2011, de 23 de diciembre, ECLI:ES:TSJCV:2011:9089.**

Los dictámenes periciales **se formularán por escrito** e irán acompañados, en su caso, de los demás documentos, instrumentos o materiales adecuados para exponer el parecer del perito sobre lo que haya sido objeto de la pericia. Si no fuese posible o conveniente aportar estos materiales e instrumentos, el escrito de dictamen contendrá sobre ellos las indicaciones suficientes.

Sobre el momento para la aportación por las partes, **se hará en los escritos de demanda o contestación a la demanda** salvo en dos excepciones:

- Los **casos en los que no puedan ser aportados en ese momento inicial,** en cuyo caso deben expresar en la demanda o contestación los dictámenes de que pretenden valerse, que habrán de aportar para su traslado a la parte contraria en cuanto dispongan de ellos, y en todo caso cinco días antes de iniciarse la audiencia previa al juicio ordinario o en treinta días desde la presentación de la demanda o de la contestación en el juicio verbal. Este plazo puede ser prorrogado por el tribunal cuando la naturaleza de la prueba pericial así lo exija y exista una causa justificada, de conformidad con el artículo 337.1 de la LEC. En todo caso en este supuesto debe el demandante justificar cumplidamente que la defensa de su derecho no ha permitido demorar la interposición de aquella hasta la obtención del dictamen, y el demandado deberá justificar la imposibilidad de pedirlos y obtenerlos dentro del plazo para contestar.

> **A TENER EN CUENTA.** El artículo 337 de la LEC ha sido modificado con la entrada en vigor el 20 de marzo de 2024 del **Real Decreto-ley 6/2023,** de 19 de diciembre. Con esta reforma, se añade el plazo de 30 días desde la presentación de la demanda o de la contestación en el juicio verbal. Se añade la posibilidad de que dicho plazo pueda ser prorrogado por el tribunal si la naturaleza de la prueba lo exige y si existe causa justificada.

- La segunda excepción se regula en el artículo 338 de la LEC y se refiere a los **casos en que la necesidad o utilidad de los dictámenes se pone de manifiesto a causa de las alegaciones del demandado en la contestación o de las pretensiones complementarias deducidas en la audiencia previa al juicio ordinario.** En este caso deben aportarse por las partes para su traslado a la contraria con al menos cinco días de antelación a la celebración del juicio o vista.

‖ Comparecencia en el juicio o vista

De conformidad con los artículos 337.2 y 338.2 de la LEC, **las partes deben manifestar si desean que los peritos autores de los dictámenes comparezcan en el juicio o vista**, expresando si deberán exponer o explicar el dictamen o responder a preguntas, objeciones o propuestas de rectificación o intervenir de cualquier otra forma útil para entender y valorar el dictamen en relación con lo que sea objeto del pleito.

El juez podrá inadmitir la práctica de esa prueba si la considera, a la vista de lo alegado por las partes, impertinente o inútil o bien cuando existiera un deber de confidencialidad derivado de la intervención del perito en un procedimiento de mediación anterior entre las partes.

‖ Valoración

En cuanto a la valoración del dictamen pericial por el juzgador, hay que estar a lo dispuesto en el artículo 348 de la LEC que dispone que lo hará, según el principio de la libre valoración de la prueba, conforme a las reglas de la sana crítica.

Como acertadamente manifiesta la **Audiencia Provincial de Madrid en sentencia n.º 363/2011, de 17 de junio, ECLI:ES:APM:2011:7700,** el problema de la valoración surge porque a menudo las conclusiones periciales son tantas y tan diversas como peritos informan.

Según el análisis de la jurisprudencia sobre la materia, puede concluirse que **los jueces otorgan mayor credibilidad a un informe pericial** u otro **en atención** a los siguientes **criterios:**

- La especificidad de la titulación del perito. Los juzgadores suelen otorgar mayor credibilidad a los peritos médicos especialistas frente a médicos generalistas o médicos valoradores de daños corporales.

- La experiencia en la práctica clínica.
- La magnitud cuantitativa, clase e importancia o dimensión cualitativa de los datos recabados y observados por el perito.
- Operaciones realizadas y medios técnicos empleados.
- La mayor exactitud, detalle, conexión y resolución de los argumentos.

Con respecto a la valoración de los dictámenes por los juzgados, la **Audiencia Provincial de Madrid en su sentencia n.º 153/2012, de 29 de febrero, ECLI:ES:APM:2012:3431**, indica que a la hora de valorar los dictámenes periciales se preste una **atenta consideración** a elementos tales como la **cualificación profesional o técnica de los peritos; la magnitud cuantitativa, clase e importancia o dimensión cualitativa de los datos recabados y observados por el perito; operaciones realizadas y medios técnicos empleados** y, en particular, el **detalle, exactitud, conexión y resolución de los argumentos** que soporten la exposición.

CUESTIÓN

¿Qué ocurre cuando existen dos dictámenes periciales contradictorios?

En estos casos, el principio de libre valoración de la prueba permite al juez decantarse por uno o por otro dictamen en función de su convicción. Asimismo, el **Tribunal Supremo, en su sentencia n.º 566/2015, de 23 de octubre, ECLI:ES:TS:2015:4289** señala que, ante la contradicción de informes judiciales, el juez debe, bajo el empleo de la sana crítica, decidir cuál merece mayor credibilidad según el principio de la libre valoración de la prueba.

Para aclarar un poco más esta cuestión, es interesante la argumentación dada por la ya mencionada **sentencia de la Audiencia Provincial de Madrid n.º 363/2011, de 17 de junio, ECLI:ES:APM:2011:7700**: «(...) Sin duda la parte apelante asume el criterio de su perito pero el juez ha valorado ambas periciales y ha concluido según el perito de la demandada, expresando además las circunstancias que le hacen otorgar mayor credibilidad al mismo en atención a la razón de ciencia dada, muy especialmente la cualificación profesional del referido perito y el hecho de ser experto en operaciones en vías biliares, no así el perito de la actora según el mismo reconoció en el juicio».

Establece el Tribunal Supremo en su **sentencia n.º 202/2022, de 17 de febrero, ECLI:ES:TS:2022:597**, que:

«(...) los dictámenes periciales deben valorarse tal como ordena el art. 348 de la Ley de Enjuiciamiento Civil, es decir, 'según las reglas de la sana crítica'. Ello no implica que el dictamen pericial sea una prueba tasada o legal, cuya fuerza está predeterminada por la ley y no puede ser destruida por otros medios. En la tradición jurídica española, es generalmente admitido que esa idea de reglas de la sana crítica -ya presente en el art. 632 de la Ley de Enjuiciamiento Civil de 1881, e incluso en el hoy derogado art. 1243 del Código Civil- no trae consigo un sistema de valoración de la prueba diferenciado. Antes, al contrario, la valoración según las reglas de la sana crítica no deja de ser una manifestación de libre valoración de la prueba o valoración en conciencia. Ante una prueba pericial puede el juzgador formar su convicción sobre los hechos con libertad, dando a aquélla el peso que -habida cuenta de las circunstancias y del resto del material probatorio- considere adecuado. Pero debe hacerlo exponiendo las razones que le conducen, siguiendo el modo de razonar de una persona sensata, a aceptar o rechazar lo afirmado por el perito. La valoración de la prueba pericial según las reglas de la sana crítica es, así, una valoración libre debidamente motivada; algo que, como es obvio, exige realizar un análisis racional de todos los elementos del dictamen pericial, sopesando sus pros y sus contras. Seguramente, más allá del respeto a la tradición, no era imprescindible que el legislador hiciera esa mención a las reglas de la sana crítica, ya que la exigencia de motivación de las sentencias, impuesta con alcance general por el art. 120.3 de la Constitución, alcanza al establecimiento de los hechos por el juzgador».

1.3. Responsabilidad extracontractual

La definición de la responsabilidad extracontractual surge del artículo 1902 del Código Civil, en cuya virtud el que por acción u omisión causa daño a otro, interviniendo culpa o negligencia, está obligado a reparar el daño causado.

La responsabilidad extracontractual opera cuando no existe una relación contractual previa médico-paciente y la conducta negligente o culposa del profesional sanitario produce un resultado dañoso. Se exige, por lo tanto, para apreciar dicha responsabilidad los siguientes requisitos:

- **Acción u omisión** del profesional sanitario.
- **Culpa o negligencia** en su actuación.
- **Producción de daño**.
- **Nexo de causalidad entre la acción u omisión y el resultado**.

La diferencia entre la responsabilidad extracontractual y contractual radica en que aquella representa un daño causado con independencia de cualquier relación jurídica precedente entre las partes, mientras que la segunda presupone una relación preexistente, normalmente mediante un contrato.

Así, en palabras del Tribunal Supremo, el deber de indemnizar por infracción del contrato se desenvuelve dentro del ámbito de la preexistente relación; en cambio, cuando la indemnización deriva del acto ilícito extracontractual, la relación obligatoria surge por primera vez al producirse el daño (**sentencia del Tribunal Supremo n.º 444/1984, de 9 de julio, ECLI:ES:TS:1984:1306**).

Asimismo, esta jurisprudencia asentada por el Tribunal Supremo se ve reflejada en la **sentencia de la Audiencia Provincial de León n.º 28/2018, de 9 de febrero, ECLI:ES:APLE:2018:130**, que reza lo siguiente:

> «La responsabilidad contractual y extracontractual se diferencian por su origen, en que la extracontractual presupone un daño con independencia de cualquier relación jurídica entre las partes, fuera del genérico y común a todas las personas de 'alterum non laedere' mientras que la contractual presu-

pone una relación preexistente, que ordinariamente es un contrato, y de ahí su calificativo, pero que puede ser cualquier otra relación jurídica de distinta naturaleza existente entre las partes. Siendo imprescindible para que la responsabilidad sea contractual que el actuar culposo se produzca dentro de la rigurosa órbita de la preexistente relación entre las partes y como desarrollo de la misma, pues de no ser así la responsabilidad seria extracontractual.

En este sentido se pronuncia la STS de 10 de junio de 1991 al declarar que: 'En orden a la diferenciación entre la culpa contractual y la extracontractual, dice la Sentencia de 26 de enero de 1984 que 'la culpa extracontractual se diferencia de la contractual en que aquélla presupone un daño con independencia de cualquier relación jurídica precedente entre las partes, salvo el deber genérico, común a todos los hombres, del alienan non laedere; la segunda presupone una relación preexistente generalmente, un contrato y de ahí su calificativo de contractual entre el responsable y la víctima del daño», en tanto que la de 9 de julio de 1984 afirma: 'a) La jurisprudencia de este Tribunal Supremo ha distinguido reiteradamente la culpa contractual de la extracontractual, partiendo, sin embargo, de la identidad de concepto de culpa recogido en el art. 1.104 del Código Civil, pero mientras la extra-contractual representa un daño causado con independencia de cualquier relación jurídica precedente entre las partes, la contractual presupone una relación preexistente generalmente un contrato entre el autor del daño y el que lo ha sufrido Sentencias de 2 de julio de 1951, 18 de junio de 1962, 3 de mayo de 1968, 5 de julio y 18 de marzo de 1983, entre otras. b) Por esto el deber de indemnizar por infracción del contrato se desenvuelve dentro del ámbito de la preexistente relación; en cambio, cuando la indemnización deriva del acto ilícito extracontractual, la relación obligatoria surge por primera vez al producirse el daño; en ambos casos el deber de resarcimiento se incluye en el marco de una relación obligatoria, pero en un caso se trata de una obligación derivada de acto ilícito, y en el otro de una relación contractual; no obstante su configuración exterior se atiene al esquema de relación obligatoria: un acreedor, un deudor, una exigencia de prestación, c) Como se ha declarado por esta Sala, Sentencia de 11 de marzo de 1967, el vínculo obligación surge en la reclamación extracontractual después de producido el evento indemnizable, como consecuencia de las normas generales impuestas por la convivencia y de la aplicación del principio alterum non laedere, por lo que dicho nexo no constituye un prius como en la culpa contractual, sino un posterius, lo que indica que el ámbito de aplicación de ambas clases de culpa es completamente distinto y del todo independiente»; y en este mismo sentido se pronuncian las Sentencias de 3 de febrero de 1989 y 2 de enero de 1990 que afirman que 'en todo caso, la Sentencia de esta Sala de fecha de 19 de junio de 1984 declara que no es bastante que haya un contrato (o una preexistente relación de otra naturaleza) entre las partes, para que la responsabilidad contractual opere con exclusión de la aquiliana (extra-contractual), sino que se requiere para ello que la realización del hecho dañoso acontezca dentro de la rigurosa órbita de lo pactado; por lo que es posible la concurrencia de ambas clases de responsabilidad en yuxtaposición», criterio jurisprudencial igualmente manifestado en la Sentencia de 9 de enero de 1985 y en las por ésta citadas, al decir que 'no es bastante que haya un contrato entre las partes para que la responsabilidad contractual opere necesariamente con exclusión de la aquiliana, sino que se requiere para ello que la realización del hecho acontezca dentro de la rigurosa órbita de lo pactado y como desarrollo del contenido negocial», siendo de tener en cuenta que la culpa extracontractual, por razón de su naturaleza, de su objeto y de los principios que consagra, basados en la amplia regla alterum non laedere, constituye la responsabilidad general y básica estatuida en el ordenamiento, no bastando que haya un contrato entre las partes para que la responsabilidad contractual opere necesariamente con exclusión de la aquiliana, sino que se requiere para que ello suceda la realización de un hecho dentro de la rigurosa órbita de lo pactado y como desarrollo del contenido obligacional (Sentencia de 9 de marzo de 1983)'».

Criterios de imputación para determinar la responsabilidad extracontractual

La responsabilidad extracontractual y, por consiguiente, la obligación de reparar el daño causado puede derivar de actos u omisiones propios (art. 1902 del CC), si bien, se admite también la posibilidad de que se deba responder de los actos u omisiones ajenos (art. 1903 del CC).

Responsabilidad extracontractual por hecho propio (artículo 1902 CC)

El criterio de imputación de la responsabilidad extracontractual del artículo 1902 del Código Civil tiene su fundamento en la culpabilidad del profesional sanitario, por lo que exige del paciente la demostración de aquella en el sentido de que **ha de quedar plenamente acreditado en el proceso que el acto médico o quirúrgico fue realizado al margen de la *lex artis***.

Es, por lo tanto, el incumplimiento de la *lex artis* lo que determinará la culpabilidad y, en consecuencia, permitirá imputar la responsabilidad médica.

La *lex artis* es el elemento esencial para llevar a cabo la actividad médica y obtener de una forma diligente la curación o la mejoría de la salud del enfermo, a la que es ajena el resultado obtenido, puesto que no asegura o garantiza el interés final perseguido por el paciente.

Por lo tanto, el criterio de imputación, recogido en el mencionado artículo 1902 del CC, se funda en la culpabilidad y exige del paciente la demostración de la relación o nexo de causalidad o de la culpa, en el sentido de que ha de quedar plenamente acreditado en el proceso que el acto médico o quirúrgico enjuiciado fue realizado con infracción o no sujeción a las técnicas médicas o científicas exigibles para el mismo (**Sentencia del Tribunal Supremo n.º 112/2018, de 6 de marzo, ECLI:ES:TS:2018:724**).

En este sentido, y a modo de ejemplo, cabe citar la **sentencia del Tribunal Supremo n.º 635/2018, de 16 de noviembre, ECLI:ES:TS:2018:3823**:

> «Nada de eso se produce en este caso, salvo la equivocación de le fecha en que se produjo la intervención, que fue el día 6 y no el 5 de mayo de 2009, sin relevancia alguna para la solución del caso.

En primer lugar, sobre importancia del TAC llega a la conclusión de su irrelevancia "oídos los doctores y testigos, así como las partes", es decir, del conjunto de la prueba practicada.

En segundo lugar, el actor padecía de previa enfermedad grave, tumor que precisaba la intervención quirúrgica inicial, que desembocó en la "peritonitis", que es el motivo de la reclamación por las secuelas, "riesgo que es normal en el tipo de intervención de cáncer de colon, máxime, además, a tenor de las circunstancias personales del paciente".

En tercer lugar, **esta perforación no se produjo el día de la intervención, que hubiera sido el hecho esencial, en su caso, para presumir falta de diligencia, que se produjo días después, y el seguimiento llevado a cabo, durante los dos días, mediante medicina conservativa no se puede considerar una decisión negligente o contraria a la ex artis, o bien al estado de la ciencia actual, presentando el actor mejoría durante algunos días. Tampoco, por último, existe falta de diagnóstico.**

En cuarto lugar, la parte recurrente no cita ninguna prueba que sirva de contraste a la sala para comprobar o advertir el manifiesto o patente error en que ha incurrido la sentencia en la valoración de la prueba, que el tribunal de apelación tuvo en cuenta para resolver, tanto los informes favorables como los desfavorables a las partes, y ha decidido, en suma, conforme a las reglas de la sana crítica».

Responsabilidad extracontractual por hecho ajeno (artículo 1903 CC)

No obstante lo anterior, la responsabilidad extracontractual puede producirse también por hecho ajeno.

La responsabilidad por hecho ajeno se regula en el artículo 1903 del Código Civil, en cuya virtud **la obligación de reparar el daño causado es exigible no solo por los actos u omisiones propios sino por los de aquellas personas de quienes se debe responder.**

Se imputa esta responsabilidad a los centros médicos por el criterio de la llamada culpa *in eligiendo o culpa in vigilando*, o lo que es lo mismo, por elección desacertada o la falta de vigilancia del facultativo que, con su actuación causa la lesión al perjudicado, sin que desaparezca el principio culpabilístico pues solo cuando hay culpa en los dependientes surge la responsabilidad del principal.

Se trata de una responsabilidad directa, no subsidiaria, como afirma la **sentencia del Tribunal Supremo n.º 405/1999 de 8 de mayo, ECLI:ES:TS:1999:3135,** al derivarse del incumplimiento de los deberes impuestos por las relaciones de convivencia social de vigilar a las personas que están bajo la dependencia de otros y de emplear la debida cautela en la elección de servidores.

También ha declarado el Alto Tribunal la responsabilidad del artículo 1903 del CC cuando se acredita de forma clara y contundente la escasez de medios, es decir, cuando en el centro médico faltan los elementos adecuados para la sanidad (**sentencia del Tribunal Supremo n.º 868/1995, de 13 de octubre, ECLI:ES:TS:1995:5040).**

Responder por hecho ajeno frente al causante del daño faculta a quien ha satisfecho la indemnización a repetir contra el profesional, en virtud del artículo 1904 del CC que dispone «el que paga el daño causado por sus dependientes puede repetir de estos lo que hubiese satisfecho».

Recapitulando, pueden establecerse como requisitos necesarios para hablar de responsabilidad por hecho ajeno de un centro sanitario los siguientes:

- **Relación jerárquica o de dependencia entre el causante del daño y el centro sanitario.**

- **Incumplimiento de los deberes de diligencia en la elección supervisión o bien escasez de medios a disposición del facultativo.**

- **Producción de un daño con culpa del dependiente.**

Resume esta conceptualización de responsabilidad por hecho ajeno la **sentencia del Tribunal Supremo n.° 719/2005, de 6 de octubre, ECLI:ES:TS:2005:5943**, que reza el tenor literal siguiente:

> «Es doctrina reiterada de esta Sala la de que la acción derivada del artículo 1903 del Código Civil tiene la condición de directa en cuanto puede ser dirigida de este modo contra el empresario para exigirle responsabilidad por culpa «in vigilando» o «in eligendo», pese a que el artículo 1904 autorice la repetición contra el dependiente o empleado, por tratarse de una relación interna entre ambos responsables (entre otras, SSTS de 30 de abril de 1960 y 16 de abril de 1968), bien que haya de exigirse la prueba o realidad del actuar negligente del dependiente o autor material del daño (aparte de otras, SSTS de 3 de mayo de 1967 y 25 de octubre de 1980), ya que no basta la mera relación de dependencia para sentar la responsabilidad del empresario (SSTS de 30 de diciembre de 1981 y, en igual sentido, SSTS de 15 de julio de 1993, 20 de diciembre de 1996 y 31 de marzo de 1998), cuyas posiciones jurisprudenciales, conectadas a lo manifestado en el fundamento de derecho tercero de esta sentencia, son de aplicación para el perecimiento del motivo».

Podemos concluir, tal y como hace nuestro Alto Tribunal, que «Las doctrinas sobre medicina curativa-medicina satisfactiva, y sobre obligación de medios-resultado (...) no se resuelven en respuestas absolutas, dado que según los casos y las circunstancias concurrentes caben ciertos matices y moderar las consecuencias. Las singularidades y particularidades, por tanto, de cada supuesto influyen de manera decisiva en la determinación de la regla aplicable y de la responsabilidad consiguiente (...)» (**sentencia del Tribunal Supremo n.° 778/2009, de 20 de noviembre, ECLI:ES:TS:2009:6873**).

JURISPRUDENCIA

Sentencia del Tribunal Supremo n.° 509/2018, de 20 de septiembre, ECLI:ES:TS:2018:3166

«La sentencia recurrida en casación confunde la relación de todos los condenados con la víctima y la de los deudores solidarios entre sí. Lo que la sentencia está aplicando no es la responsabilidad civil directa del artículo 1902, por posibles defectos asistenciales directamente imputables a la aseguradora sanitaria (el único reproche

> *es el de un incumplimiento meramente contractual frente a su asegurada), sino la responsabilidad del artículo 1903, por culpa «in vigilando» o «in eligendo», puesto que no es ella quien origina el daño, sino los facultativos de su cuadro médico, y ello le autoriza a ejercitar frente a los mismos el derecho de repetición del artículo 1904 pues tanto la responsabilidad civil derivada de su elección, como la que resulta del contrato de seguro, sería aplicable frente al asegurado perjudicado, pero no en su relación con los médicos dado que ninguna conducta puede reprochársele causalmente vinculada al daño; respuesta que sería la misma en el ámbito de la responsabilidad contractual del artículo 1101 CC, contra su auxiliar contractual, frente al que se ejercita la acción de regreso (artículo 1145 del Código Civil) por deuda pagada por el actor derivada de su condena».*

Obligación de medios vs. obligación de resultado. Medicina curativa o satisfactiva

Tal y como ilustra la **sentencia de la Audiencia Provincial de Baleares n.º 552/2005, de 30 de diciembre, ECLI:ES:APIB:2005:1586,** las obligaciones de medios no comprometen la responsabilidad del deudor salvo que el acreedor pruebe su culpa, mientras que las obligaciones de resultado comprometen la responsabilidad del deudor por el mero hecho de no obtenerlo, sin que sea preciso probar ninguna culpa, de tal forma que se presume la culpa de quien estaba obligado a lograr un resultado si no logra probar la existencia de caso fortuito o fuerza mayor.

La responsabilidad del profesional médico constituye, según pacífica jurisprudencia y salvo la excepción de determinados casos de la llamada «**medicina satisfactiva**», una obligación de medios, esto es, debe poner a disposición del paciente los medios adecuados para su curación conforme la *lex artis*, pero no alcanzar un resultado concreto.

Dentro de esa obligación de medios debe el sanitario seguir una conducta de actuación (**sentencia del Tribunal Supremo n.º 330/2015, de 17 de junio, ECLI:ES:TS:2015:2572, y sentencia de la Audiencia Provincial de Madrid n.º 127/2005, de 1 de marzo, ECLI:ES:APM:2005:2122**):

- Cumplimentar las técnicas previstas para la patología en cuestión con arreglo a la ciencia médica adecuada a una buena praxis.

- Aplicar las anteriores técnicas con el cuidado y precisión exigible de acuerdo con las circunstancias y los riesgos inherentes a cada intervención.

- Proporcionar al paciente la información necesaria que le permita consentir o rechazar una determinada intervención.

- Continuar el tratamiento del enfermo hasta el momento en que pueda ser dado de alta, advirtiendo al mismo de los riesgos que su abandono pueda comportar.

- En los supuestos de enfermedades o dolencias que puedan calificarse de recidivas, crónicas o evolutivas, informar al paciente de la necesidad de someterse a los análisis y cuidados preventivos que resulten necesarios para la prevención del agravamiento o repetición de la dolencia.

Es fundamento de la obligación de medios en el ámbito sanitario la consideración de que los médicos actúan sobre las personas, con o sin alteraciones de salud, y la intervención médica está sujeta al componente aleatorio propio de la misma pudiendo deberse los riesgos o complicaciones que puedan surgir a simples alteraciones biológicas y no a la mala praxis del facultativo. Tal y como recuerda la ya citada **sentencia del Tribunal Supremo n.º 330/2015, de 17 de junio, ECLI:ES:TS:2015:2572,** «(...) la seguridad de un resultado no es posible pues no todos los individuos reaccionan de igual manera ante los tratamientos de que dispone la medicina actual (...)». Y también la **sentencia de la Audiencia Provincial de Baleares n.º 552/2005, de 30 de diciembre, ECLI:ES:APIB:2005:1586,** nos dice que «aunque el fin perseguido por la actuación del médico es la curación del paciente, tal fin permanece fuera de la obligación del facultativo, por no poder garantizarlo, siendo el objeto de la obligación del médico una actividad diligente y acomodada a la *lex artis* y no el fin, pues se trata de una obligación de medios, a diferencia de lo que sucede con las obligaciones de resultado, en las que el fin entra dentro del contrato».

En este punto es preciso **distinguir la medicina curativa**, necesaria o asistencial, **de la llamada medicina satisfactiva**.

La primera viene determinada por su necesidad, esto es, por estrictos motivos de salud. A la segunda, el paciente acude voluntariamente para «(...) el mejoramiento de algún aspecto físico o estético o para la transformación de una actividad biológica (...)», como dispone la **sentencia del Tribunal Supremo n.º 349/1994, de 25 de abril, ECLI:ES:TS:1994:2851.**

Aunque tradicionalmente se distinguían ambas porque la primera suponía obligación de medios y la segunda de resultados, en la actualidad es doctrina reiterada del Tribunal Supremo que, con carácter general, los actos de medicina voluntaria o satisfactiva no comportan tampoco por sí mismos la garantía del resultado perseguido, si bien, debe atenderse al caso concreto, pues puede existir por parte del médico aseguramiento del resultado al paciente. No obstante, los tribunales mantienen en numerosas resoluciones que se trata siempre y en todos los casos de una obligación de medios, aunque intensificada o acentuada. En este sentido, la citada **sentencia del Tribunal Supremo n.º 349/1994**, reza como sigue:

> «(...) haciendo recaer sobre el facultativo, no solo ya, como en los supuestos de medicina curativa, la utilización de los medios idóneos a tal fin, así como las obligaciones de informar ya referidas, sino también, y con mayor fuerza aún, las de informar al cliente —que no paciente—, tanto del posible riesgo que la intervención, especialmente si esta es quirúrgica, acarrea, como de las posibilidades de que la misma no comporte la obtención del resultado que se busca, y de los cuidados, actividades y análisis que resulten precisas para el mayor aseguramiento del éxito de la intervención (...)».

Podemos concluir, tal y como hace nuestro Alto Tribunal, que las doctrinas sobre medicina curativa-medicina satisfactiva y sobre obligación de medios-resultado no se resuelven en respuestas absolutas, dado que según los casos y las circunstancias concurrentes caben ciertos matices. Las singularidades y particularidades, por tanto, de cada supuesto influyen de manera decisiva en la determinación de la regla aplicable y de la responsabilidad consiguiente, en este sentido se pronuncia la **sentencia del Tribunal Supremo n.º 12/2009, de 23 de enero, ECLI:ES:TS:2009:71.**

Incidencia en la responsabilidad médica de la Ley General de Defensa de Consumidores y Usuarios

Como ya explicamos, la responsabilidad del médico está basada en la idea de la culpa, de forma que no se aplica la responsabilidad objetiva por el mero hecho de haberse causado un daño al paciente. Si existe culpa, es decir, si el facultativo no ha empleado los medios necesarios según su *lex artis* para obtener la curación, surge la responsabilidad por la que nace la obligación de indemnización. Se trata pues, con carácter general, salvo contadísimas excepciones, de una obligación de medios.

Esta conceptuación de la responsabilidad médica dista mucho de la responsabilidad objetiva regulada en la normativa de protección de consumidores y usuarios, en concreto en el Real Decreto Legislativo 1/2007, de 16 de noviembre, por el que se aprueba el texto refundido de la Ley General para la defensa de consumidores y usuarios y otras leyes complementarias, en la que surge responsabilidad por el mero hecho de causar un daño. Así, el **artículo 148 de la LGDCU** dispone que «se responderá de los daños originados en el correcto uso de los servicios, cuando por su propia naturaleza, o por estar así reglamentariamente establecido, incluyan necesariamente la garantía de niveles determinados de eficacia o seguridad, en condiciones objetivas de determinación, y supongan controles técnicos, profesionales o sistemáticos de calidad, hasta llegar en debidas condiciones al consumidor y usuario» e incluye en este régimen de responsabilidad a los servicios sanitarios.

En cuanto la aplicación de ese régimen en el ámbito del profesional médico es doctrina del Tribunal Supremo que dicha legislación no resulta de aplicación a los médicos. Únicamente será aplicable en relación con los aspectos organizativos o de prestación de servicios sanitarios, ajenos a la actividad médica propiamente dicha. Así, como nos dicen los tribunales, **los criterios de imputación derivados de la expresada ley deben proyectarse sobre los aspectos funcionales del servicio sanitario y no puede alcanzar a los daños imputables directamente a los actos médicos.**

Aun en estos casos de responsabilidad objetiva es necesario acreditar un daño o perjuicio causado al consumidor o destinatario final en directa relación de causalidad con la conducta que se imputa al agente (**sentencia del Tribunal Supremo n.º 12/2009, de 23 de enero, ECLI:ES:TS:2009:71**).

Ejemplos de este tipo de responsabilidad de los centros médicos se darían como consecuencia de la aplicación de la técnica de láser para la eliminación de tatuajes o por el mal funcionamiento de la máquina de láser en un tratamiento de depilación.

RESOLUCIONES RELEVANTES

Sentencia de la Audiencia Provincial de Valencia n.º 479/2021, de 20 de diciembre, ECLI:ES:APV:2021:4834

«El artículo 148 establece un sistema de responsabilidad objetiva para los servicios a los que hace referencia ya que no excluye la responsabilidad ni aun cuando el empresario probase lo exigido por el artículo anterior, esto es, que ha cumplido todos los requisitos exigencias reglamentarias y ha obrado con toda la diligencia que exige la naturaleza del servicio. Y ello es así aun cuando el actor no haya invocado la normativa de Consumidores en demanda haciéndolo en la apelación, dado que como establecía la sentencia AP MÁLAGA 22 de Junio 2017: ' ya en la sentencia de esta Sala núm. 29/2010, de 19 enero, se mantiene que la LGDCU no crea nuevas acciones, sino que se limita a establecer criterios de responsabilidad para supuestos específicos, de manera que los referidos artículos deberán ser aplicados dentro del cauce de las acciones ya previstas en el Código Civil, motivo por el cual la invocación de esta legislación para sostener que la carga de la prueba pesa sobre el empresario y no sobre el consumidor no puede considerarse cuestión nueva introducida en el recurso de apelación, puesto que atañe al núcleo de la cuestión controvertida al sostenerse en la contestación a la demanda, precisamente, la teoría de la asunción del riesgo por el demandante usuario de la atracción que se acoge en la sentencia apelada. Es así, como se dice en la precedente sentencia de esta Sala, que, ante el ejercicio de cualquiera de las acciones de exigencia de responsabilidad civil previstas en el ordenamiento jurídico, en sede de responsabilidad civil contractual (art. 1.101 CC (EDL 1889/1)) o extracontractual (art. 1.902 CC (EDL 1889/1)), o en cualquier otro supuesto, cuando concurra en el perjudicado demandante la condición de consumidor o usuario, en los términos establecidos en la LGDCU, y los hechos enjuiciados tengan adecuado encaje en sus preceptos, será de aplicación el régimen establecido en dicha Ley, en principio más favorable para el consumidor y usuario. Se trata, pues, de un sistema de responsabilidad aplicable al ejercicio de las acciones civiles ordinarias cuando concurre en el perjudicado la condición de consumidor o usuario, estableciéndose que tiene derecho a ser indemnizado por los daños y perjuicios demostrados que el consumo de bienes o la utilización de productos o servicios les irroguen'. Por tanto acreditado el daño cuya realidad nadie niega procede la reparación de los daños causados y la indemnización de los perjuicios».

Sentencia del Tribunal Superior de Justicia de Aragón n.º 198/2023, de 28 de junio, ECLI:ES:TSJAR:2023:968

«(...) STS, Sala de lo Contencioso-Administrativo, de 20 de noviembre de 2012, recurso de casación 4598/2011, declara que " El antiguo artículo 28 de la Ley 26/1984 consideraba objetiva la responsabilidad por incumplimiento de unos determinados niveles constatables de exigencia para los servicios sanitarios. Este tipo de responsabilidad no afecta a los actos médicos propiamente dichos, dado que es inherente a los mismos la aplicación de criterios de responsabilidad fundados en la negligencia por incumplimiento de la lex artis ad hoc. Por consiguiente, la responsabilidad establecida por la legislación de consumidores únicamente es aplicable en relación con los aspectos organizativos o de prestación de servicios sanitarios, ajenos a la actividad médica propiamente dicha ", quedando, por el contrario, esta vía, en el ámbito sanitario, para supuestos en que, por ejemplo, se ha aplicado un medicamento, o un elemento diagnóstico, que contiene un defecto. Así, por ejemplo, se aplicó en el caso de suministro de un producto defectuoso para operaciones oftálmicas, el gas perfluorocarbono, STS 28 de enero de 2021, sentencia 92/2021, Recurso: 5467/2019»

La *lex artis* y la *lex artis ad hoc*

El término *lex artis* significa «ley del arte», aplicación de los criterios técnicos propios de cada profesión u oficio.

En el ámbito médico podemos definir con carácter general la *lex artis*, como la obligación del profesional de la medicina de actuar con la debida diligencia y se vulnera cuando no se realizan las funciones que las técnicas de la salud aconsejan y emplean como usuales, en aplicación de la deontología médica y del sentido común humanitario, así lo señala la **sentencia del Tribunal Superior de Justicia de Asturias n.º 1654/2006, de 14 de septiembre, ECLI:ES:TSJAS:2006:2967.**

El Tribunal Supremo define el más específico concepto de *lex artis ad hoc* como aquel criterio valorativo de la corrección del concreto acto médico ejecutado por el profesional de la medicina que tiene en cuenta las especiales características de su autor, de la profesión, de la complejidad y la trascendencia vital del paciente y, en su caso, de la influencia de otros factores endógenos, estado e intervención del enfermo, de sus familiares o de la misma organización sanitaria para calificar dicho acto conforme a la técnica normal requerida (**sentencia Tribunal Supremo n.º 415/2007, de 16 de abril, ECLI:ES:TS:2007:4237**).

En nuestro sistema de responsabilidad, basado en la idea de culpa, debe analizarse en cada particular supuesto el cumplimiento de la *lex artis ad hoc*, pues la obligación del médico es de medios de tal forma que, si cumple aquella, no surge la responsabilidad civil y el deber de reparar el daño, con independencia del resultado producido.

Para esta evaluación será esencial la prueba pericial, pues la función del perito es ilustrar al juez sobre la normal actuación del sanitario en iguales supuestos.

‖ El protocolo médico como instrumento de la *lex artis*

Siguiendo la definición contenida en la **sentencia de la Audiencia Provincial de Gipuzkoa n.º 2004/2007, de 15 de enero, ECLI:ES:APSS:2007:29, los protocolos médicos son pautas, recomendaciones o directrices que han de seguir los profesionales de la medicina en el momento de proceder a la determinación de un diagnóstico y en el momento de concretar la actuación sanitaria u orientación médica que los mismos han de establecer respecto del paciente.** Según la sentencia, estos protocolos se elaboran por expertos cualificados en una determinada especialidad, en una determinada área de trabajo o en un determinado servicio o por sociedades científicas de ámbito nacional e internacional, con la finalidad de orientar la labor diaria de los profesionales médicos.

Estos protocolos carecen de obligatoriedad jurídica pero, sin embargo, son utilizados por peritos y jueces para analizar si el facultativo ha cumplido la *lex artis* en el caso concreto.

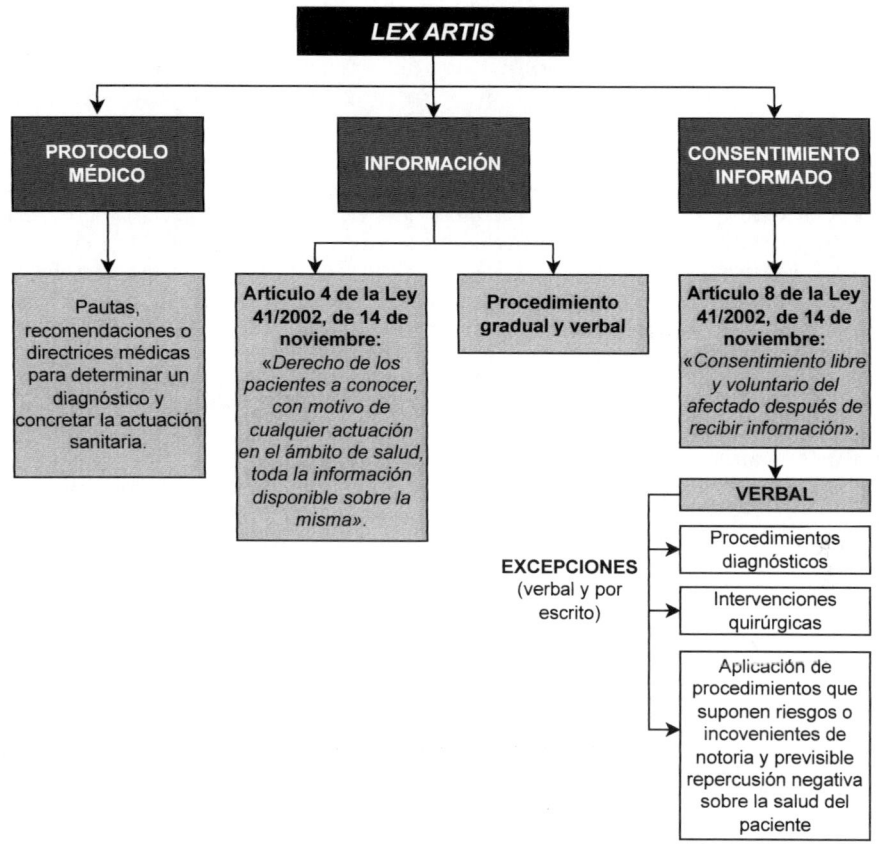

‖ La información al paciente

El artículo 4 de la Ley 41/2002, de 14 de noviembre, básica reguladora de la autonomía del paciente y de derechos y obligaciones en materia de información y documentación clínica, recoge el derecho de los pacientes a conocer, con motivo de cualquier actuación en el ámbito de la salud, toda la información disponible sobre la misma, salvando algunos supuestos exceptuados en la ley.

Si bien, durante muchos años **el ejercicio de la medicina respondió a una concepción paternalista**, conforme a la cual era el médico quien, por su experiencia, conocimientos y su condición de tercero ajeno a la enfermedad, tomaba las decisiones que, según su criterio profesional, más le convenían al estado de salud y al grado de evolución de la enfermedad de sus pacientes, con la unilateral instauración de tratamientos e indicación de intervenciones quirúrgicas.

No obstante, frente a dicho paternalismo, **se ha consagrado normativamente el principio de autonomía de la voluntad del paciente**, concebido como el derecho que le corresponde para determinar los tratamientos en los que se encuentran comprometidos su vida e integridad física, que constituyen decisiones personales que exclusivamente le pertenecen.

Por lo que, desde esta perspectiva, se produce un cambio radical en el rol de las relaciones médico-paciente, **limitándose aquel a informar del diagnóstico y pronóstico de las enfermedades**, de las distintas alternativas de tratamiento que brinda la ciencia médica, de los riesgos que su práctica encierra, de las consecuencias de no someterse a las indicaciones pautadas, ayudándole, en definitiva, a tomar una decisión, pero sin que ninguna injerencia quepa en la integridad física de cualquier persona sin su consentimiento expreso e informado, **salvo situaciones límites de estado de necesidad terapéutico, en las que no es posible obtener un consentimiento de tal clase (sentencia del Tribunal Supremo n.º 828/2021, de 30 de noviembre, ECLI:ES:TS:2021:4355).**

La jurisprudencia es exigente a la hora de configurar este deber de información ya que afecta a derechos fundamentales. Como recuerda el Tribunal Constitucional, el consentimiento del paciente a cualquier intervención sobre su persona es algo inherente, entre otros, a su derecho fundamental a la integridad física, a la facultad que este supone de impedir toda intervención no consentida sobre el propio cuerpo, que no puede verse limitada de manera injustificada como consecuencia de una situación de enfermedad **(sentencia del Tribunal Constitucional n.º 37/2011, de 28 de marzo, ECLI:ES:TC:2011:37).**

En cuanto a la forma de informar, continúa diciendo el referido artículo 4 de la Ley 41/2002, de 14 de noviembre, que la información se proporcionará como regla general verbalmente, dejando constancia en la historia clínica y comprenderá, como mínimo, la finalidad y naturaleza de cada intervención, sus riesgos y consecuencias.

Como dispone el **Tribunal Supremo en su sentencia n.º 226/2014, de 9 de mayo, ECLI:ES:TS:2014:1768**, la información integra por su propia naturaleza un procedimiento gradual y básicamente verbal que es exigible y se presta por el médico responsable del paciente.

Por lo tanto, y según manifiesta la jurisprudencia, **el simple documento donde se recoge el consentimiento no sirve para conformar debida ni correcta información**, así, la referida sentencia reza el tenor literal siguiente: «(...) Son documentos ética y legalmente inválidos que se limitan a obtener la firma del paciente pues aun cuando pudieran proporcionarle alguna información, no es la que interesa y exige la norma como razonable para que conozca la trascendencia y alcance de su patología, la finalidad de la terapia propuesta, con los riesgos típicos del procedimiento, los que resultan de su estado y otras posibles alternativas terapéuticas (...)».

La jurisprudencia considera que el **acto de proporcionar la información tiene que hacerse efectivo con tiempo y dedicación suficiente, de forma comprensible y adecuada a las necesidades del paciente y que la información** debe ser objetiva, veraz, completa y asequible, comprendiendo las posibilidades de fracaso de la intervención (o lo que es lo mismo el pronóstico sobre la probabilidad del resultado) y también cualesquiera secuelas, riesgos, complicaciones o resultados adversos se puedan producir, sean de carácter permanente o temporal, con independencia de su frecuencia (**sentencia del Tribunal Supremo n.° 544/2007, de 23 de mayo, ECLI:ES:TS:2007:4302**).

‖ El consentimiento informado

Tras proporcionar la información, el paciente puede libremente decidir someterse o no a la actuación médica correspondiente, lo que constituye el llamado consentimiento informado, regulado en el artículo 8 de la citada Ley 41/2002, de 14 de noviembre: «toda actuación en el ámbito de la salud de un paciente necesita el consentimiento libre y voluntario del afectado, una vez que, recibida la información prevista en el artículo 4, haya valorado las opciones propias del caso».

> **CUESTIÓN**
>
> **El consentimiento libre del paciente ¿abarca los casos en el que tal consentimiento pudiera conducir a un desenlace fatal, como pudiera ser la muerte?**
>
> Sí, en este sentido la ya mencionada **sentencia del Tribunal Constitucional n.° 37/2011, de 28 de marzo, ECLI:ES:TC:2011:37**, señala que el artículo 15 de la CE comprende «decidir libremente entre consentir el tratamiento o rehusarlo, aun cuando pudiera conducir a un resultado fatal [...] Ahora bien para que esta facultad de decidir sobre los actos médicos que afectan al sujeto pueda ejercerse con plena libertad, es imprescindible que el paciente cuente con la información médica adecuada sobre las medidas terapéuticas, pues solo si dispone de dicha información podrá prestar libremente su consentimiento». En definitiva, la privación de información equivale a la privación del derecho a consentir.

Dicho consentimiento se prestará de forma verbal salvo tres supuestos en que debe constar por escrito:

- Intervenciones quirúrgicas.
- Procedimientos diagnósticos y terapéuticos invasores.
- Aplicación de procedimientos que suponen riesgos o inconvenientes de notoria y previsible repercusión negativa sobre la salud del paciente.

En alguna sentencia el Tribunal Supremo se ha apuntado que la libertad de opción por parte del paciente es superior en los supuestos de medicina voluntaria, por lo que se exige extremar el deber de información frente a los supuestos de medicina curativa; en concreto la **sentencia del Tribunal Supremo n.° 1065/2007, de 4 de octubre, ECLI:ES:TS:2007:6119**, declara: «(...) el consentimiento informado, según reiterada jurisprudencia de esta Sala, **presenta grados distintos de exigencia según se trate de actos médicos realizados con carácter curativo o se trate de la llamada medicina satisfactiva**. En relación con los primeros puede afirmarse con carácter general que no es menester informar detalladamente acerca de aquellos riesgos que no tienen un carácter típico por no producirse con frecuencia ni ser específicos del tratamiento aplicado, siempre que tengan carácter excepcional o no revistan una gravedad extraordinaria (...)».

A este respecto, cabe citar la ya mencionada **sentencia del Tribunal Supremo n.º 828/2021, de 30 de noviembre, ECLI:ES:TS:2021:4355**, al expresar:

> «La diferencia existente entre la denominada medicina voluntaria o satisfactiva y la necesaria o terapéutica, tiene repercusiones en la obligación del médico, derivada de la prestación de la lex artis ad hoc, de obtener el consentimiento informado de sus pacientes.
>
> En este sentido, **la jurisprudencia ha proclamado un mayor rigor en los casos de la medicina voluntaria o satisfactiva, en los que se actúa sobre un cuerpo sano para mejorar su aspecto estético**, controlar la natalidad, colocar dispositivos anticonceptivos, llevar a efecto tratamientos odontológicos o realizar implantes capilares entre otras manifestaciones, en contraste con los casos de la medicina necesaria, asistencial o terapéutica, en los que se actúa sobre un cuerpo enfermo con la finalidad de mantener o restaurar la salud, todo ello con las miras puestas en evitar que prevalezcan intereses crematísticos a través de un proceso de magnificación de las expectativas y banalización de los riesgos, que toda intervención invasiva genera.
>
> De esta forma, **se quiere impedir que se silencien los riesgos excepcionales ante cuyo conocimiento el paciente podría sustraerse a una intervención innecesaria o de una exigencia relativa, toda vez que no sufre un deterioro en su salud que haga preciso un tratamiento o intervención quirúrgica, con fines terapéuticos de restablecimiento de la salud o paliar las consecuencias de la enfermedad**».

Dicho en otras palabras, pero en el mismo sentido, expone la **sentencia del Tribunal Supremo n.º 250/2016, de 13 de abril, ECLI:ES:TS:2016:1639**, que:

> «Estamos ante un supuesto de medicina satisfactiva o voluntaria en el que se acentúa la obligación de informar sobre los riesgos y pormenores de una intervención que permita al interesado conocer los eventuales riesgos para poderlos valorar y con base en tal información prestar su consentimiento o desistir de la operación, habida cuenta la innecesidad de la misma, y ello, sin duda, como precisa la Sentencia de 21 de octubre de 2005, obliga a mantener un criterio más riguroso a la hora de valorar la información, más que la que se ofrece en la medicina asistencial, porque la relatividad de la necesidad podría dar lugar en algunos casos a un silenciamiento de los riesgos excepcionales a fin de evitar una retracción de los pacientes a someterse a la intervención (...)».

En base a lo anterior, se puede afirmar que **se exige un mayor rigor en la formación del consentimiento informado en los supuestos de medicina voluntaria.**

CUESTIÓN

En el caso de que el paciente se someta a una intervención quirúrgica y tenga la condición de sanitario, por ejemplo, una enfermera o un médico, ¿exime al paciente de prestar un consentimiento informado?

No, pese a ser personal sanitario deberá firmar el consentimiento informado y por tal condición no quedará exento. En este sentido se pronuncia la **sentencia del Tribunal Supremo n.º 44/2004, de 10 de febrero, ECLI:ES:TS:2004:825.**

|| Incumplimiento. Incidencia en la responsabilidad médica

Es reiterada doctrina del Tribunal Supremo que la información y la obtención del consentimiento informado es presupuesto y elemento esencial de la *lex artis*, constituyendo una exigencia ética y legalmente exigible a los miembros de la profesión médica. Así, la **Audiencia Provincial de Barcelona en la sentencia n.º 613/2023, de 22 de noviembre, ECLI:ES:APB:2023:12717**, recoge dicha doctrina al señalar:

> «Asimismo, es doctrina constante (STS 13 y 27 de mayo de 2011 y 23 de octubre 2015, entre muchas otras) la que declara que el consentimiento informado es presupuesto y elemento esencial de la lex artis y como tal forma parte de toda actuación asistencial, constituyendo una exigencia ética y legalmente exigible a los miembros de la profesión médica, antes con la Ley 14/1986, de 25 de abril, General de Sanidad, y ahora, con más precisión, con la ley 41/2002, de 14 de noviembre de la autonomía del paciente, en la que se contempla como derecho básico a la dignidad de la persona y autonomía de su voluntad. Su objeto habrá de recaer sobre la específica intervención que se practica, abarcando el diagnóstico, pronóstico, tratamiento, alternativas terapéuticas, consecuencias de rechazo del tratamiento, riesgos, así como las prevenciones y controles, exigiéndose mayor rigor en la medicina voluntaria o satisfactiva. Su omisión puede generar responsabilidad cuando se materializan los riesgos típicos no informados, puesto que, si el paciente no los conoce "ex ante", no los puede asumir, quedando los mismos a cargo del médico actuante. Y, finalmente, cabe destacar que corresponde al médico la carga de la prueba de la obtención del consentimiento informado ante la dificultad de probar los hechos negativos (STS 330/2015, de 17 de junio y 89/2017, de 15 de febrero, entre muchas otras)».

Al suponer el incumplimiento de estas obligaciones, la inobservancia de la *lex artis* médica implicaría su responsabilidad civil siempre y cuando se produzca un daño, pues es doctrina reiterada **que la falta de información *per se* no es una causa de resarcimiento pecuniario**, por lo que no da lugar a la indemnización si no hay un daño derivado, evitable de haberse ofrecido información adecuada, en este sentido se pronuncia la **sentencia del Tribunal Supremo n.º 483/2015, de 8 de septiembre, ECLI:ES:TS:2015:3722**.

Según reiterada jurisprudencia los efectos que origina la falta de información **dependerán de si la falta de información ha producido al paciente algún perjuicio**, si esta falta de información es o no equiparable a la negligencia y si debe asumir el facultativo la totalidad de los perjuicios que se han irrogado al demandante en un acto médico realizado conforme a la *lex artis*. Y para llegar a tales conclusiones deben analizarse diversos factores:

- **El tipo de intervención**: necesaria o asistencial o voluntaria o satisfactiva, debiendo ser más rigurosa en este segundo caso.
- **Los riesgos previsibles**, independientemente de su probabilidad, o porcentaje de casos, y riesgos desconocidos por la ciencia médica en el momento de la intervención.
- **El padecimiento y condiciones personales del paciente.**

- Las complicaciones o resultados adversos previsibles y frecuentes que se puedan producir sean de carácter permanente o temporal, incluidas las del postoperatorio.

- Las alternativas terapéuticas significativas.

- Las contraindicaciones; características de la intervención o de aspectos sustanciales de la misma.

- La necesidad de la intervención.

- Las especialidades muy concretas en los supuestos de diagnóstico prenatal.

Así, por ejemplo, en la **sentencia del Tribunal Supremo n.º 948/2011, de 16 de enero de 2012, ECLI:ES:TS:2012:279**, el tribunal analiza la repercusión de la falta de información en el caso de una intervención quirúrgica para efectuar una disectomía cervical tras la que el paciente resultó afectado de una tetraplejia. Se cuestionaba, no la mala praxis en la actuación propiamente quirúrgica, sino si la falta de información produjo al paciente algún perjuicio y si esta falta de información es o no equiparable a la negligencia. Se realiza en el caso un análisis de diversos factores que pueden tener incidencia en la determinación de la negligencia:

- El documento de consentimiento informado no se había firmado.

- Ese **documento resultaba insuficiente como información al no mencionar la grave consecuencia que finalmente aconteció**, ni el diagnóstico, tipo de intervención y otros riesgos específicos.

- **No se acreditó la suficiencia de la información verbal.**

- **La complicación surgida es de escasa incidencia estadística pero el riesgo de un resultado así en una operación vertebral es lo suficientemente importante como para no ser omitido.**

Concluye el tribunal que en este caso la relación de causalidad entre la negligencia y el daño debe establecerse entre «(...) la omisión de la información y la posibilidad de haberse sustraído a la intervención médica cuyos riesgos se han materializado y no entre la negligencia del médico y el daño a la salud del paciente (...)» y afirma que la negligencia médica ha comportado una **pérdida de oportunidad para el paciente, esto es, la probabilidad de que, una vez informado de estos riesgos personales, probables o típicos, hubiera decidido continuar en la situación en que se encontraba o se hubiera sometido razonablemente a la intervención.**

> **RESOLUCIÓN RELEVANTE**
>
> **Auto del Tribunal Supremo, rec. 3906/2016, de 6 de febrero de 2019, ECLI:ES:TS:2019:962A**
>
> *«Como ha declarado la jurisprudencia, la vulneración del deber de obtener el consentimiento informado constituye una infracción de la lex artis ad hoc (SSTS de 21 de diciembre de 2005, 26 de junio de 2006, 26 de junio de 2006, 15 de noviembre de 2006, dos sentencias de 21 de diciembre de 2006).*
>
> *La información que debe darse al paciente para obtener válidamente su consentimiento, según reiterada jurisprudencia de esta Sala, incluye el diagnóstico, pronóstico*

y alternativas terapéuticas, con sus riesgos y beneficios, pero presenta grados distintos de exigencia según se trate de actos médicos realizados con carácter curativo o se trate de la llamada medicina satisfactiva. En relación con los primeros puede afirmarse con carácter general que no es menester informar detalladamente acerca de aquellos riesgos que no tienen un carácter típico por no producirse con frecuencia ni ser específicos del tratamiento aplicado, siempre que tengan carácter excepcional o no revistan una gravedad extraordinaria (SSTS de 28 de diciembre de 1998, 17 de abril de 2007, rec. 1773/2000, y 30 de abril de 2007, rec. 1018/2000). El artículo 10.1 LAP incluye hoy dentro de la información básica que corresponde al consentimiento prestado por escrito las consecuencias relevantes o de importancia que la intervención origina con seguridad, los riesgos relacionados con las circunstancias personales o profesionales del paciente, los riesgos probables en condiciones normales, conforme a la experiencia y al estado de la ciencia o directamente relacionados con el tipo de intervención, y las contraindicaciones; a su vez, del artículo 2.3 LAP, el cual establece como principio básico el 'derecho del paciente o usuario a decidir libremente después de recibir la información adecuada, entre las opciones clínicas disponibles' se deduce la necesidad de incluir este aspecto en la información.

Se exige que sea el médico quien pruebe que proporcionó al paciente todas aquellas circunstancias relacionadas con la intervención mientras éste se halle bajo su cuidado, pues se trata de hechos que fácilmente pueden ser probados por él, y que integran, además, una de sus obligaciones fundamentales (SSTS 25 de abril de 1994, 16 de octubre de 1998, 10 de noviembre de 1998, 8 de diciembre de 1998, 19 de abril de 1999, 7 de marzo de 2000, 12 de enero de 2001 y 26 de junio de 2006, rec. 4072/1999) [...]'».

CUESTIÓN

Un paciente se somete a una operación de cirugía estética para reducir su abdomen (abdominoplastia). Se le informa previamente de los riesgos de la intervención y firma el documento de consentimiento informado. Tras la misma reclama indemnización por daños y perjuicios sufridos como consecuencia de la defectuosa cicatrización. Tratándose este tipo de intervenciones de medicina voluntaria satisfactiva, ¿prosperaría dicha reclamación por no obtener los resultados esperados?

La mayoría de la jurisprudencia entiende que, aun en la medicina satisfactiva, salvo en algunos casos concretos en que se asegure de forma inequívoca el resultado, la obligación sigue siendo de medios, es decir, consiste en poner a disposición del paciente los medios adecuados, comprometiéndose a cumplimentar las técnicas previstas para la patología en cuestión con arreglo a la ciencia médica; a aplicar esas técnicas con el cuidado y precisión exigible de acuerdo con las circunstancias y riesgos inherentes a la intervención; y a proporcionar al paciente la información necesaria que le permita consentir o rechazar una determinada intervención. Dispone la **sentencia del Tribunal Supremo n.° 534/2009, de 30 de junio, ECLI:ES:TS:2009:4687**, que no es posible hablar de obligación de resultado en el ejercicio de la actividad médica, salvo que el resultado se garantice, incluso en los supuestos más próximos a la llamada medicina voluntaria que a la necesaria o asistencial.

En el presente caso el paciente fue oportunamente advertido de los riesgos, incluso de las dificultades de cicatrización en este tipo de intervenciones y consintió su realización por lo que difícilmente prosperaría una reclamación por responsabilidad civil, sin perjuicio de examinar el caso y circunstancias concretas.

Para responder a la presente cuestión también resulta de interés la lectura de la sentencia del Tribunal Supremo n.° 18/2015, de 3 de febrero, ECLI:ES:TS:2015:206.

|| Prueba de la información y el consentimiento

Es doctrina jurisprudencial consolidada que la acreditación corresponde al profesional sanitario por ser quien se halla en una situación más favorable para conseguir su prueba, así lo aclara la **sentencia del Tribunal Supremo n.º 1197/2007, de 23 de noviembre, ECLI:ES:TS:2007:7945.**

Además, en la **sentencia de la Audiencia Provincial de Asturias n.º 137/2011, de 30 de marzo, ECLI:ES:2011:543,** se declara incumplimiento del deber de información sobre las consecuencias en una operación estética, pues solo se acreditó en el procedimiento la firma de un documento de consentimiento poco antes de la operación con personal del centro que indicó a la paciente que si estaba «nerviosa era mejor que no lo leyera», sin que hubiese declarado el médico que practicó las operaciones ni el personal de la clínica que informó a la paciente, por lo que concluye que la ausencia de prueba perjudicaba al profesional sanitario.

El daño y el nexo causal. Criterios de determinación

El daño puede definirse como el menoscabo o perjuicio, patrimonial, físico o psíquico que sufre la víctima, pudiendo ser el paciente, la familia o terceros.

Para que el daño sea resarcible debe cumplir tres requisitos fundamentales:

- **Debe ser real, efectivo no hipotético o futuro.**
- **Debe ser evaluable económicamente.**
- **Debe ser consecuencia directa de la actuación de profesional/es sanitario/s.**

Es interesante recordar que la responsabilidad del profesional sanitario es de medios o actividad y surge cuando la actuación, negligente o culposa, del facultativo causa directamente un resultado dañoso al paciente.

La relación de causalidad se caracteriza por la omisión o realización de una conducta que de haber sido observada o no haberse realizado evitaría el resultado dañoso.

|| Certeza y doctrina de la probabilidad cualificada

La jurisprudencia exige, con carácter general, para determinar el nexo de causalidad certeza probatoria y no meras conjeturas, deducciones o probabilidades. No obstante, en algunos casos singulares se permite para determinar el nexo de causalidad un «juicio de probabilidad cualificado» que corresponde al juzgador de instancia.

El Tribunal Supremo en su **sentencia n.º 392/2019, de 4 de julio, ECLI:ES:TS:2019:2376,** referencia la **doctrina de la probabilidad cualificada:**

> «(...) refiriéndose en la sentencia recurrida la doctrina de la probabilidad cualificada, recogida entre otras en sentencias 425/2009, de 4 de junio, y 357/2011, de 1 de junio, ('aunque no siempre se requiere la absoluta certeza, por ser suficiente un juicio de probabilidad cualificada, que co-

rresponde sentar al juzgador de instancia, cuya apreciación solo puede ser atacada en casación si es arbitraria o contraria a la lógica o al buen sentido')».

El juicio de probabilidad supone, según la definición dada por la **sentencia de la Audiencia Provincial de Zaragoza n.º 366/2006, de 15 de junio, ECLI:ES:APZ:2006:1055**, que la determinación del nexo causal se inspirará en las conductas o circunstancias que el buen sentido señale en cada caso como índice de responsabilidad, dentro del infinito encadenamiento de causas y efectos.

La carga de la prueba del nexo causal recae sobre el demandante, sin que quede desvirtuada por una posible aplicación de la teoría del riesgo o de la inversión de la carga de la prueba, a excepción de los casos de daño desproporcionado que veremos a continuación.

RESOLUCIÓN RELEVANTE

Sentencia de la Audiencia Provincial de Valencia n.º 392/2023, de 4 de octubre, ECLI:ES:APV:2023:3027

«A tales efectos la determinación de la causa de los daños es determinante, cualquiera que sea la acción que se ejercite, así STS 19 de febrero de 2009 recurso 1900/2002 "Constituye doctrina de esta Sala que para la imputación de la responsabilidad, cualquiera que sea el criterio que se utilice (subjetivo u objetivo), es requisito indispensable la determinación del nexo causal entre la conducta del agente y la producción del daño (SSTS 11 febrero 1998; 3 de junio de 2000; 19 octubre 2007), el cual ha de basarse en una certeza probatoria que no puede quedar desvirtuada por una posible aplicación de la teoría del riesgo, la objetivación de la responsabilidad o la inversión de la carga de la prueba (SSTS 17 diciembre 1988; 21 de marzo de 2006; 30 de mayo 2008.), añadiendo que la prueba del nexo causal, requisito al que no alcanza la presunción ínsita en la doctrina denominada de la inversión de la carga de la prueba, incumbe al actor, el cual debe acreditar la realidad del hecho imputable al demandado del que se hace surgir la obligación de reparar el daño causado, y por último, la STS 11 de marzo de 2020 Recurso: 3296/2017 " En cualquier caso, la aplicación de tales preceptos requiere la constatación de una relación de causalidad entre la prestación del servicio y el resultado producido"».

|| El daño desproporcionado como fuente de responsabilidad

El daño desproporcionado es aquel suceso no previsto ni explicable en la esfera de la actuación profesional médica y según reiterada doctrina obliga al profesional médico a acreditar las circunstancias en que se produjo por el principio de facilidad y proximidad probatoria. Esta definición se extrae de la reiterada jurisprudencia del Tribunal Supremo, de entre la que se destaca, en primer lugar, la **STS n.º 240/2016, de 12 de abril, ECLI:ES:TS:2016:1624**, que establece lo siguiente:

«(...) nos sitúa ante la doctrina del daño desproporcionado o enorme, entendido como aquel suceso no previsto ni explicable en la esfera de la actuación del profesional médico que le obliga a acreditar las circunstancias en que se produjo por el principio de facilidad y proximidad probatoria. Se le exige una explicación coherente acerca del porqué de la importante disonancia existente entre el riesgo inicial que implica la actividad médica y la consecuencia producida, de modo que la ausencia u omisión de explicación puede determinar la imputación, creando o haciendo surgir una deducción de negligencia. La existencia de un daño desproporcionado incide en la atribución causal y en el reproche de culpabilidad, alterando los cánones generales sobre responsabilidad civil médica en relación con el 'onus probandi' de la relación de causalidad y la presunción de culpa (STS 23 de octubre de 2008, y las que en ella se citan).

Siendo así, no puede existir daño desproporcionado, por más que en la práctica lo parezca, cuando hay una causa que explica el resultado, al no poder atribuírseles cualquier consecuencia, por nociva que sea, que caiga fuera de su campo de actuación (STS 19 de octubre 2007; 30 de junio 2009; 28 de junio 2013)».

Asimismo, la **sentencia del Tribunal Supremo n.º 698/2016, de 24 de noviembre, ECLI:ES:TS:2016:5161,** da una amplia definición de lo que se entiende por **daño desproporcionado**:

«El daño desproporcionado - STS de 19 de julio de 2013 - es aquél no previsto ni explicable en la esfera de su actuación profesional y que obliga al profesional médico a acreditar las circunstancias en que se produjo por el principio de facilidad y proximidad probatoria. Se le exige una explicación coherente acerca del porqué de la importante disonancia existente entre el riesgo inicial que implica la actividad médica y la consecuencia producida, de modo que la ausencia u omisión de explicación puede determinar la imputación, creando o haciendo surgir una deducción de negligencia. La existencia de un daño desproporcionado incide en la atribución causal y en el reproche de culpabilidad, alterando los cánones generales sobre responsabilidad civil médica en relación con el onus probandi «de la relación de causalidad y la presunción de culpa (SSTS 30 de junio 2009, rec. 222/205; 27 de diciembre 2011, rec. num. 2069/2008, entre otras), sin que ello implique la objetivación, en todo caso, de la responsabilidad por actos médico», «sino revelar, traslucir o dilucidar la culpabilidad de su autor, debido a esa evidencia (res ipsa loquitur)» (STS 23 de octubre de 2008, rec. num. 870/2003)».

En este punto, es interesante estar a lo dispuesto por el Tribunal Supremo en lo referente a la **doctrina del daño desproporcionado**. Así, la **STS n.º 1136/2016, de 19 de mayo, ECLI:ES:TS:2016:2185,** establece lo siguiente:

«La doctrina del daño desproporcionado o 'resultado clamoroso' significa lo siguiente:

1º Que el resultado dañoso excede de lo previsible y normal, es decir, no guarda relación o proporción atendiendo a la entidad de la intervención médica pues no hay daño desproporcionado, por ejemplo, si el resultado lesivo es un riesgo inherente a la intervención, pero ha habido una errónea ejecución.

2º El daño desproporcionado implica un efecto dañoso inasumible - por su desproporción - ante lo que cabe esperar de la intervención médica; es, por tanto, un resultado inesperado e inexplicado por la demandada.

3° Ante esa quiebra de lo normal, de lo esperable y lo desproporcionado del efecto dañoso, se presume que el daño es causado por una quiebra de la lex artis por parte de la Administración sanitaria, presunción que puede destruir si prueba que la causa está fuera de su ámbito de actuación, es decir, responde a una causa de fuerza mayor.

4° Por tanto, para que no se le atribuya responsabilidad por daño desproporcionado, desde el principio de facilidad y proximidad probatoria la Administración debe asumir esa carga de probar las circunstancias en que se produjo el daño.

5° De no asumir esa carga, la imprevisibilidad o la anormalidad del daño causado atendiendo a la entidad de la intervención médica es lo que hace que sea antijurídico, sin que pueda pretextarse un caso fortuito, excluyente de la responsabilidad por el daño causado».

La existencia de este daño desproporcionado altera la carga de la prueba de la relación de causalidad y la presunción de culpa, pues se exigirá al demandado una explicación coherente acerca del porqué de la importante disonancia existente entre el riesgo inicial que implica la actividad médica y la consecuencia producida, de modo que la ausencia u omisión de explicación puede determinar la imputación, creando o haciendo surgir una deducción de negligencia (**sentencia Audiencia Provincial de Pontevedra n.° 538/2014, de 22 de septiembre, ECLI:ES:APPO:2014:1992**).

Según la reiterada jurisprudencia la doctrina del daño desproporcionado descansa en la regla «**res ipsa loquitur**», esto es, «**la cosa habla por sí misma**», que se refiere a la evidencia de que el evento dañoso se ha producido por una conducta negligente.

En este sentido, la **sentencia del Tribunal Supremo n.° 828/2021, de 30 de noviembre, ECLI:ES:TS:2021:4355**, afirma que:

«**No puede calificarse como daño desproporcionado el resultado indeseado o insatisfactorio, encuadrable en el marco de los riesgos típicos de una intervención de cirugía estética, debidamente informados y consentidos por la paciente,** como son la asimetría de las mamas y las cicatrices inestéticas». Sigue la referida sentencia, «No nos hallamos ante un resultado excepcionalmente anómalo o clamoroso, manifiestamente inesperado en relación con la concreta intervención quirúrgica dispensada, que evidencie, por tal circunstancia, la presunción racional de que algo ha fallado (res ipsa loquitur: los hechos hablan por sí mismos), y que sea de entidad tal, que implique una inversión de la carga de la prueba en contra del cirujano que practicó la operación sobre las causas del resultado producido, cuando previamente se advirtió de la posibilidad de que, pese a una adecuada técnica quirúrgica, unas disfunciones de tal clase se pueden producir, toda vez que no cabe garantizar el resultado, como así igualmente se reflejó, de forma expresa, en la información suscrita».

La aplicación de la doctrina del daño desproporcionado por los tribunales es residual y ello porque según reitera la jurisprudencia, citadas entre otras la **sentencia del Tribunal Supremo n.° 240/2016, de 12 de abril, ECLI:ES:TS:2016:1624**, no puede existir daño desproporcionado, por más que en la práctica lo parezca, cuando hay una causa que explica el resultado, al no poder atribuirles cualquier consecuencia, por nociva que sea, que caiga fuera de su campo de actuación.

La anterior sentencia **excluye la aplicación de la teoría del daño desproporcionado** pues, aunque reconoce que «sin duda para cualquier profano en temas médicos la intervención de un quiste pilonidal no debería tener en principio como resultado el fallecimiento del paciente (...)», debe estarse al caso concreto y en el analizado en la sentencia sitúa la causa del fallecimiento en una complicación relacionada con la cardiopatía del paciente que fue tratada desde que se desarrolló. Además, en cualquier intervención quirúrgica entra en juego el papel del anestesista y debe tenerse en cuenta que el acto anestésico, dice la sentencia, «(...) es por sí mismo generador de un riesgo para la vida e integridad física del paciente y como tal es ajeno a la dolencia originadora de la intervención quirúrgica, lo que impide confundir la simplicidad de una determinada afección que se trata de solventar con la intervención quirúrgica, que puede ser sencilla y no comportar riesgos para la salud del paciente, con la anestesia, sea general o regional, que comporta en sí misma un riesgo evidente».

Por el contrario, encontramos aceptación del daño desproporcionado en la **sentencia del Tribunal Supremo n.º 284/2014, de 6 de junio, ECLI:ES:TS:2014:2255**, sobre la base de que tras un parto sin complicaciones surgieron problemas muy graves para la salud de una persona que no presentaba ninguna patología previa: «(...) Por eso acude, con acierto el Juzgado de primera instancia a la doctrina del 'daño desproporcionado', pues 'entre tratar una hipertensión y controlar un sangrado y quedar con una hemiplejia en el lado izquierdo del cuerpo hay demasiada distancia'».

También, es interesante mencionar la **sentencia del Tribunal Supremo n.º 593/1999, de 29 de junio, ECLI:ES:TS:1999:4645**, donde una mujer con 44 años de edad se somete a una operación relativamente sencilla (extirpación de la vesícula biliar) y fallece de una parada cardiorrespiratoria, sin que el centro médico dé la más mínima explicación coherente sobre ello. Así pues, reza la referida sentencia:

> «(...) es un resultado desproporcionado, la cosa habla por sí misma (res ipsa liquitur) y hay clara apariencia de prueba (Anscheinsbeweis) de la culpa, culpa virtual (faute virtuelle) que si no consta la negligencia de médicos concretos, sí aparece, como dice la sentencia de 2 de diciembre de 1996, una presunción desfavorable que pueda generar un mal resultado, cuando éste por su desproporción con lo que es usual comparativamente, según las reglas de la experiencia y el sentido común, revele inductivamente la penuria negligente de los medios empleados, según el estado de la ciencia y las circunstancias de tiempo y lugar, o el descuido de en su conveniente y temporánea utilización».

‖ La pérdida de oportunidad como criterio de valoración del daño

Podemos definir la pérdida de oportunidad como la **probabilidad de haber obtenido un resultado diferente si el médico o el centro hubiesen**

actuado de modo diferente. Según la jurisprudencia, permite una respuesta indemnizatoria en aquellos casos en que no quiebra la *lex artis*, pero concurre un daño antijurídico como consecuencia del funcionamiento del servicio médico.

Para alcanzar esta conclusión, es interesante traer a colación la **sentencia de la Audiencia Provincial de Madrid n.º 169/2024, de 24 de marzo, ECLI:ES:APM:2024:3438**, que señala lo siguiente:

«Responsabilidad médica en caso de pérdida de oportunidad. (STS 8 de abril de 2016, 16 de marzo de 2018 y 23 de enero de 2019)

Se entiende por tal la probabilidad de que otra decisión y otra asistencia sanitaria podría **haber evitado el resultado lesivo o haberlo minorado**, es la determinación de la **probabilidad la que debe servir de guía para determinar la indemnización**. [...] en los supuestos de **pérdida de oportunidad** no procede la indemnización "por la totalidad del daño sufrido", sino que la misma ha de establecerse "en una cifra que estimativamente tenga en cuenta la pérdida de posibilidades de curación que el paciente sufrió como consecuencia de ese diagnóstico tardío de su enfermedad (STS 3ª 169/2018, 6.2). "En definitiva, es posible afirmar que la actuación médica privó al paciente de determinadas expectativas de curación, que deben ser indemnizadas, pero reduciendo el montante de la indemnización en razón de la probabilidad de que el daño se hubiera producido, igualmente, de haberse actuado diligentemente" (STS 3º rec. 2630/2014, 27.1.2016 y juris. cit.)". "Además, la **doctrina de la pérdida de oportunidad** resulta especialmente apropiada en el caso de las obligaciones de medios, como las que gravan al centro sanitario. La obligación del médico es favorecer las posibilidades de recuperación del paciente y esto mismo es lo que pierde el paciente por causa de la negligencia médica". "El demandante no tiene la carga de alegar como tal esta doctrina jurisprudencial específica llamada **"pérdida de oportunidad"** y no lo vienen exigiendo los tribunales.

Es suficiente que el demandante identifique el resultado que pide que le sea indemnizado, para que el tribunal reduzca la indemnización. Ello es así porque está en las facultades del tribunal considerar que la causalidad solo es probable y que el daño debe ser valorado como un resultado incierto, que es un minus del resultado cierto". "Por esto, en los supuestos de mala praxis (o infracción de la lex artis ad hoc) en los que pueda afirmarse el nexo causal directo con el daño, huelga referirse a la pérdida de oportunidad (v. STS 3ª rec. 1593/2008, 24.11.2009)".

En la responsabilidad sanitaria y en los casos similares al presente, resulta primordial evaluar lo que, en el caso concreto, pierde un paciente que sufre una enfermedad progresiva cuando el tratamiento requerido se retrasa por un diagnóstico negligente. Puede ser que el paciente no pierda nada con el retraso porque, dado su estado anterior, no tenía posibilidades reales de recuperación. En otras ocasiones, el retraso puede significar que el paciente lo pierda todo. El **problema de la pérdida de la oportunidad** acaece con los supuestos intermedios o "franja de incertidumbre causal" (STS 1ª 227/2016, 8.4). "Como se ha puesto de manifiesto por la doctrina, la teoría de la pérdida de oportunidad debe vincularse, dentro de la estructura general de la institución de responsabilidad patrimonial de las Administraciones Públicas, en el nexo causal, de tal forma que cuando se haya acreditado que el resultado lesivo tiene como causa directa e inmediata la asistencia sanitaria, que es contraria a la lex artis, se debe proceder a la indemnización de la lesión; en el extremo opuesto, cuando la asistencia sea correcta, el daño producido no es antijurídico y debe soportarlo el ciudadano" (STS 3ª 169/2018, 6.2; también 2071/2017, 21.12, en error de diagnóstico, rec. 5286/2003, 7.3.2007)"».

En palabras del Tribunal Supremo, **la pérdida de oportunidad se caracteriza por la incertidumbre acerca de que la actuación médica omitida pudiera haber evitado o mejorado el deficiente estado de salud** del paciente, con la consecuente entrada en juego a la hora de valorar el daño así causado de dos elementos o sumandos de difícil concreción, como son el grado de probabilidad de que dicha actuación hubiera producido el efecto beneficioso, y el grado, entidad o alcance de este mismo **(sentencia del Tribunal Supremo rec. 2755/2010, de 22 de mayo de 2012, ECLI:ES:TS:2012:3637)**.

En casos, como dice la **sentencia del Tribunal Supremo, rec. 6280/2009, de 27 de septiembre de 2011, ECLI:ES:TS:2011:5922**, «(...) el daño no es el material correspondiente al hecho acaecido, sino la incertidumbre en torno a la secuencia que hubieran tomado los hechos de haberse seguido en el funcionamiento del servicio otros parámetros de actuación, en suma, la posibilidad de que las circunstancias concurrentes hubieran acaecido de otra manera. **En la pérdida de oportunidad hay, así pues, una cierta pérdida de una alternativa de tratamiento, pérdida que se asemeja en cierto modo al daño moral y que es el concepto indemnizable.** En definitiva, **es posible afirmar que la actuación médica privó al paciente de determinadas expectativas de curación, que deben ser indemnizadas,** (...)».

Otro ejemplo de aplicación de la pérdida de oportunidad por nuestros tribunales lo encontramos en la **sentencia de la Audiencia Provincial de Asturias n.º 271/2010, de 28 de mayo, ECLI:ES:APO:2010:1357**, en la que se declara que no es el obrar negligente del médico el que causa la enfermedad, sino que minora las posibilidades de curación lo que determina la pérdida de oportunidad para la víctima. El tribunal deberá evaluar en cada caso, en función de las circunstancias concurrentes para fijar la suma indemnizatoria adecuada. En el supuesto que examina, concluye que no puede establecerse un nexo causal preciso y directo entre el retraso en el traslado del paciente al hospital y el fallecimiento, pero sí entre el retraso y la imposibilidad de conocer con seguridad cual habría sido el desenlace de no haberse producido.

En la **sentencia del Tribunal Supremo, rec. 1496/1994, de 10 de octubre de 1998, ECLI:ES:TS:1998:5788**, se imputa a la demandada la pérdida de una oportunidad para efectuar en condiciones una operación de reimplante de mano, aunque no se sabe si al final hubiera dado resultado por otras causas ajenas a ella.

La **sentencia de la Audiencia Provincial de Badajoz n.º 36/2005, de 7 de febrero, ECLI:ES:APBA:2005:84**, establece que la falta de realización de una mamografía a tiempo privó a la paciente de oportunidades o expectativas de éxito ya que, dice, es evidente que cuanto antes se detecte el cáncer o menos avanzado se halle en su desarrollo existen más posibilidades en un tratamiento menos agresivo para la salud del paciente.

La **sentencia del Tribunal Supremo n.º 948/2011, de 16 de enero de 2012, ECLI:ES:TS:2012:279**, declara que existe una evidente incertidumbre causal en torno a la secuencia que hubieran tomado los hechos si hubiese sido informado el paciente y aplica la teoría de la pérdida de oportunidad, «(...) es posible hacer efectivo un régimen especial de imputación probabilística que permite reparar en parte el daño, como es la pérdida de oportunidad, que toma como referencia, de un lado, el daño a la salud sufrido a resultas de la intervención y, de otro, la capacidad de decisión de un paciente razonable que valora su situación personal y decide libremente sustraerse o no a la intervención quirúrgica sin el beneficio de conocer las consecuencias para su salud una vez que estas ya se han producido (...)».

También la **sentencia de la Audiencia Provincial de Salamanca n.º 330/2016, de 18 de julio, ECLI:ES:APSA:2016:415**, hace referencia a la pérdida de oportunidad y al declarar que la paciente tenía la posibilidad de «(...) solucionar su problema de la manera más rápida y eficaz posible, con una intervención quirúrgica que habría servido para resolver la dolencia que realmente padecía; al no objetivar adecuadamente la lesión, como consecuencia de no agotar todos las pruebas diagnósticas y las distintas opciones posibles a la vista de los resultados y sugerencias mostrados por el urólogo, la ginecóloga no informó adecuadamente a la paciente de la dolencia que realmente estaba sufriendo, privándole con ello de tomar la decisión oportuna o de visitar a otro profesional (de hecho, rechazó una nueva visita al urólogo y descartó la intervención sugerida en un primer momento por el Dr. Eladio), y provocando con ello una situación larga y angustiosa de padecimiento corporal y moral para la paciente demandante, que debe derivar en la obligación de indemnizar ambos daños».

JURISPRUDENCIA

Sentencia del Tribunal Supremo n.º 462/2018, de 20 de marzo, ECLI:ES:TS:2018:1096

«Es preciso, consiguientemente, reproducir la frase completa para que ésta adquiera todo su sentido, porque lo que se quiere así dar a entender, y no más, es que la pérdida de oportunidad puede hacerse valer más allá de la infracción de la "lex artis" (en los casos en que tal quiebra no se ha producido)-siempre, según se añade, en presencia de un daño antijurídico, consecuencia del funcionamiento del servicio-.

En el sentido expuesto, su aplicación rebasa el ámbito en que ordinariamente despliega su eficacia la institución de la responsabilidad patrimonial de la Administración en el concreto sector que nos ocupa de la asistencia sanitaria pública, en tanto que la infracción de la "lex artis" (responsabilidad por funcionamiento anormal de la Administración) constituye el criterio rector determinante de su procedencia en la mayor parte de las ocasiones.

Y ciertamente es así; aunque, desde luego, a propósito de esta cuestión de carácter general y por detenerse en ella un ápice, tampoco puede descartarse total y absolutamente, y en vía de principio, la improcedencia de dicha responsabilidad en otros casos en el ámbito de la sanidad pública; con base, siempre -eso sí-, en algún título específico distinto de imputación, más allá del defectuoso funcionamiento del servicio, como la creación de una situación de riesgo o en la irrogación de un sacrificio especial, porque sin imputación difícilmente puede prosperar la responsabilidad, en tanto que se trata de un requisito legalmente establecido al efecto no susceptible de soslayarse; y siempre que además el daño ocasionado resulte antijurídico, en la medida en que quien lo padece no tiene obligación de soportarlo.

En cualquier caso, y volviendo sobre el asunto de la perdida de la oportunidad que es el que ha de centrar nuestra atención, lo que quiere significarse con la doctrina establecida en nuestras resoluciones que se traen a colación por la parte recurrente es, como antes dijimos, que su invocación puede formularse incluso sin quiebra de la "lex artis", no más».

Responsabilidad sanitaria por productos defectuosos

En primer lugar, ha de partirse del **concepto de «producto sanitario»** y para ello es necesario acudir al artículo 2 del **Real Decreto 192/2023, de 21 de marzo**, por el que se regulan los productos sanitarios.

A TENER EN CUENTA. El mencionado Real Decreto 192/2023, de 21 de marzo, derogó parcialmente el **Real Decreto 1591/2009, de 16 de octubre**, por el que se regulan los productos sanitarios.

Pues bien, dicho artículo 2 del RD 192/2023, de 21 de marzo, remite a las definiciones reguladas en el artículo 2 del Reglamento (UE) 2017/745 del Parlamento Europeo y del Consejo, de 5 de abril de 2017, sobre los productos sanitarios, que establece lo siguiente:

«A efectos del presente Reglamento, se entiende por:
1) **producto sanitario**»: todo instrumento, dispositivo, equipo, programa informático, implante, reactivo, material u otro artículo destinado por el fabricante a ser utilizado en personas, por separado o en combinación, con alguno de los siguientes fines médicos específicos:
- diagnóstico, prevención, seguimiento, predicción, pronóstico, tratamiento o alivio de una enfermedad,
- diagnóstico, seguimiento, tratamiento, alivio o compensación de una lesión o de una discapacidad,
- investigación, sustitución o modificación de la anatomía o de un proceso o estado fisiológico o patológico,
- obtención de información mediante el examen in vitro de muestras procedentes del cuerpo humano, incluyendo donaciones de órganos, sangre y tejidos,
y que no ejerce su acción principal prevista en el interior o en la superficie del cuerpo humano por mecanismos farmacológicos, inmunológicos ni metabólicos, pero a cuya función puedan contribuir tales mecanismos.
Los siguientes productos también se considerarán productos sanitarios:
- los productos de control o apoyo a la concepción,
- los productos destinados específicamente a la limpieza, desinfección o esterilización de los productos que se contemplan en el artículo 1, apartado 4, y en el párrafo primero del presente punto».

En caso de que el producto sanitario sea **defectuoso** debemos acudir a la regulación contemplada en la legislación de consumidores y usuarios concretamente, el Real Decreto 1/2007, de 16 de noviembre, que aprueba el Texto Refundido de la Ley General para la defensa de los consumidores y usuarios y otras leyes complementarias (TRLGDCU, en adelante), que desplazó a la Ley de Responsabilidad Civil por los daños causados por productos defectuosos.

Así, el artículo 137.1 del TRLGDCU determina qué se entiende por **productos defectuosos**: «**Se entenderá por producto defectuoso aquél que no ofrezca la seguridad que cabría legítimamente esperar**, teniendo en cuenta todas las circunstancias y, especialmente, su presentación, el uso razonablemente previsible del mismo y el momento de su puesta en circulación».

En cuanto a este concepto, el **Tribunal Supremo en la sentencia n.º 1516/2023, de 2 de noviembre, ECLI:ES:TS:2023:4609**, establece lo siguiente:

> «Así, señalaba el Tribunal Supremo en las sentencias de 19 de febrero de 2007 y 21 de febrero de 2003 que el concepto legal de producto defectuoso (siguiendo la Directiva comunitaria) "resulta flexible y amplio, y, al no concurrir factores subjetivos, la seguridad se presenta como exigencia del producto, pues se trata de un derecho que asiste a todo consumidor en cuanto que el producto puede ser utilizado sin riesgos para su integridad física o patrimonial.
>
> "La existencia del defecto resulta del concepto que del mismo establece la Ley 22/1994 y ha de relacionarse necesariamente con la seguridad que el producto debe ofrecer, y, si esto no sucede, impone considerar al producto como defectuoso"(...)" Y añade que, si bien la prueba del defecto corresponde al perjudicado "no es necesaria la prueba del concreto defecto que haya producido el daño, siendo suficiente acreditar su existencia, aunque no se pueda determinar la clase del mismo...».

En este sentido, la **sentencia del Tribunal Supremo n.º 105/2021, de 1 de marzo, ECLI:ES:TS:2021:758**, sobre el concepto de seguridad que cabe legítimamente esperar, en el caso de la sentencia de unas prótesis mamarias, declara:

> «El concepto de seguridad que cabe legítimamente esperar **protege frente a las consecuencias dañosas que son producto de la toxicidad o peligrosidad del producto.** De esto se sigue que no responden a la seguridad que cabe legítimamente esperar de su uso aquellos productos, entre otros, que pueden ofrecer riesgos derivados de la falta de comprobación en el momento de la puesta en circulación de la falta de toxicidad o peligrosidad, cuando esta aparece como razonablemente posible.
>
> 'En estos casos **solamente puede quedar eximido de responsabilidad el importador o fabricante cuando pruebe que la ausencia de estas comprobaciones responde al hecho de no ser exigibles** de acuerdo con 'el estado de los conocimientos científicos y técnicos existentes en el momento de la puesta en circulación'. Defecto de seguridad es, en suma, no solamente aquel que se concreta en la existencia de riesgos derivados de la toxicidad o peligrosidad, sino también el que consiste en la ausencia de las comprobaciones necesarias para excluir dichos riesgos, pues esta ausencia constituye, por sí misma, un riesgo'».

En los casos en que se produzca un daño surge la responsabilidad proclamada en el artículo 135 del TRLGDCU, en virtud del cual los productores serán los responsables de los daños causados por los defectos de los productos que fabriquen o importen. En este caso **será el perjudicado el que debe probar el defecto, el daño y la relación de causalidad entre ambos,** de conformidad con el **artículo 139 del TRLGDCU.**

CUESTIÓN

En el caso de que la Administración sanitaria utilice un producto sanitario autorizado pero defectuoso cuya toxicidad es alertada con posterioridad a la su aplicación en una intervención quirúrgica, ¿es responsable la Administración sanitaria?

Para dar respuesta a esta cuestión, cabe traer a colación la **sentencia del Tribunal Supremo n.º 272/2022, de 3 de marzo, ECLI:ES:TS:2022:765,** en primer lugar, queda acreditada la relación de causalidad entre las secuelas padecidas y la utilización del producto defectuoso en la intervención quirúrgica. Tampoco puede entenderse que la acción de responsabilidad civil haya que dirigirla contra el fabricante, pues la persona intervenida no es consumidora de un determinado producto, sino paciente de la sanidad pública ajena a la utilización de fármacos según criterio médico o de gestión sanitaria. El mal funcionamiento del servicio público, del que ha resultado un daño antijurídico que el interesado no está obligado a soportar constituye la antijuridicidad del daño que obliga a la Administración a responder.

Asimismo, la Administración sanitaria (cuyos facultativos en este caso realizaron una correcta y adecuada intervención quirúrgica de conformidad con las lex artis) no debe responder de las lesiones causadas a un paciente como consecuencia de la utilización de un producto sanitario defectuoso, cuya toxicidad se descubre y alerta con posterioridad a su utilización, previamente autorizada por la Agencia Española de Medicamentos y Productos Sanitarios, debiendo la responsabilidad recaer en el productor o, en su caso, en la Administración con competencias para autorizar y vigilar los medicamentos y productos sanitarios.

De igual modo, señalar que deben tenerse en cuenta las **causas de exoneración de responsabilidad,** cuya **prueba corre a cargo del productor** y que se concretan en las siguientes:

- Que **no había puesto en circulación el producto.**
- Que, dadas las circunstancias del caso, **es posible presumir que el defecto no existía en el momento en que se puso en circulación el producto.**
- Que **el producto no había sido fabricado para la venta o cualquier otra forma de distribución con finalidad económica,** ni fabricado, importado, suministrado o distribuido en el marco de una actividad profesional o empresarial.
- Que **el defecto se debió a que el producto fue elaborado conforme a normas imperativas existentes.**
- Que **el estado de los conocimientos científicos y técnicos existentes en el momento de la puesta en circulación no permitía apreciar la existencia del defecto.** Esta causa no podrá ser invocada por los sujetos responsables en caso de medicamentos, alimentos o productos alimentarios destinados al consumo humano.

- El productor de una parte integrante de un producto terminado no será responsable **si prueba que el defecto es imputable a la concepción del producto al que ha sido incorporado o a las instrucciones dadas por el fabricante de ese producto.**

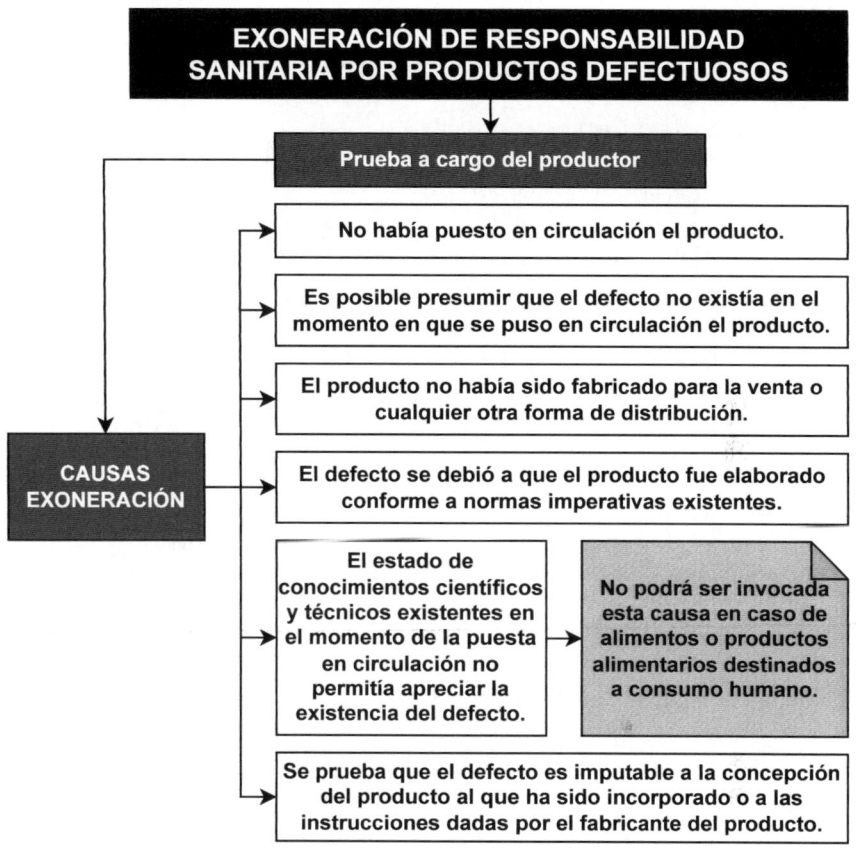

EXONERACIÓN DE RESPONSABILIDAD SANITARIA POR PRODUCTOS DEFECTUOSOS

Prueba a cargo del productor

No había puesto en circulación el producto.

Es posible presumir que el defecto no existía en el momento en que se puso en circulación el producto.

El producto no había sido fabricado para la venta o cualquier otra forma de distribución.

CAUSAS EXONERACIÓN

El defecto se debió a que el producto fue elaborado conforme a normas imperativas existentes.

El estado de conocimientos científicos y técnicos existentes en el momento de la puesta en circulación no permitía apreciar la existencia del defecto.

No podrá ser invocada esta causa en caso de alimentos o productos alimentarios destinados a consumo humano.

Se prueba que el defecto es imputable a la concepción del producto al que ha sido incorporado o a las instrucciones dadas por el fabricante del producto.

Un caso paradigmático de la aplicación de este sistema de responsabilidad lo encontramos en la **sentencia del Tribunal Supremo n.º 545/2010, de 9 de diciembre, ECLI:ES:TS:2010:7204**, en el caso de las prótesis mamarias PIP en la que se determinan las siguientes conclusiones:

- Las **prótesis son defectuosas por la inexistencia de estudios en la empresa fabricante sobre la comprobación de los posibles efectos tóxicos de su relleno**, sin que la demandada acreditase que esa ausencia se debiera al estado de conocimientos científicos y técnicos suficientes en el momento en que son puestas a circulación. El hecho de que no se demostrase de forma definitiva la toxicidad no obsta a que se consideren defectuosas, por la mencionada ausencia de comprobaciones suficientes.

- **El daño causado se debe a la extracción prematura de dichas prótesis**, cuando debían ser funcionales durante un periodo prolongado de tiempo y el daño es imputable al carácter defectuoso.

1.4. Responsabilidad contractual

La responsabilidad contractual encuentra su fundamento en el artículo 1101 del Código Civil en cuya virtud quedarán sujetos a la indemnización por daños y perjuicios los que en cumplimiento de sus obligaciones incurrieren en dolo, negligencia o morosidad.

Para que surja esta responsabilidad es preciso que exista una relación obligacional entre el paciente y el profesional sanitario y/o el centro médico.

Como dice la **sentencia del Tribunal Supremo n.º 12/2009, de 23 de enero, ECLI:ES:TS:2009:71**, la deficiente prestación de un servicio médico a un paciente puede responsabilizar tanto a los profesionales que le trataron como al establecimiento **cuando las deficiencias se producen dentro del círculo de los médicos, personal sanitario, centros y medios concertados o contratados a efectos de su realización y que permitiría al afectado ejercitar acción directa contra cualquiera de los dos.**

Con carácter general, **la responsabilidad contractual se proyecta como una obligación de medios o actividad que nace cuando el facultativo no ha observado las reglas de la profesión** —*lex artis ad hoc*— y, como consecuencia, causa un daño. Por lo tanto, está basada en la idea de culpa y **requiere la acreditación del nexo causal entre la conducta y el resultado dañoso, remitiéndonos para el estudio de cada uno de estos presupuestos al bloque anterior donde ya fueron analizados.**

Y decimos, con carácter general, porque deben dejarse a salvo los casos de medicina satisfactiva con aseguramiento de resultado; la responsabilidad objetiva de la legislación de consumidores usuarios en casos de defectos organizativos o funcionales del centro médico; o los supuestos de daño desproporcionado.

Arrendamiento de servicios o arrendamiento de obra. Aseguramiento del resultado

Partiendo de la conceptualización general, tanto en el ámbito contractual como extracontractual, de la asistencia sanitaria como una obligación de medios o actividad, **la jurisprudencia ha venido considerando el contrato existente entre el paciente y el médico como un contrato de arrendamiento de servicios y no como un arrendamiento obra**, por no poder comprometerse a la obtención de un resultado. Si bien, no debe desconocerse que se han planteado dudas en el ámbito de la llamada medicina satisfactiva o voluntaria en la que sí se busca un determinado resultado, así, por ejemplo, en las especialidades médicas de cirugía estética, odontología o vasectomía.

Reflejo de esta tendencia lo encontramos en la **sentencia del Tribunal Supremo n.° 203/2004, de 12 de marzo, ECLI:ES:TS:ES:TS:2004:1708**, que confirma las sentencias de instancia y apelación y declara la responsabilidad contractual del médico por ausencia de pruebas preoperatorias a la que vincula las graves consecuencias sufridas en la operación. Se califica como incumplimiento de contrato «(...) que, al tratarse de medicina voluntaria o preventiva, tiene la naturaleza más de contrato de obra -la correcta ligadura de trompas- que de prestación de servicios médicos».

No obstante, la jurisprudencia mayoritaria se decanta en la medicina voluntaria por la conceptualización como arrendamiento de servicios, aunque reconociendo una mayor garantía en la obtención del resultado que, por ende, repercutirá en la exigencia de la responsabilidad. Para dilucidar si estamos ante una obligación de medios «acentuada» como refieren múltiples sentencias y, por tanto, si nos acercamos al arrendamiento de obra hay que examinar las circunstancias de cada caso concreto, sin que podamos formular teorías genéricas al respecto; así lo expone **la sentencia de la Audiencia Provincial de Asturias n.° 184/2014, de 23 de mayo, ECLI:ES:APO:2014:1434**.

En esta línea de mayor exigencia de responsabilidad por aseguramiento del resultado se pronuncia la jurisprudencia. Alguna sentencia se refiere a los actos de publicidad que se integran en el contenido normativo del contrato con arreglo a la legislación de consumidores. La **sentencia del Tribunal Supremo n.° 922/1999, de 2 de noviembre, ECLI:ES:TS:1999:6854**, declaraba el supuesto en que la asegurada contrató un seguro determinado en atención a la garantía de la calidad de los servicios que representaba el servicio de la compañía, declarando que «sus obligaciones abarcan más allá de la simple gestión asistencial» o la **sentencia del Tribunal Supremo n.° 902/2004, de 4 de octubre, ECLI:ES:TS:2004:6148**, toma en consideración que la entidad promocionaba sus servicios «no solo destacando las ventajas de los mismos (la elección del médico de entre los incluidos en su lista y el pago por su parte de cada acto asistencial), sino también garantizando expresamente una correcta atención al enfermo», incluyendo esta garantía en la oferta de contrato y en la reglamentación negocial, que resultó incumplida, con vulneración de la normativa de protección de consumo.

El contrato de clínica u hospitalización

Para definir el contrato de clínica u hospitalización, es interesante hacer mención de la **sentencia del Tribunal Supremo n.° 138/2013, de 4 de marzo, ECLI:ES:TS:2013:868**, que establece lo siguiente:

> «En primer lugar, el contrato de clínica u hospitalización es definido en la sentencia de esta Sala de 4 de octubre de 2004, con cita de las sentencias de 11 de noviembre de 1991 y 12 de marzo de 2004, como un **contrato atípico, complejo, perfeccionado por el acuerdo de voluntades entre el paciente y una clínica privada**, que puede abarcar la **prestación de distintas clases de servicios**, según la modalidad bajo la que se haya estipulado, pero que, en todo caso, comprende los llamados **extramédicos** (de **hospedaje o alojamiento**) y los denominados **asistenciales o para-**

médicos, aunque también puede abarcar los **actos pura y estrictamente médicos**, siendo para ello necesario que el paciente haya confiado a la clínica su realización por medio de sus propios facultativos (el contenido de la reglamentación negocial depende, al fin, de la autónoma voluntad de los contratantes)».

Se trata de un contrato en el que concurren elementos propios de varios contratos: el paciente recibe alojamiento, alimentación, medicinas, asistencia en enfermería, curas, servicios colaterales de análisis, radiografías, etc. y tratamiento facultativo por personal integrado en equipos médicos especializados, donde lo que suele primar es el servicio en sí.

Para **determinar la responsabilidad de la clínica u hospital es necesario examinar las prestaciones asistenciales pactadas en el contrato y el daño causado al paciente**. Así, la responsabilidad podrá nacer de dos vías:

- Responsabilidad del artículo 1101 del Código Civil.
- Responsabilidad objetiva del artículo 148 del TRLGDCU.

Responsabilidad del artículo 1101 del Código Civil

En este tipo de responsabilidad, basada en la idea de culpa, debe probarse la conducta negligente por incumplimiento de la *lex artis ad hoc*, el daño causado y la relación de causalidad entre ambos.

En este sentido la ya referida anteriormente, **sentencia del Tribunal Supremo n.º 203/2004, de 12 de marzo**, declara la responsabilidad contractual del centro médico. En la misma **se analiza el supuesto de ausencia de examen preoperatorio antes de una intervención de ligadura de trompas** (medicina voluntaria). El Tribunal Supremo confirma las sentencias de instancia y apelación considerando que la clínica —con la que existía contrato de hospitalización— no había impedido la realización de la operación en sus instalaciones, sin que previamente se hubieran realizado las pruebas a la paciente, «(...) **quedando acreditado por lo tanto ese nexo causal entre la falta de pruebas preoperatorias y las consecuencias sufridas tras la operación**. (...) el incumplimiento contractual se basa, según las sentencias de instancia, en que no se impidió la realización de una operación sin los previos exámenes; no se le exige la comprobación de los mismos, ni la carencia de una unidad de vigilancia intensiva, sino que se le imputa una omisión causante de un daño, consistente en la pasividad ante una actuación médica sin unos imprescindibles exámenes».

Sin embargo, la **sentencia del Tribunal Supremo n.º 902/2004, de 4 de octubre, ECLI:ES:TS:2004:6148**, estima el recurso interpuesto por el centro médico con el que existía contrato de hospitalización y le declara no responsable ya que, analizado el caso, **se constata que los servicios médicos se prestaron por los profesionales seleccionados por la paciente, profesionales externos al no existir ninguna relación con la clínica, aunque utilizasen sus instalaciones**. Según el Alto Tribunal yerra la sentencia de instancia al declarar la responsabilidad por carecer de personal cualificado para el adecuado cumplimiento de los servicios médicos, pues los mismos eran de la incumbencia de los profesionales contratados directamente por la demandante. Declara, en conclusión, la inexistencia de responsabilidad de la clínica pues «(...) **no hizo más que permitir que el médico, sus ayudantes y la paciente utilizaran las dependencias adecuadas para el parto, así como prestar la ayuda al expresado médico mediante su personal auxiliar, al que no cabe imputar incumplimientos causantes del daño, en cuanto se ha declarado que éste resultó del mal cumplimiento de una prestación exigible a otros profesionales**».

Responsabilidad objetiva del artículo 148 del TRLGDCU por defectos organizativos o funcionales del centro

Mediando un contrato de hospitalización, la responsabilidad también puede imputarse a la clínica por la vía del artículo 148 del TRLGDCU si se causa un daño como consecuencia del defectuoso funcionamiento de los servicios sanitarios.

Lo que este artículo exige, configurando un régimen especial de responsabilidad para determinados servicios como los sanitarios, es la garantía de niveles determinados de eficacia o seguridad, en condiciones objetivas de determinación que supongan controles técnicos, profesionales o sistemáticos de calidad. Y cuando estos controles fallan o dejan de funcionar el legislador impone que los riesgos sean asumidos por el servicio sanitario en forma externa de responsabilidad objetiva de cara al usuario.

Los ejemplos más claros de este tipo de responsabilidad los encontramos en los supuestos de infecciones que provienen de la falta de controles por el centro tras intervenciones quirúrgicas que no conllevan por sí misma riesgos infecciosos. En este sentido la **sentencia del Tribunal Supremo n.º 604/1997, de 1 de julio, ECLI:ES:TS:1997:4655, declara la responsabilidad del centro sanitario cuando tras una intervención, se tiene que amputar la pierna del paciente como consecuencia de una infección por pseudomonas aeruginosa en el centro que degeneró el proceso curativo.**

Otro ejemplo lo encontramos en la **sentencia del Tribunal Supremo n.º 446/2019, de 18 de julio, ECLI:ES:TS:2019:2763,** que señala que la prevención de infecciones intrahospitalarias (nosocomiales) forma parte de la obligación de seguridad, de las legítimas expectativas de seguridad del servicio, que, frente a los usuarios del sistema sanitario, asumen las entidades asistenciales, garantes como son de la prestación de sus servicios con niveles requeridos de asepsia, esterilización y desinfección, de manera tal que los pacientes, que son tratados en sus establecimientos, no sufran una dolencias distinta y adicional a la que provocó la asistencia requerida.

En el caso de la mencionada sentencia, **nos hallamos ante una infección nosocomial adquirida en el medio hospitalario a la que le es de aplicación la legislación de consumo,** y el Tribunal Supremo considera infringido el artículo 148 del TRLGDCU, ya que sostiene que:

> «(...) no se discute el carácter nosocomial de la infección padecida y la relación de causalidad con la muerte del marido y padre de los demandan-

tes acaecida en la UCI donde fue ingresado, tras la intervención quirúrgica practicada.

Resulta de los hechos probados en la instancia que, el 4 de noviembre de 2010, el paciente acude al hospital con un cuadro clínico de dolor abdominal, tributario de su ingreso, practicándose un TAC al día siguiente, con carácter urgente, lo que implica la existencia de un cuadro clínico a estudio, de diagnóstico a precisar. No obstante, es dado de alta, el día 6 de noviembre, sin conocerse dichos resultados.

Tanto Juzgado como Audiencia declaran expresamente acreditado que dicha prueba diagnóstica no fue conocida, por los facultativos tratantes, hasta el día 9, fecha en la que vuelve a ingresar con deterioro de su estado general, y en la que se apreció una diverticulitis, que fue confirmada en un nuevo TAC efectuado el día 10. Tal circunstancia motivó la intervención quirúrgica, pasando a UVI, en donde falleció 23 días después.

Al margen de que ello constituyó, como señala el Juzgado, un fallo de coordinación o comunicación, incluible como tal en el art. 148 del TRLGDCU, lo cierto es que la causa de la muerte, según los hechos probados, fue una infección nosocomial adquirida en UCI, en donde permaneció durante un largo periodo de tiempo, hasta su fallecimiento, siendo conocida que la estancia prolongada en dichos servicios incrementa la posibilidad de la infección nosocomial.

El enfermo es evidente que tenía una legítima expectativa de seguridad de no contraer en el centro hospitalario una patología adicional a la que sufría y que precisamente desencadenó su muerte, como también a no ser expuesto a un tratamiento inadecuado que aumentase los riesgos de contraer una complicación como la reseñada. La prestación de los servicios sanitarios, en las debidas y exigidas condiciones de garantía y seguridad, tienen como finalidad prevenir esta tipología de complicaciones.

No podemos compartir, con las sentencias de instancia, que las infecciones nosocomiales son en cualquier caso inevitables, como parece considerar el Juzgado, o que la falta de constancia del origen o causa de la infección nosocomial perjudique la posición jurídica del paciente, pues el juego normativo del art. 148 del TRLGDCU opera a la inversa. Es el centro hospitalario al que, en todo caso, le corresponde justificar la culpa exclusiva de la víctima o el caso fortuito, como evento imprevisible o inevitable, interno a la propia asistencia o actividad hospitalaria, lo que permite distinguirlo de la fuerza mayor.

En principio, el caso fortuito, inherente a la propia actividad prestada, en cuyo ámbito se produce el daño, estaría comprendido dentro del fin de la protección de la norma y su formulación objetiva; no obstante, analicemos si la infección sufrida era imprevisible o inevitable en el contexto del presente pleito.

Pues bien, **en cuanto a la culpa exclusiva de la víctima**, no podemos achacar al paciente ningún comportamiento imputable a su persona generador de la infección nosocomial contraída, siempre respetó las indicaciones médicas pautadas sin mostrar oposición a las mismas. No figura en ningún momento la existencia de una patología clínica previa, que pudiera complicar su cuadro clínico asistencial.

Las infecciones nosocomiales en modo alguno son imprevisibles. La presencia de gérmenes patógenos en el ámbito hospitalario, su agresividad y resistencia al tratamiento antibiótico es perfectamente conocida. El grado de prevalencia de las mismas es un indicador del nivel de calidad asistencial y todos los hospitales cuentan con protocolos para prevenirlas. Constituyen una preocupación constante de la medicina preventiva. La minimización del riego deviene fundamental y conforma una elemental obligación del centro hospitalario, que se encuentra en una posición de dominio y exclusividad para instrumentar las medidas adecuadas para evitar la proliferación de agentes patógenos.

Cuando se produce una infección nosocomial no se puede anudar a la misma fatalmente la condición de inevitable. **Es un riesgo que se puede prevenir y reducir**. La experiencia demuestra que la instauración y escrupulosa observancia de protocolos preventivos rebaja considerablemente las infecciones de esta etiología, lo que cuestiona su inevitabilidad como criterio absoluto.

Ahora bien, lo que no basta es contar con protocolos de asepsia y profilaxis, sino se demuestran que son escrupulosamente observados, correspondiendo la carga de la prueba al centro hospitalario en virtud de los principios de disponibilidad o facilidad probatoria (art. 217.7 de la LEC). Difícilmente se puede dar por acreditado la inevitabilidad del daño si se desconoce el agente patógeno causante. O si se pretende deducir su inimputabilidad porque otros pacientes en esas mismas fechas no padecieron una infección de tal clase, pues tal razonamiento no excluye la incuestionable infección nosocomial sufrida. Tampoco es de recibo intentar demostrar la alegada ratio de seguridad del Hospital, a través de una revista de información general y, por lo tanto, no científica acreditada, prescindiendo de estudios o estadísticas oficiales, como sería lo procedente.

La sentencia del Juzgado reconoce que no se pudo determinar el exacto origen de dicha infección nosocomial, así como que tampoco resulta probado que los profesionales responsables del hospital San Carlos incurrieran en mala praxis o negligencia a la hora de adoptar las medidas necesarias para prevenir infecciones hospitalarias, también la Audiencia indica que no consta que la esterilización del lugar fuera inadecuada, pero su régimen de responsabilidad no es subjetivo bajo la carga de la prueba del paciente, que sufre estas patologías.

La falta de constancia de la concurrencia de culpa o negligencia en la adopción de medidas preventivas no puede perjudicar al enfermo, que sufre una patología propiamente hospitalaria, que no padecía a su ingreso, y con respecto a la cual no corre con la carga de la prueba. Al revés es acreedor, como hemos indicado, de la recepción del tratamiento médico hospitalario con las debidas garantías de seguridad. No estamos tampoco enjuiciando la responsabilidad individual de los facultativos tratantes, ni del personal adscrito al servicio de medicina preventiva por infracción de la lex artis ad hoc.

Por otra parte, extraña también la prolongada permanencia en la UVI, si el resultado de la intervención abdominal no produjo especiales complicaciones en un diligente tratamiento de su patología, así como también la falta de coordinación entre servicios y la demora en la comunicación interna del resultado de un TAC, requerido tras ingreso por el servicio de urgencias, que desde luego no es caprichosamente indicado por ningún facultativo tratante si tan solo se padece un simple dolor abdominal con vómitos».

Responsabilidad de las entidades aseguradoras

Responsabilidad por prestación de servicios médicos (artículo 105 LCS)

En este punto debe distinguirse el seguro de enfermedad o reembolso del seguro de asistencia sanitaria.

- **Seguro de enfermedad o reembolso**: su objeto es el reembolso de los gastos asistenciales, entre el médico y la aseguradora no existe relación jurídica y el paciente elige libremente al facultativo o centro médico. En las pólizas de enfermedad o reembolso la asistencia médica queda fuera de la organización de los medios asistenciales prestados por la aseguradora del paciente para hacer posible la provisión del servicio de salud asegurado por un médico independiente y absolutamente responsable de su actuación profesional, al que debe dirigirse la acción correspondiente en caso de negligencia, en este mismo sentido se pronuncia la **sentencia del Tribunal Supremo n.º 36/2017, de 20 de enero, ECLI:ES:TS:2017:176**.

- **Seguro de asistencia sanitaria**: directamente la prestación de servicios médicos y quirúrgicos y mantiene una relación jurídica con el médico, bien a través de relación laboral bien de arrendamiento de servicios. Según reiterada jurisprudencia esta responsabilidad frente a sus asegurados está basada en que el artículo 105 de la Ley de Contrato de Seguro establece como característica del seguro de asistencia sanitaria, frente al seguro de enfermedad o de reembolso, la circunstancia de que «**el asegurador asume directamente la prestación de servicios médicos y quirúrgicos**».

En este ámbito surge la responsabilidad de la compañía por incumplimiento contractual cuando se produce una defectuosa ejecución de las prestaciones sanitarias por los centros o profesionales como auxiliares de estas:

- En el **caso de que el daño sea causado por el profesional sanitario**, debe probarse la culpa de este.

- En **caso de que el daño sea causado por aspectos funcionales u organizativos del centro sanitario** surge la responsabilidad objetiva de la Ley General para la Defensa de los Consumidores y Usuarios.

Si, además de la prestación de los servicios sanitarios, la aseguradora garantizaba expresamente una correcta atención al enfermo, estamos ante una prestación de garantía incluida en la oferta del contrato que puede resultar incumplida, tal y como dispone la **sentencia del Tribunal Supremo** n.º 249/2016, de 13 de abril, ECLI:ES:TS:2016:1642, que reza como sigue: «(...) La condena viene determinada porque el daño se produjo en el ámbito de la responsabilidad contractual que mediaba entre la demandada y la ahora recurrente y porque la aseguradora sanitaria había asumido la obligación de prestar a sus afiliados los servicios médicos y promocionaba estos, no solo destacando las ventajas de los mismos sino garantizando expresamente una correcta atención al enfermo; prestación de garantía incluida en la oferta del contrato que resultó incumplida».

Lo anterior se desprende de la conocida jurisprudencialmente como **doctrina o principio de apariencia, y así la sentencia del Tribunal Supremo n.º 922/1999, de 2 de noviembre, ECLI:ES:TS:1999:6854**, declaraba que el seguro se contrató en atención a la garantía de la calidad de los servicios que representa el prestigio de la compañía, con lo que sus obligaciones abarcan más allá de la simple gestión asistencial y en la **sentencia del Tribunal Supremo n.º 902/2004, de 4 de octubre, ECLI:ES:TS:2004:6148**, se toma en consideración que se garantizaba expresamente una correcta atención al enfermo.

La garantía de la prestación contractual se tendrá en cuenta en este caso como criterio de imputación objetiva, cuando aparece que la posición de la compañía no es la de mero intermediario, sino la de garante del servicio por aplicación de la legislación de protección de consumidores y usuarios, en este sentido se pronuncia la ya citada **sentencia del Tribunal Supremo n.º 249/2016, de 13 de abril, ECLI:ES:TS:2016:1642**.

> **RESOLUCIÓN RELEVANTE**
>
> **Sentencia de la Audiencia Provincial de Castellón n.º 350/2023, de 20 de noviembre, ECLI:ES:APCS:2023:1167**
>
> *«Lo que se dice tiene relación con un aspecto indudablemente controvertido en la doctrina y en la solución de algunas Audiencias Provinciales sobre la delimitación del contenido de la prestación de la aseguradora: si el objeto del seguro de asistencia sanitaria se extiende a asegurar el daño cuya causa es la mala práctica profesional médica o si esa asunción directa del servicio, a que se refiere el artículo 105 de la LCS, se limita a la actividad de organización, financiación y provisión, pero no al acto médico, cumpliendo la aseguradora con contratar a profesionales con la titulación y conocimientos necesarios para el ejercicio de la profesión médico sanitaria, y poner a cargo de estos profesionales la salud del paciente, y todo ello en atención a la forma en que se prestan estos servicios sanitarios, y el control que sobre los mismos tiene la aseguradora, teniendo en cuenta que el artículo 105 de la Ley de Contrato de Seguro establece como característica del seguro de asistencia sanitaria, frente al seguro de enfermedad o de reembolso, la circunstancia de que " el asegurador asume directamente la prestación de servicios médicos y quirúrgicos".*
>
> *Se podrá discutir, como se razona en las sentencias 438/2009, de 4 de junio y 948/2011, de 16 de enero, si sería necesaria una mejor delimitación de los artículos 105 y 106 de la LCS, que estableciera el alcance de las respectivas obligaciones de las partes y su posición frente a los errores médicos y hospitalarios, pero lo cierto es que en su redacción actual no permite otros criterios de aplicación que los que resultan de una reiterada jurisprudencia de esta sala sobre el contenido y alcance de la norma y la responsabilidad que asumen las aseguradoras con ocasión de la defectuosa ejecución de las prestaciones sanitarias por los centros o profesionales, como auxiliares*

> *de las mismas en el ámbito de la prestación contractualmente convenida, en unos momentos en que la garantía y calidad de los servicios mediante sus cuadros médicos se oferta como instrumento de captación de la clientela bajo la apariencia y la garantía de un servicio sanitario atendido por la propia entidad.*
>
> *5.- Ahora bien, con independencia del alcance que se deba dar a este artículo 105 para conciliarlo con la prohibición de que las aseguradoras desempeñen funciones ajenas a los cometidos propios del seguro (sentencia 1242/2007, de 4 de diciembre) y del contenido de cada póliza de aseguramiento en orden a determinar si la obligación de la aseguradora incluye no solo la asunción del coste económico de las operaciones médicas, sino también la prestación de garantía del servicio médico, cuyo incumplimiento puede generar responsabilidad, es evidente que partimos en este caso de una condena firme de la aseguradora sanitaria en aplicación del artículo 1903 del CC, es decir, partimos de una condena que tiene que ver con la responsabilidad que se le imputa por razón del contrato de seguro y que fue determinante para rechazar su falta de legitimación pasiva, y esta condena es claramente indicativa de que había asumido no solo la obligación de prestar los servicios médicos a sus afiliados, sino de garantizarles una correcta atención, que al haberse incumplido ha sido subsumida en la responsabilidad que establece el artículo 1903.4 del CC».*

|| Responsabilidad por elección del facultativo

También puede darse, según declara la jurisprudencia, la **responsabilidad contractual de la compañía aseguradora frente al paciente** cuando el facultativo causante del daño está incluido en el cuadro médico de la misma. **Se trata en este caso de responsabilidad de** *culpa in eligendo*: la compañía aseguradora tiene la obligación de la elección del facultativo adecuado, que se pone —o impone— al servicio del cliente, quien resultará defraudado si la asistencia recibida no resultase correcta causando un daño a su salud.

Es altamente ilustrativa la **sentencia de la Audiencia Provincial de Valencia n.º 392/2023, de 4 de octubre, ECLI:ES:APV:2023:3027**, que establece lo siguiente:

> «La responsabilidad de la aseguradora tiene carácter contractual, pero no excluye la posible responsabilidad del profesional sanitario frente al paciente con carácter solidario respecto a la aseguradora y sin perjuicio de la acción de regreso de ésta contra su auxiliar contractual.
>
> D) La actuación de los médicos como auxiliares de la aseguradora en el ámbito de la prestación contractualmente convenida por ésta se infiere también por la Jurisprudencia, en ocasiones, de la existencia de una intervención directa de la aseguradora en la elección de los facultativos o en su actuación. Puede hablarse también, en estos casos, en el marco del criterio de la dependencia, de culpa in eligendo o in operando. La STS de 2 de noviembre de 1.999, contempla la culpa in operando de la aseguradora, al declarar que "[...] los órganos directivos superiores de 'Esfera Médica, SA' (hoy 'Adeslas, SA'), tuvieron conocimiento del alcance de la gravedad de la operación y autorizaron y recomendaron expresamente al doctor codemandado para su asistencia al actor".
>
> Este tipo de responsabilidad opera en el marco de la relación contractual determinante de una responsabilidad directa de la aseguradora, pero

no es infrecuente la referencia a las disposiciones del CC que regulan la responsabilidad por hecho de otro en el marco de la extracontractual.

Podría argumentarse que la simple inclusión de un médico en el cuadro sanitario de una compañía no es suficiente para entender que ésta ha procedido a la elección del facultativo, que ha impuesto al asegurado acudir a él, o que ha asumido una obligación de garantía de la calidad de la prestación, puesto que dicha oferta parece compatible con la libertad de elección del médico. Sin embargo, la STS de 21 de junio de 2.006 parece partir del hecho de que la comadrona estaba incluida en el cuadro facultativo de la aseguradora, y otras, más numerosas, de las audiencias provinciales, suelen considerar suficiente la inclusión del facultativo en el cuadro médico de la aseguradora para inferir la existencia de responsabilidad por parte de ésta derivada de la culpa in eligendo.

Resulta indudable que el examen de las circunstancias de cada caso concreto es ineludible para concretar si la inclusión en el cuadro médico comporta el establecimiento de una relación de dependencia o auxilio contractual con la aseguradora».

|| Derecho de repetición

Como acabamos de exponer, si ejercita el asegurado acción directa contra la compañía aseguradora (bien por prestación del servicio médico, bien por culpa in eligendo) esta tiene derecho a repetir frente al profesional sanitario con fundamento en el artículo 1145 del CC en cuya virtud el que hizo el pago puede reclamar de los codeudores la parte que a cada uno corresponda.

El Tribunal Supremo ha mantenido en reiteradas resoluciones que, **satisfecho el total de la deuda por el deudor solidario, puede este acudir a otro procedimiento posterior en ejercicio de la acción de reembolso o regreso para debatir la distribución del contenido de la obligación entre todos los intervinientes en el proceso constructivo**, desapareciendo la solidaridad que rige en las relaciones externas frente al perjudicado acreedor, para pasar a regir en las internas (entre deudores solidarios) la mancomunidad, como mantiene el **Tribunal Supremo en su sentencia n.º 129/2015, de 6 de marzo, ECLI:ES:TS:2015:826**.

La anterior sentencia, con cita de la **STS n.º 619/2012, de 29 de octubre, ECLI:ES:TS:2012:9122**, nos recuerda que la aplicación de la acción de regreso implica dos presupuestos:

- La regularidad del pago satisfecho, es decir, que se trate de un pago debido, valido y eficaz.

- La determinación de la participación de cada codeudor en la obligación cumplida.

Con relación al segundo presupuesto debe destacarse que **las relaciones internas entre los codeudores se regirán por las reglas de la mancomunidad**, por lo que habrá de determinarse la parte que correspondería pagar al facultativo en su caso.

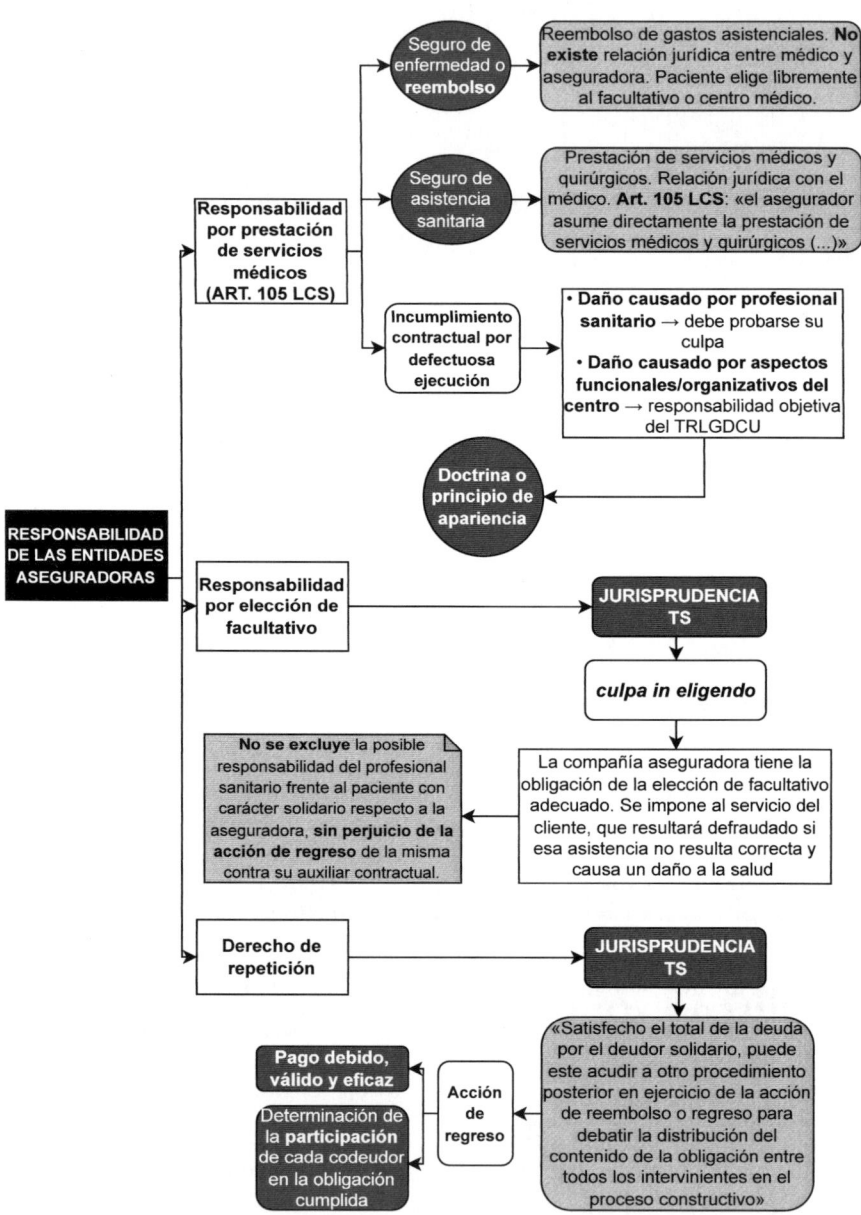

CUESTIÓN

Una compañía aseguradora ha sido condenada sobre la base de la responsabilidad objetiva del artículo 147 de la Ley General para la Defensa de consumidores y usuarios por la defectuosa prestación de los servicios funcionales u organizacionales del centro médico. ¿Procede en este caso el reembolso?

No, pues la responsabilidad se ha atribuido a la aseguradora de forma objetiva por el mero hecho de causar daño y sería ajena a la idea de culpa de los profesionales sanitarios en el ejercicio de su profesión.

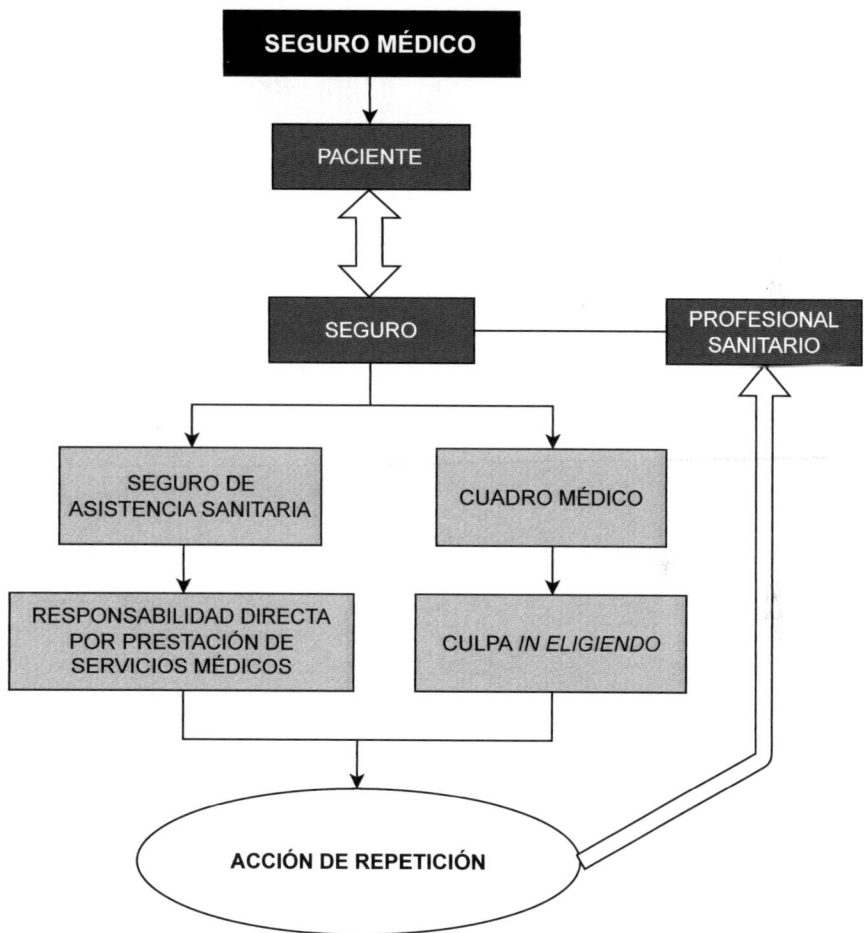

2.
RESPONSABILIDAD PATRIMONIAL DE LA ADMINISTRACIÓN PÚBLICA

2.1. Acción de responsabilidad patrimonial

La responsabilidad patrimonial de las Administraciones públicas se regula como una de las especialidades del procedimiento administrativo, desarrollada por la Ley 39/2015, de 1 de octubre, del Procedimiento Administrativo Común de las Administraciones Públicas (en adelante, LPACAP) y por la Ley 40/2015, de 1 de octubre, de Régimen Jurídico del Sector Público (en adelante, LRJSP), siguiendo, pues, el procedimiento para la reclamación de responsabilidad sanitaria dichos parámetros, pero con determinadas especialidades.

> **A TENER EN CUENTA.** La citada LPACAP no contempla ya referencia alguna a la denominada reclamación administrativa previa obligatoria para ejercitar acciones contra la Administración, ello, como señala en su exposición de motivos, debido a la escasa utilidad práctica que demostró dicha figura.

Procedimiento administrativo

El procedimiento administrativo **es preceptivo y solo cuando se agote la vía administrativa, de forma expresa o tácita, podrá acudirse a la vía contenciosa.** La iniciación de este procedimiento puede llevarse a cabo a instancia de parte o, aunque es inusual, de oficio.

‖ Iniciación del procedimiento administrativo a instancia de parte

En los procedimientos iniciados a instancia de parte la **solicitud debe cumplir los requisitos establecidos en el artículo 66 de la LPACAP:**

- Nombre y apellidos del interesado y, en su caso, de la persona que lo represente.

- Identificación del medio electrónico, o en su defecto, lugar físico en que desea que se practique la notificación. Adicionalmente, los interesados podrán aportar su dirección de correo electrónico y/o dispositivo electrónico con el fin de que las Administraciones públicas les avisen del envío o puesta a disposición de la notificación.
- Hechos, razones y petición en que se concrete, con toda claridad, la solicitud.
- Lugar y fecha.
- Firma del solicitante o acreditación de la autenticidad de su voluntad expresada por cualquier medio.
- Órgano, centro o unidad administrativa a la que se dirige y su correspondiente código de identificación.

En los casos de responsabilidad patrimonial, el artículo 67.2 de la LPACAP señala que también se deben especificar los siguientes extremos:

- Las lesiones producidas.
- La presunta relación de causalidad entre estas y el funcionamiento del servicio público.
- La evaluación económica de la responsabilidad patrimonial, si fuera posible.
- El momento en que la lesión efectivamente se produjo.

Además, la solicitud debe acompañarse de cuantas alegaciones, documentos e informaciones se estimen oportunos y de la proposición de prueba, concretando los medios de que pretenda valerse el reclamante.

Otra de las especialidades en materia de responsabilidad patrimonial es que será preceptivo solicitar un **informe al servicio cuyo funcionamiento haya ocasionado la lesión**. Además, cuando las indemnizaciones reclamadas sean de cuantía igual o superior a 50.000 euros o a la que se establezca en la correspondiente legislación autonómica, así como en aquellos casos que disponga la Ley Orgánica 3/1980, de 22 de abril, del Consejo de Estado, será preceptivo solicitar **dictamen del Consejo de Estado o, en su caso, del órgano consultivo de la comunidad autónoma (art. 81 de la LPACAP).**

|| **Iniciación del procedimiento administrativo de oficio**

La iniciación de oficio puede tener lugar por acuerdo del órgano competente, bien a iniciativa propia o como consecuencia de orden superior, a petición razonada de otros órganos o por denuncia (art. 58 de la LPACAP). A las **especialidades en la iniciación de oficio de los procedimientos de responsabilidad patrimonial se refiere el artículo 65 de la LPACAP:**

- Es necesario que no haya prescrito el derecho a reclamar por parte del interesado, que dispone del plazo de un año.
- El acuerdo de iniciación del procedimiento se debe notificar a los particulares presuntamente lesionados, concediéndoles un plazo de diez días para que aporten cuantas alegaciones, documentos o información estimen conveniente a su derecho y propongan cuantas pruebas sean pertinentes para el reconocimiento del mismo.

CUESTIÓN

¿Qué ocurrirá en aquellos casos en los que, iniciado de oficio el procedimiento de responsabilidad patrimonial, el particular presuntamente lesionado no se persone en el plazo legalmente establecido?

A pesar de que el particular presuntamente lesionado no se persone en el plazo de diez días legalmente previsto, el procedimiento iniciado se instruirá igualmente.

Plazo del ejercicio de la acción

Los perjudicados podrán solicitar el inicio del procedimiento de responsabilidad patrimonial cuando no haya prescrito su derecho y este prescribe, de conformidad con el **artículo 67 de la LPACAP, al año de producido el hecho o acto que motive la indemnización o se manifieste su efecto lesivo.** Especifica, además, que, en caso de daños de carácter físico o psíquico a las personas, el plazo empezará a computarse **desde la curación o la determinación del alcance de las secuelas.** Esta disposición consagra el **principio de la *actio nata*** que implica que el inicio del cómputo se sitúa en el momento en que la acción puede ejercitarse que, en palabras de la Sala de lo Contencioso del Tribunal Supremo, no es otro que aquel en el que el perjudicado tuvo **conocimiento del daño (STS, rec. 367/2011, de 26 de febrero de 2013, ECLI:ES:TS:2013:885).**

CUESTIÓN

¿Qué ocurrirá con el *dies a quo* para el cómputo del plazo del ejercicio de la acción en aquellos casos en los que nos encontremos con enfermedades de evolución imprevisible, o ante casos en los que la enfermedad inicialmente diagnosticada se traduce en unas secuelas de imposible predeterminación en su origen?

En estos casos el plazo legalmente establecido para el ejercicio de la acción no comenzará a computarse hasta el momento en que dicha determinación haya sido posible. Así lo recoge expresamente el **Tribunal Supremo que, en su sentencia, rec. 4816/2009, de 24 de octubre de 2011, ECLI:ES:TS:2011:7007,** señalaba que la consagración del principio de la *actio nata* respondía precisamente a la necesidad de no dar comienzo al plazo de prescripción cuando del hecho originador de la responsabilidad se infieren perjuicios o daños que no pueden ser determinados en su alcance o cuantía en el momento de ocurrir el acontecimiento dañoso.

A TENER EN CUENTA. La doctrina jurisprudencial anterior en relación con el principio de la *actio nata* ha sido incorporada en sentencias más recientes entre las que cabe citar, a título de ejemplo, la **sentencia del Tribunal Superior de Justicia de Galicia n.º 32/2022, de 26 de enero, ECLI:ES:TSJGAL:2022:585.**

Así pues, a efectos de la determinación del *dies a quo* para el cómputo del plazo, procede distinguir entre **daños continuados y daños permanentes:**

a) **¿Qué se entiende por daños continuados?** Hablamos de daños continuados cuando estos no permiten conocer aun los efectos definitivos de la lesión ya que se producen de forma prolongada en el tiempo, sin solución de continuidad, por lo que el *dies a quo* será aquel en que se alcance ese conocimiento, cuando se conozca de forma definitiva el alcance o efectos del quebranto, esto es, aquel en que se objetivan las lesiones con el alcance definitivo de las secuelas o desde que ese alcance quede definitivamente determinado.

A título de ejemplo, el Tribunal Supremo ha considerado que la hepatitis C es una enfermedad crónica cuyas secuelas, aunque puedan establecerse como posibles, están indeterminadas en muchos casos, por lo que estamos ante un supuesto de daños continuados, si bien matiza que pese a su carácter crónico se puede conocer en un determinado momento su alcance y secuelas, momento en el que hay que situar el *dies a quo* (**sentencia del Tribunal Superior de Justicia de Galicia n.º 529/2022, de 22 de junio, ECLI:ES:TSJGAL:2022:4427**).

Otro ejemplo, es la **sentencia del Tribunal Supremo n.º 1200/2023, de 21 de julio, ECLI:TS:2023:3538**, que analiza el caso de los efectos de la talidomida (medicamento para las náuseas) en malformaciones de fetos como consecuencia de su ingesta durante el embarazo. El Alto Tribunal no discute en este caso que se trata de un supuesto de responsabilidad por culpa extracontractual en el que rige el plazo de prescripción de un año. La controversia se circunscribe a determinar el *dies a quo*, en función de cada tipo de daños sufridos.

Así, explica el TS:

> «Los daños derivados de la ingestión por la madre son detectables en el momento del nacimiento. Aunque se trate de daños continuados, según tesis de la actora, en los que el cómputo se difiere al momento en que se genera el definitivo resultado, la jurisprudencia matiza que esto es así "cuando no es posible fraccionar en etapas diferentes o hechos diferenciados la serie proseguida", situación concurrente en este caso. En suma, considera que para las lesiones que se evidencian en el momento del parto, es este el día inicial porque las secuelas quedan definitivamente concretadas en ese momento como defectos permanentes, sin perjuicio del agravamiento o de la aparición de nuevas secuelas, que implicarían una nueva etapa o estadio distinto del anterior.
>
> iv) Por tanto, para las lesiones incardinables en el concepto de daños consecutivos, según el informe Heidelberg (los que se desarrollan a lo largo de su vida), no cabe interpretar la doctrina de los daños continuados en el sentido de que en aquellos casos no comience a computarse el plazo de prescripción con la excusa de la posibilidad de que se produzcan en el futuro nuevos padecimientos que traigan causa de la ingesta de talidomida (esto equivaldría a que la acción no prescribiera nunca). Se debe tomar en cuenta el momento en que el perjudicado tuvo un conocimiento razonable del daño y de su evolución. De ahí que los daños consecutivos (escoliosis y artrosis) sí puedan considerarse como sobrevenidos al objeto de considerar que se integran en una nueva etapa no afectada por la prescripción de los daños y secuelas que se concretaron en el nacimiento.

v) Aplicando esta doctrina a los hechos probados se concluye que ha prescrito la acción para reclamar por todos los daños pues desde hace décadas (desde 1962) se sabían los efectos de la talidomida, su dimensión social y mediática, como ejemplifica la creación de fundaciones de víctimas (Contergan tras resolución del Tribunal de Aquisgrán en 1970), incluyendo AVITE (2003), de manera que sus socios al menos desde su constitución sabían de la relación causal de sus padecimientos y dicho medicamento. También pudieron acudir al Centro de Investigación de Anomalías Congénitas (CIAC) y no lo hicieron. En la tesis más favorable, en el año 2008, ya podrían haber obtenido los correspondientes diagnósticos (ninguno de los diagnósticos realizados durante el periodo 2006-2008 por dicho organismo fue aportado por los demandantes). Por tanto, la acción se encontraba ya prescrita cuando el presidente de AVITE solicitó a la demandada tener reuniones (diciembre de 2010) y también al tiempo en que se presentó la papeleta de conciliación (junio 2011), sin que el hipotético reconocimiento de responsabilidad de los interlocutores de Grünenthal, en las reuniones de mayo y junio de 2011, tenga valor para reanudar el plazo de prescripción ya agotado».

CUESTIÓN

¿Cómo se ha de proceder en caso de daños secundarios o de aparición tardía en la prescripción de un medicamento durante un embarazado?

Los daños secundarios o de aparición tardía han de considerarse una nueva etapa, por lo que, de acreditarse estos en el futuro, solo procedería reconocer la indemnización por estas secuelas y no por las anteriores (STS n.º 1200/2023, de 21 de julio, ECLI:2023:3538).

---

b) ¿Qué se entiende por daños permanentes? Por su parte, los daños permanentes son aquellos que se presentan como irreversibles o incurables pero el acto generador de los mismos se agota en un momento concreto. Según reiterada jurisprudencia, se trata de daños que pueden ser evaluados económicamente desde el momento de su producción, por lo que el día inicial del cómputo es el siguiente a aquel en el que el daño se produjo.

A título de ejemplo y siguiendo la **STS, rec. 6290/2011, de 8 de octubre de 2012, ECLI:ES:TS:2012:6357** que recoge la jurisprudencia consolidada a estos efectos, hablaríamos de daños permanentes en los supuestos de pérdida de un brazo o una pierna.

Por último, es importante poner de relieve que tal y como ha declarado el Tribunal Supremo (**STS, rec. 2099/2013, de 6 de mayo de 2015, ECLI:ES:TS:2015:2135) los tratamientos paliativos o de rehabilitación ulteriores** o encaminados a obtener una mejor calidad de vida, a evitar eventuales complicaciones en la salud, o a obstaculizar la progresión de la enfermedad, no enervan la realidad de que el daño ya se manifestó con todo su alcance.

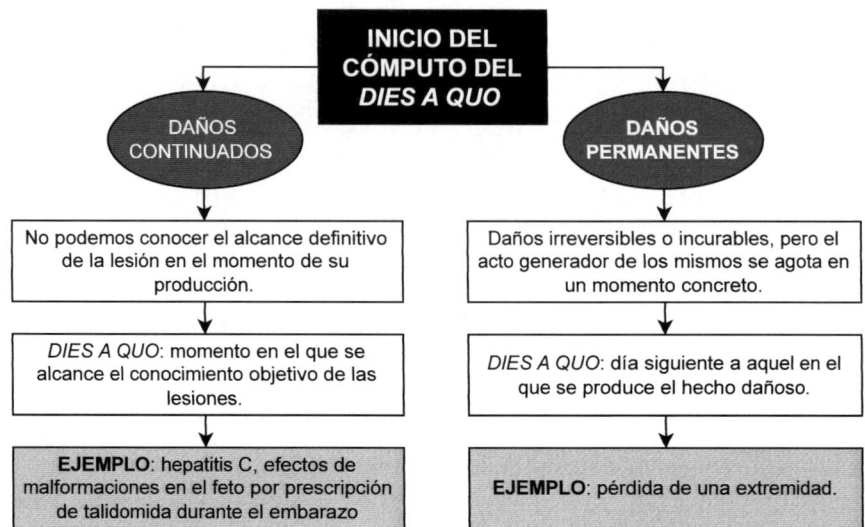

Respecto a la interrupción del plazo de prescripción, hemos de advertir que no cualquier acción o reclamación iniciada con la finalidad de que se proceda a la reparación de los daños causados tendrá efectos de interrumpir el plazo de prescripción de un año al que hemos hecho referencia.

En este sentido, la jurisprudencia ha manifestado al respecto que la prescripción **solo se interrumpe por reclamación dirigida necesariamente frente a la Administración siempre que sea idónea, procedente y comporte una manifestación de la voluntad de hacer efectiva la responsabilidad patrimonial de la Administración.**

En este sentido resulta especialmente interesante la **sentencia del Tribunal Supremo n.º 894/2022, de 30 de junio, ECLI:ES:TS:2022:2722**, conforme a la cual:

> «C) La Administración se ha venido apoyando en la STS (Sección 6ª) de 21 de marzo de 2000 (recurso de casación núm. 427/1996), que sobre las concretas acciones que pueden determinar la interrupción del plazo de prescripción de un año para reclamar en materia de responsabilidad patrimonial de la Administración Pública, al margen de la pendencia de un proceso penal, admite, exclusivamente, 'la pendencia de una acción civil encaminada a exigir la responsabilidad patrimonial de la Administración, salvo que sea manifiestamente inadecuada (sentencia de 26 de mayo de 1998, que invoca la doctrina de la sentencia de 4 de julio de 1980)'».

Asimismo, por ejemplo, en la **STS n.º 207/2017, de 8 de febrero, ECLI:ES:TS:2017:401**, se descartan los efectos interruptivos de la declaración de incapacidad de la Seguridad Social en un caso de daños permanentes, pues el alcance de las secuelas se conoció con anterioridad. O en la **STSJ de Canarias n.º 52/2014 de 14 de marzo, ECLI:ES:TSJICAN:2014:680**, en la que se descarta los efectos interruptivos a la acción civil, sobre todo desde la reforma de la Ley Orgánica del Poder Judicial en el año 2003.

CUESTIÓN

A los efectos de la institución de la prescripción como día de inicio para el cómputo de la presentación de la reclamación de responsabilidad patrimonial, ¿debe tenerse en cuenta la fecha del auto de archivo penal del procedimiento que no fue notificado a la perjudicada por no haberse personado en el procedimiento?

No. Es doctrina constante de la Sala de lo Contencioso del Tribunal Supremo, de un lado, que la iniciación de un proceso penal por unos hechos que pueden ser relevantes para determinar la responsabilidad patrimonial de la Administración, interrumpe el plazo anual de prescripción para exigirla y, de otro, «que esa interrupción deja de operar, iniciándose de nuevo dicho plazo, una vez que la resolución que pone fin a aquel proceso se notifica a quienes, personados o no en él, tienen la condición de interesados por resultar afectados por ella», así pues, a los efectos de la institución de la prescripción no puede tenerse en cuenta como día de inicio del cómputo de la presentación de la reclamación de responsabilidad patrimonial, la fecha del auto de archivo penal del procedimiento que en su momento no fue notificado a la perjudicada, y ello a fin de satisfacer la plena efectividad del derecho a la tutela judicial efectiva (STS n.º 407/2020, de 14 de mayo, ECLI:ES:TS:2020:1062).

Resolución del preceptivo proceso administrativo

‖ Competencia

En primer lugar, debemos plantearnos la cuestión referente a cuál es el órgano competente para la resolución del procedimiento y para ello, a tenor de lo dispuesto en el artículo 92 de la LPACAP, debemos distinguir el ámbito territorial:

- En el **ámbito de la Administración General del Estado**, los procedimientos de responsabilidad patrimonial se resolverán por el ministro respectivo, o por el Consejo de ministros en los casos del artículo 32.3 de la LRJSP o cuando una ley así lo disponga.

- En el **ámbito autonómico y local**, los procedimientos de responsabilidad patrimonial se resolverán por los órganos correspondientes de las comunidades autónomas o de las entidades que integran la Administración local.

- En el caso de las **entidades de derecho público**, las normas que determinen su régimen jurídico podrán establecer los órganos a quien corresponde la resolución de los procedimientos de responsabilidad patrimonial. En su defecto, se aplicarán las reglas anteriores.

‖ Contenido

En cuanto al contenido de la resolución, será necesario que se pronuncie sobre la **existencia o no de la relación de causalidad** entre el funcionamiento del servicio público y la lesión producida y, **en su caso, sobre la valoración del daño causado, la cuantía y el modo de la indemnización,** cuando proceda, de acuerdo con los criterios que para calcularla y abonarla se establecen en el artículo 34 de la LRJSP.

|| Plazo

Sobre el plazo dispone apartado tercero del artículo 91 de la LPACAP que transcurridos **seis meses** desde que se inició el procedimiento sin que haya recaído y se notifique resolución expresa o, en su caso, se haya formalizado el acuerdo, podrá entenderse que la resolución es **contraria a la indemnización del particular**.

Una vez **agotada la vía administrativa** puede reclamar la desestimación el perjudicado ante la jurisdicción contencioso-administrativa.

Jurisdicción contencioso-administrativa

En relación con la materia que estamos examinando, el **artículo 9.4 de la LOPJ y el artículo 2 e) de la Ley 29/1998, de 13 de julio**, reguladora de la Jurisdicción Contencioso-administrativa (en adelante, LJCA) atribuyen competencia al orden jurisdiccional contencioso-administrativo en materia de responsabilidad patrimonial de las Administraciones públicas y del personal a su servicio, cualquiera que sea la naturaleza de la actividad o el tipo de relación de que derive. Asimismo, en los casos siguientes:

- Cuando concurran sujetos privados a la producción del daño.
- Cuando se accione directamente contra la aseguradora de la Administración, junto a la Administración respectiva.
- Cuando las demandas de responsabilidad patrimonial se dirigen, además, contra las personas o entidades públicas o privadas indirectamente responsables de aquellas.

2.2. Responsabilidad patrimonial

La responsabilidad patrimonial de la Administración encuentra su fundamento jurídico en el artículo 106.2 de la Constitución española a través del que se consagra el régimen de responsabilidad patrimonial objetiva de la Administración por el funcionamiento de los servicios públicos al disponer que:

> «Los particulares, en los términos establecidos por la ley, tendrán derecho a ser indemnizados por toda lesión que sufran en cualquiera de sus bienes o derechos, salvo en los casos de fuerza mayor, siempre que la lesión sea consecuencia del funcionamiento de los servicios públicos».

Esta regulación es completada con la LRJSP, a través de la cual se proclaman los principios básicos de la responsabilidad de las Administraciones públicas. Concretamente el artículo 32.1 de la LRJSP establece, en consonancia con el mandato constitucional, lo siguiente:

«Los particulares tendrán derecho a ser indemnizados por las Administraciones Públicas correspondientes, de toda lesión que sufran en cualquiera de sus bienes y derechos, siempre que la lesión sea consecuencia del funcionamiento normal o anormal de los servicios públicos salvo en los casos de fuerza mayor o de daños que el particular tenga el deber jurídico de soportar de acuerdo con la Ley».

Características de la responsabilidad patrimonial

Siguiendo la doctrina establecida por el Tribunal Supremo en su **sentencia n.º 1177/2016, de 25 de mayo, ECLI:ES:TS:2016:2289**, podemos definir el sistema de responsabilidad patrimonial de la Administración como un **sistema unitario, general, directo, objetivo y de reparación integral**.

- **Sistema unitario**: rige para todas las Administraciones públicas.

- **Sistema general**: abarca toda la actividad derivada del funcionamiento de los servicios públicos, tanto si incumbe a los poderes públicos, como si son los particulares los que llevan a cabo actividades públicas que el ordenamiento jurídico considera de interés general.

- **Sistema de responsabilidad directa**: el artículo 36.1 de la LRJSP dispone que los particulares exigirán directamente a la Administración pública correspondiente las indemnizaciones por los daños y perjuicios causados por las autoridades y personal a su servicio. El particular no puede dirigirse contra el personal sanitario causante del daño en cuestión, sino que debe dirigir su reclamación directamente contra la Administración de que depende, sin perjuicio de la acción de regreso que esta puede ejercitar *a posteriori* contra aquel.

- **Sistema de responsabilidad de carácter objetivo, ajena a la culpa o negligencia del causante de daño**, tal y como disponen los artículos 106 de la CE y 32 de la LRJSP que acabamos de exponer, sin perjuicio de la modulación por parte de la jurisprudencia que aplica el criterio de la *lex artis*, entendiendo la obligación sanitaria de medios, no de resultado, tal y como veremos a continuación.

- **Sistema de reparación integral**, toda vez que la responsabilidad patrimonial de la Administración es una responsabilidad cuya finalidad es la reparación integral del daño causado para resarcir la totalidad de los perjuicios ocasionados.

En idéntico sentido se ha pronunciado también la **sentencia de la Audiencia Nacional n.º 405/2016, de 5 de octubre, ECLI:ES:AN:2016:3699** en la que, esgrimida en la demanda una acción de responsabilidad patrimonial de la Administración, se refiere un sistema de responsabilidad patrimonial conforme sigue:

«(...) a) unitario: rige para todas las Administraciones; b) general: abarca toda la actividad -por acción u omisión- derivada del funcionamiento de los servicios públicos, tanto si éstos incumben a los poderes públicos, como si son los particulares los que llevan a cabo actividades públicas que el ordenamiento jurídico considera de interés general; c) de responsabilidad directa: la Administración responde directamente, sin perjuicio de una eventual y posterior acción de regreso contra quienes hubieran incurrido en dolo, culpa, o negligencia grave; d) objetiva, prescinde de la idea de culpa, por lo que, además de erigirse la causalidad en pilar esencial del sistema, es preciso que el daño sea la materialización de un riesgo jurídicamente relevante creado por el servicio público; y, e) tiende a la reparación integral».

Responsabilidad ¿objetiva o por culpa?

De la normativa arriba transcrita puede inferirse que la responsabilidad de la Administración pública es de carácter objetivo, ajena a la culpa o negligencia del causante del daño, de tal forma que bastaría con acreditar el daño y la relación de causalidad entre este y el funcionamiento del servicio público, normal o anormal, para que nazca la obligación de reparar el daño causado. En este sentido, la **sentencia del Tribunal Supremo, rec. 6115/1993, de 9 marzo de 1998, ECLI:ES:TS:1998:1557,** nos decía que la responsabilidad de la Administración se configura como una «responsabilidad objetiva o por el resultado en la que es indiferente que la actuación administrativa haya sido normal o anormal, bastando para declararla que como consecuencia directa de aquella se haya producido un daño efectivo, evaluable económicamente e individualizado».

> A TENER EN CUENTA. El criterio anterior aparece recogido en otras muchas sentencias, entre las cuales podemos citar la **sentencia del TSJ de Asturias n.° 948/2022, de 25 de noviembre, ECLI:ES:TSJAS:2022:3471,** o la sentencia de la Audiencia Nacional, rec. 25/2020, de 3 de noviembre de 2022, ECLI:ES:AN:2022:5405.

No obstante, cabe advertir que **esta teoría de la responsabilidad objetiva ha sido matizada por la jurisprudencia,** manifestando en reiteradas ocasiones que **el instituto de la responsabilidad patrimonial de la Administración no la puede convertir en aseguradora universal de todos los riesgos sociales,** toda vez que, tal y como indicaba el Alto Tribunal en su **STS rec. 8107/2000, de 14 de marzo de 2005, ECLI:ES:TS:2005:1569,** «sería manifiestamente absurdo- entender que esa objetivación determina que, por ejemplo, la Administración deba responder siempre que en una clínica gestionada por ella y de ella dependiente fallece un enfermo».

Así pues, se concibe la obligación sanitaria como una **obligación de medios** sin que en ningún caso pueda exigirse una garantía de resultados curativos, en este sentido cabe citar la **sentencia del TSJ de Cataluña n.° 687/2022, de 24 de febrero, ECLI:ES:TSJCAT:2022:1944.** Lo anterior supone, como señala la **sentencia del TSJ de Castilla y León n.° 8/2023, de 16 de enero, ECLI:ES:TSJCL:2023:27,** que «(...) el servicio sanitario ha de poner a disposición del ciudadano todos los medios a su alcance para conseguir su curación cualquiera que sea el resultado del tratamiento».

La tendencia actual de los tribunales, sobre todo a la hora de desestimar, es reconocer la responsabilidad de la Administración en los casos de vulneración de la *lex artis ad hoc* como criterio modulador de la responsabilidad objetiva de la Administración pública, de tal forma que, actuando bajo las leyes de su profesión, no hay responsabilidad patrimonial, aunque acontezca el resultado dañoso (**STS n.º 415/2007, de 16 de abril, ECLI:ES:TS:2007:4237**).

Con respecto a la responsabilidad de la Administración es muy interesante la lectura de la reciente **sentencia del Tribunal Supremo n.º 272/2022, de 3 de marzo, ECLI:ES:TS:2022:765**, en el que en una intervención quirúrgica se utiliza un producto sanitario defectuoso, cuya toxicidad se descubre y alerta con posterioridad a su uso, y, por ello, debe resolverse si de las lesiones causadas ha de responder la Administración sanitaria. La mencionada sentencia concluye que «(...) la Administración sanitaria —cuyos facultativos realizan correcta y adecuadamente una intervención quirúrgica de conformidad con la *lex artis*— no debe responder de las lesiones causadas a un paciente como consecuencia de la utilización de un producto sanitario defectuoso, cuya toxicidad se descubre y alerta con posterioridad a su utilización, previamente autorizada por la Agencia Española de Medicamentos y Productos Sanitarios, debiendo la responsabilidad recaer en el productor o, en su caso, en la Administración con competencias para autorizar y vigilar los medicamentos y productos sanitarios».

Por lo tanto, en este caso se niega la atribución a la Administración sanitaria de la responsabilidad patrimonial derivada de la utilización del mencionado producto defectuoso.

¿Cuáles son los elementos de la responsabilidad patrimonial?

Los elementos para poder hablar de responsabilidad patrimonial se infieren del **artículo 32 de la LRJSP** y han sido objeto de interpretación por la jurisprudencia en el ámbito de la responsabilidad sanitaria exigiendo los siguientes requisitos:

- **Acción u omisión** producida en el desarrollo de una actividad cuya titularidad corresponde a un ente público.
- **Lesión o daño** que el perjudicado no tenga el deber de soportar.
- **Nexo de causalidad** entre la conducta y el resultado lesivo.

En este sentido resulta de interés traer a colación la **sentencia del Tribunal Supremo n.º 1177/2016, de 25 de mayo, ECLI:ES:TS:2016:2289** y, más recientemente, la **sentencia del TSJ de Castilla y León n.º 8/2023, de 16 de enero, ECLI:ES:TSJCL:2023:27**, en las que se pone de manifiesto la reiterada jurisprudencia existente en relación con la responsabilidad patrimonial de la Administración. Por lo que se refiere a los requisitos necesarios para el nacimiento de la mencionada responsabilidad se prevé:

«Conforme a reiterada jurisprudencia, para que nazca esta responsabilidad se precisa que concurran los siguientes requisitos: a) La efectiva realidad del daño o perjuicio, evaluable económicamente e individualizado en relación a una persona o grupos de personas. b) Que el daño o lesión sufrida sea consecuencia del funcionamiento normal o anormal de los servicios públicos en una relación causa a efecto, sin intervención de elementos extraños que pudieran influir, alterando el nexo causal. c) Ausencia de fuerza mayor. d) Que el reclamante no tenga el deber jurídico de soportar el daño. e) Que la reclamación se efectúe antes del año en que haya ocasionado el daño».

‖ Acción u omisión

La lesión tiene que haberse producido como consecuencia del funcionamiento, normal o anormal, del servicio público.

Así, en el sentido apuntado, el **funcionamiento normal** tiene lugar cuando se crea una situación de riesgo por la Administración. Por su parte, el **funcionamiento anormal** se produce cuando la Administración no ha actuado de forma correcta y ofrece un **servicio sanitario deficiente**.

Pues bien, la jurisprudencia ha señalado reiteradamente como refleja, a título de ejemplo, la **sentencia del TSJ de Madrid n.° 1007/2022, de 13 de diciembre, ECLI:ES:TSJM:2022:15357**) que:

> «Para que sea antijurídico el daño ocasionado a uno o varios particulares por el funcionamiento del servicio basta con que **el riesgo inherente a su utilización haya rebasado los límites impuestos por los estándares de seguridad exigibles conforme a la conciencia social**. En este caso no existirá deber alguno del perjudicado de soportar el menoscabo y consiguientemente, la obligación de resarcir el daño o perjuicio causado por la actividad administrativa será a ella imputable (...)».

Asimismo, dentro de la actuación de la Administración pública es preciso distinguir: los actos del personal a su servicio; la actuación del centro sanitario y las deficiencias del propio sistema organizativo público.

Actuación de las autoridades o personal al servicio de la Administración sanitaria

Como ya vimos al explicar las características de la responsabilidad patrimonial, esta se articula como una **responsabilidad directa**, es decir, los particulares exigirán a la Administración pública correspondiente las indemnizaciones **por los daños y perjuicios causados por las autoridades y personal a su servicio**. De esta forma, aunque se va a verificar la actuación de los profesionales sanitarios, será la Administración de la que dependan la que responderá frente al perjudicado.

Por lo que, para la imputabilidad a la Administración de la actividad dañosa, es necesario que, tal y como expresa la **sentencia del TSJ de Castilla y León n.° 23/2018, de 6 de febrero, ECLI:ES:TSJCL:2018:594**, el agente esté **integrado en el marco de la organización administrativa a la que pertenece**. Y ello, sin perjuicio de que la Administración que satisface la indemnización al perjudicado disponga de una acción de regreso frente a sus agentes si estos hubiesen incurrido en dolo, culpa o negligencia graves, según dispone el artículo 36.2 de la LRJSP:

> «La Administración correspondiente, cuando hubiere indemnizado a los lesionados, exigirá de oficio en vía administrativa de sus autoridades y demás personal a su servicio la responsabilidad en que hubieran incurrido por dolo, o culpa o negligencia graves, previa instrucción del correspondiente procedimiento».

Asimismo, el citado precepto indica que **para la exigencia de dicha responsabilidad** y, en su caso, **para su cuantificación**, se ponderarán, entre otros, los siguientes **criterios**:

- El resultado dañoso producido.
- El grado de culpabilidad.
- La responsabilidad profesional del personal al servicio de las Administraciones públicas.
- Su relación con la producción del resultado dañoso.

Ello sin perjuicio de pasar el tanto de culpa a los tribunales competentes, cuando proceda.

En cuanto al procedimiento para la exigencia de la responsabilidad a través de esta **acción de regreso**, señala el artículo 36.4 de la LRJSP que se sustanciará conforme a lo dispuesto en la LPACAP y se iniciará por acuerdo del órgano competente que se notificará a los interesados y que constará, al menos, de los siguientes trámites:

ALEGACIONES	Plazo de **15 días**
PRÁCTICA DE LAS PRUEBAS ADMITIDAS Y OTRAS OPORTUNAS	Plazo de **15 días**
AUDIENCIA	Plazo de **10 días**
PROPUESTA DE RESOLUCIÓN	Plazo de **5 días** desde la finalización del trámite de audiencia
RESOLUCIÓN	Plazo de **5 días**, pondrá fin a la vía administrativa

Responsabilidad de los centros sanitarios pertenecientes a la Administración

La Administración también responde de aquellos **daños que se producen por el funcionamiento de los centros sanitarios** pertenecientes a la misma.

Los daños pueden deberse a muy diversos motivos, como falta del consentimiento informado, retraso en el diagnóstico —pérdida de oportunidad—, falta de comunicación interhospitalaria, omisión del deber de cuidado o vigilancia de los pacientes, etc.

A título de ejemplo, la **sentencia del Tribunal Supremo, rec. 1247/2014, de 21 de diciembre de 2015, ECLI:ES:TS:2015:5640,** confirma la recurrida y declara el defectuoso funcionamiento de los servicios sanitarios debido a que **el retraso en el diagnóstico** se debió a problemas de intercomunicación hospitalaria, dando lugar a un retraso de 5 meses en realizar la prueba que podía establecer el verdadero diagnóstico, por lo que dice la sentencia que se ha producido una pérdida de oportunidad indemnizable, en tanto, los ciudadanos deben contar, frente a servicios públicos de salud, con la garantía de que, al menos, van a ser tratados con diligencia aplicando los medios y los instrumentos que la ciencia médica pone a disposición de las Administraciones sanitarias.

El Tribunal Supremo, en su **sentencia, rec. 5078/2002, de 20 de septiembre de 2005, ECLI:ES:TS:2005:5368,** también declaraba la responsabilidad patrimonial por defectuoso funcionamiento del centro sanitario en un **supuesto de resultado de tetraplejia** en la paciente que se había sometido a una intervención quirúrgica, resultado desproporcionado en el supuesto analizado. Declara el Tribunal Supremo que «(...) no se tomaron las **precauciones y medidas necesarias**; no se agotaron los medios con los que cuenta un hospital como el 12 de octubre para intentar evitar una lesión tan grave como es una tetraplejia; especialmente en una mujer de 21 años de edad».

En línea con lo antedicho, también encontramos la **STS, rec. 2876/2005, de 4 de noviembre de 2009, ECLI:ES:TS:2009:7062,** en la que los magistrados declaran que también **responderá la Administración cuando el centro médico no haya hecho uso de los medios a su disposición.**

Otros supuestos frecuentes de responsabilidad patrimonial por defectuoso funcionamiento de los centros sanitarios los encontramos en **casos de enfermedades psiquiátricas con intento de autolisis.** Numerosas sentencias declaran la responsabilidad de la Administración en estos casos. Así, la **STS, rec. 4067/2003, de 5 de febrero de 2007, ECLI:ES:TS:2007:568,** insiste en el funcionamiento anormal de los servicios sanitarios del centro hospitalario dado que no **tomó las medidas de previsión y cuidado necesarios** de la paciente que ingresó por alteración mental e intento de autolisis, que imponía al hospital el deber de vigilar cuidadosamente su comportamiento, lo que no aconteció y supuso que la paciente se tirase por la ventana con resultados lesivos.

Idéntico pronunciamiento recoge la Sala en la **STS, rec. 276/2003, de 21 de marzo de 2007, ECLI:ES:TS:2007:1656,** que declara la responsabilidad patrimonial de la Administración al considerar probado que no se tomaron por centro hospitalario medidas de previsión y cuidado respecto del paciente respecto al que, por su alteración mental, era previsible una conducta de intento de suicidio.

En este punto, también resulta interesante la **sentencia del Tribunal Supremo n.º 1518/2018, de 22 de octubre, ECLI:ES:TS:2018:3558.**

Responsabilidad por defectos estructurales y deficiencias asistenciales imputables a la organización sanitaria

Se habla de este tipo de responsabilidad cuando no se puede imputar a ningún profesional sanitario en concreto el resultado, sino que se debe a la existencia de **fallos en el funcionamiento y organización del centro médico que pueden venir determinados por falta de medios** (ambulancias, material hospitalario, etc.) **o de personal** (incumplimiento de turnos o insuficiencia de médicos).

En este sentido entiende la **sentencia del TSJ de Asturias n.º 1185/2010, de 29 de octubre, ECLI:ES:TSJAS:2010:4196** la existencia de responsabilidad patrimonial por mal funcionamiento del servicio bajo la forma de un déficit organizativo:

> «(...) Organización y dotación defectuosa e insuficiente por los medios disponibles, la sobrecarga de trabajo y la población a la que atienden estos centros sanitarios, produciendo déficits asistenciales según los estándares socialmente requeridos de inmediatez, eficacia y calidad, que venían siendo objeto de críticas y denuncias por los médicos y el resto del personal sanitario destinados en los mismos, problemática que se exterioriza con la consiguiente denuncia en los medios de comunicación social y planteamiento de un conflicto laboral por parte de dicho personal con motivo de los hechos que en el presente recurso se enjuician (...).
>
> (...)
>
> La relación anterior pone de manifiesto de una parte, el defectuoso funcionamiento del servicio por tener abierto un centro de salud que atiende urgencias sin personal sanitario, no consta que en la fecha de los hechos figuraran avisos ni notas sobre la actuación de los pacientes y sus familiares en estos casos, asumiendo el registro y control de los enfermos un vigilante de seguridad encargado de avisar el médico y seguir sus indicaciones (...)».

Otro supuesto lo encontramos en la **sentencia del TSJ de la Rioja n.º 104/2018, de 22 de marzo, ECLI:ES:TSJLR:2018:155**, que sostiene la tesis de la recurrente quien alegaba falta en la organización y funcionamiento del servicio de urgencias por no disponer de recursos humanos propios para la vigilancia permanente y cuidadosa de una paciente en estado de desorientación.

|| Lesión o daño

Por su parte, y en lo que respecta al segundo de los requisitos antedichos, relativo a la existencia de lesión o daño que el perjudicado no tenga el deber de soportar, el artículo 32.2 de la LRJSP **exige que el daño alegado sea efectivo, evaluable económicamente e individualizado con relación a una persona o a un grupo de personas.**

A propósito de la efectividad del daño, el Tribunal Supremo ha manifestado, entre otras muchas, en la **STS, rec. 4745/2003, de 27 de junio de 2007, ECLI:ES:TS:2007:5117**, que el detrimento patrimonial debe ser actual, constatable en la realidad y cierto, sin que en ningún caso puedan admitirse los daños meramente hipotéticos, eventuales, futuros o simplemente posibles, así como los contingentes dudosos o presumibles, sin que tampoco sea bastante la mera frustración de una expectativa.

CUESTIÓN

¿De conformidad con qué reglas tendremos que llevar a cabo la evaluación económica del daño?

Respecto a la evaluación económica del daño, encontramos que el artículo 34 de la Ley 40/2015, de 1 de octubre, indica que «la indemnización se calculará con arreglo a los criterios de valoración establecidos en la legislación fiscal, de expropiación forzosa y demás normas aplicables, ponderándose, en su caso, las valoraciones predominantes en el mercado (...)» y especifica que en los casos de muerte o lesiones corporales, «(...) se podrá tomar como referencia la valoración incluida en baremos de la normativa vigente en materia de Seguros obligatorios y de la Seguridad Social».

La evaluación de las lesiones corporales no presenta problemática significativa, más allá de la reiterada reclamación doctrinal de un baremo unificado en materia sanitaria. A falta de este baremo específico es frecuente recurrir a la aplicación del baremo de seguro del automóvil, aunque no obligatorio ni vinculante, sino meramente orientativo, así como a los precedentes jurisprudenciales aplicables al caso.

Mayor dificultad comporta la **valoración de los daños morales**, en los que, por su carácter afectivo y de pretium dolorism, carece de módulos objetivos por lo que entra en juego el libre arbitrio de los órganos judiciales para fijar la cuantía indemnizatoria debiendo valorarlo, según indica **STS, rec. 527/2010, de 20 de febrero de 2012, ECLI:ES:TS:2012:1210,** en una cifra razonable, ponderándose todas las circunstancias concurrentes en el caso de que se trate.

A tenor de lo antedicho, resulta de interés traer a colación la **sentencia del Tribunal Supremo, rec. 3724/2012, de 17 de julio de 2014, ECLI:ES:TS:2014:3283**, que reza:

«(...) venimos declarando, entre otras muchas, en Sentencia de 9 de junio de 2009 (recurso de casación nº 1822/2005) que "que la **utilización de algún baremo objetivo** puede ser admisible, pero siempre y cuando se utilice con **carácter orientativo y no vinculante**, ya que debe precisarse y modularse al caso concreto en el que surge la responsabilidad patrimonial, sin perjuicio, claro está, de la incidencia que debe tener la existencia de precedentes jurisprudenciales aplicables al caso que nos ocupe". "(...) para la realización de tal cuantificación **puede acudirse al baremo establecido para el Seguro Obligatorio del Automóvil, pero ello con carácter orientativo**, como señala la sentencia de instancia y la jurisprudencia que acabamos de citar, por lo que no puede acogerse la alegación de la parte que exige que la indemnización se acomode a dicho baremo y considera contraria a derecho la sentencia de instancia en cuando no se ha ajustado al mismo y por la misma razón no puede imponerse una valoración fundada en dicha exigencia"».

Asimismo, es importante tener presente que en lo que respecta a la determinación de la indemnización por la lesión o daño causado, nuestro Alto Tribunal ha manifestado en diversas ocasiones (entre otras, **STS n.º 1475/2018, de 5 de octubre, ECLI:ES:TS:2018:3337**), en materia de responsabilidad patrimonial rige el **principio de reparación integral**, es decir, de **la totalidad de los perjuicios causados y acreditados** para conseguir la indemnidad del perjudicado.

Por último, **el daño debe ser individualizado** en el sentido de poder concretar a la persona o grupo de personas afectados por aquel.

> **CUESTIÓN**
>
> **Reclamada una indemnización en vía administrativa en evaluación de responsabilidad patrimonial, ¿puede esta modificarse en su cuantía en vía judicial?**
>
> Sí, siempre que la cuantía reclamada, a pesar de haber sido modificada, responda a los mismos hechos y causa de pedir, sin que ello suponga desviación procesal por modificación de la cuantía (STS n.º 99/2021, de 28 de enero, ECLI:ES:TS:2021:332).

|| Nexo de causalidad

Para que prospere la atribución de responsabilidad patrimonial de la Administración **es necesario que el daño sea antijurídico** para cuya acreditación debe probarse la relación de causalidad entre el daño causado y la actuación del servicio público.

> **CUESTIÓN**
>
> **¿A quién corresponde la carga de la prueba de la relación de causalidad entre el daño causado y la actuación del servicio público?**
>
> La carga de la prueba corresponde al que reclama la indemnización (entre otras muchas, STS, rec. 10231/2003, de 19 de julio de 2007, ECLI:ES:TS:2007:4200).

Según la legislación de constante referencia, bastaría acreditar la relación causa-efecto entre aquel funcionamiento «normal o anormal» y la lesión para que proceda la responsabilidad patrimonial, dejando a salvo los casos de fuerza mayor y aquellos en que la conducta del perjudicado o un tercero son determinantes del daño.

No obstante, la jurisprudencia considera que en el ámbito sanitario no puede declararse sin más esa relación sino que, cuando se proyecta sobre la responsabilidad de la Administración sanitaria, es necesario fijar un parámetro que permita establecer el grado de corrección de la actividad administrativa a la que se imputa el daño: «hay que diferenciar en qué supuestos el resultado dañoso se puede imputar a la actividad asistencial, y aquellos que derivan de la evolución natural de la enfermedad». Criterio establecido jurisprudencialmente y recogido, entre otras, en la **STS, rec. 8406/1997, de 22 de diciembre de 2001, ECLI:ES:TS:2001:10266, las sentencias del TSJ de Asturias n.º 1071/2018, de 27 de diciembre, ECLI:ES:TSJAS:2018:4050, y la n.º 986/2022, de 30 de noviembre, ECLI:ES:TSJAS:2022:3801, y la sentencia del TSJ de Castilla y León n.º 7/2015, de 19 de enero, ECLI:ES:TSJCL:2015:84.**

Es en el examen sobre la causalidad cuando debe repararse si ha concurrido fuerza mayor, si ha intervenido en la producción del daño el perjudicado o un tercero y si se han cumplido los parámetros de la *lex artis*, pues quebraría así el nexo entre el daño y el funcionamiento de la Administración.

CUESTIÓN

La apreciación del nexo causal entre la actuación de la Administración y el resultado dañoso o la ruptura del mismo, ¿es una cuestión jurídica revisable en casación?

Sí. Así lo reitera el **Tribunal Supremo en su sentencia, rec. 4294/2010, de 13 de marzo de 2012, ECLI:ES:TS:2012:1452**, en el que los magistrados ponen de manifiesto la reiterada jurisprudencia existente respecto al hecho de que la apreciación del nexo causal entre la actuación de la Administración y el resultado dañoso, o la ruptura del mismo, es una cuestión jurídica revisable en casación, **si bien tal apreciación ha de basarse siempre en los hechos declarados probados por la sala de instancia, salvo que estos hayan sido correctamente combatidos por haberse infringido normas, jurisprudencia o principios generales del derecho al haberse valorado las pruebas, o por haber procedido, al hacer la indicada valoración de manera ilógica, irracional o arbitraria.**

La *lex artis*

A pesar de que la responsabilidad patrimonial de la Administración se concibe como una responsabilidad objetiva, derivada tanto del funcionamiento anormal como normal del servicio público (salvo causas de fuerza mayor o intervención ajena), los tribunales vienen admitiendo el **criterio de la *lex artis* como modulador de la responsabilidad patrimonial en el ámbito de las prestaciones médicas**, lo que supone que a los servicios de salud **no se les podrá exigir más que ejecuten correctamente y a tiempo las técnicas vigentes en función del conocimiento de la práctica diaria.**

Como dispone la **sentencia del TSJ de Madrid n.º 1007/2022, de 13 de diciembre, ECLI:ES:TSJM:2022:15357:**

> «En la asistencia sanitaria el empleo de la técnica correcta es un dato de gran relevancia para decidir si hay o no relación de causalidad entre el funcionamiento del servicio público y el resultado producido ya que cuando el acto médico ha sido acorde con el estado del saber, resulta extremadamente complejo deducir si a pesar de ello causó el daño o más bien pudiera obedecer a la propia enfermedad o a otras dolencias del paciente».

La **conceptualización de la *lex artis*** ya fue tratada en el apartado correspondiente a la responsabilidad civil y, trayéndolo a colación en sede administrativa, podemos definirla como la **obligación del profesional de la medicina de actuar con la debida diligencia**, realizando las funciones que las técnicas de la salud aconsejan y emplean como usuales, en aplicación de la deontología médica, del sentido común humanitario y del estado actual del saber de la ciencia médica.

Así, son reiteradas las resoluciones que declaran (entre otras, en la **STSJ de Asturias n.º 1622/2008, de 15 de diciembre, ECLI:ES:TSJAS:2008:5748**), que:

> «(...) siendo exigible que el resultado dañoso se derive de una incorrecta praxis médica, bien de diagnóstico, bien de aplicación de tratamiento curativo, paliativo, bien de una actuación estrictamente quirúrgica, en forma

tal que la actividad sanitaria no permite exigir en términos absolutos la curación del enfermo u obtener un resultado positivo ya que la función de la Administración sanitaria pública ha de entenderse dirigida a la prestación de existencia sanitaria con empleo de las artes que el estado de la ciencia médica pone a disposición del personal sanitario (...)».

También la **STS, rec. 3629/2005, de 4 de diciembre de 2009, ECLI:ES:TS:2009:7734,** hace referencia a que en **actuaciones médicas desarrolladas conforme a la lex artis el resultado dañoso puede haberse originado como consecuencia de un riesgo atípico, imprevisible o fuerza mayor,** «supuesto en que la jurisprudencia entiende que se rompe el nexo causal entre la prestación del servicio y el resultado dañoso (...)». Señala el **Tribunal Superior de Justicia de Canarias en su sentencia n.º 172/2015, de 27 de julio, ECLI:ES:TSJICAN:2015:1520,** en la que se revoca la sentencia de la instancia, al considerar que el tratamiento prestado fue el correcto y que el perjuicio por el que se reclamaba fue el resultado de la enfermedad, que «(...) solamente cabe considerar antijurídica en la existencia sanitaria la lesión en que se haya producido una auténtica infracción de *lex artis*. Así lo reiterado el Tribunal Supremo, Sala 3ª, en otras, en la sentencia de 2 de noviembre de 2011 (recurso 6.236/2.007), y las que cita».

CUESTIÓN

Una vez acreditado que el resultado dañoso ha sido derivado de una incorrecta praxis médica, ¿debe el perjudicado probar que, de haberse actuado correctamente, no se hubiera llegado al desenlace que motiva la reclamación?

No. Responde a un supuesto de estas características la **sentencia del Tribunal Supremo, rec. 3875/2005, de 30 de abril de 2010, ECLI:ES:TS:2010:2212,** estableciendo en este sentido que: «(...) a quien reclama incumbe justificar, al menos de forma indiciaria, incluso mediante la prueba de presunciones prevista en el artículo 386 de la Ley de Enjuiciamiento Civil, que se ha producido por parte de las instituciones sanitarias un mal uso de la "Lex Artis", y con la matización de que **una vez** acreditado que un tratamiento no se ha manejado de forma idónea o que lo ha sido con retraso, no puede exigirse al perjudicado la prueba de que, de actuarse correctamente, no se habría llegado al desenlace que motiva su reclamación, esto es, que probada la irregularidad, corresponde a la Administración justificar que actuó como le era exigible».

Otras causas de exoneración de la responsabilidad

|| Fuerza mayor

Puede definirse la fuerza mayor como aquellos supuestos en que concurre una causa extraña, pues el acontecimiento productor de la lesión es exterior al servicio u organización **en cuyo seno se produce la lesión.**

El **artículo 32 de la LRJSP** proclama el deber de responder por la Administración salvo en los casos de fuerza mayor.

Cabe advertir que es **importante distinguir la fuerza mayor del caso fortuito,** supuesto este último que sí impone el deber de indemnizar. La fuerza mayor entronca con la idea de lo extraordinario, catastrófico o desacostumbrado, mientras que el caso fortuito se refiere a aquellos eventos internos, intrínsecos al funcionamiento de los servicios públicos, producidos por la misma naturaleza.

|| El estado de los conocimientos de la ciencia o la técnica

El **artículo 34.1 de la LRJSP** declara no son indemnizables los daños derivados de hechos no previsibles o evitables según el estado de los conocimientos de la ciencia o la técnica existentes en el momento de producción de aquellos.

A través de esta disposición se incluye como causa de justificación los denominados «riesgos del progreso», que descartarían la antijuricidad de la lesión.

La aplicación de esta cláusula fue utilizada por los tribunales al enjuiciar los supuestos del contagio del virus del sida (VIH) o de la hepatitis C (VHC) mediante transfusiones de sangre contaminada antes de descubrirse estos y los marcadores para detectarlos. En este sentido, podemos citar la **STS, rec. 1254/2000, de 7 de mayo de 2004, ECLI:ES:TS:2004:3091**, que declara:

> «Por el contrario esta Sala y Sección tiene declarado así en Sentencia de 25 de enero de 2.003, que "podemos afirmar, en consecuencia, que hasta el año 1985 el estado de los conocimientos de la técnica no permitía detectar la existencia del VIH en sangre, por lo que todas las transfusiones de plasma, efectuadas con anterioridad a dicho año 1985, en que se hubiese podido inocular el indicado virus, no generan responsabilidad patrimonial para la Administración sanitaria por no ser la lesión causada antijurídica, según lo establecido en el transcrito artículo 141.1 de la Ley 30/1992, de 26 de noviembre, y así lo ha declarado esta Sala Tercera del Tribunal Supremo, entre otras, en sus Sentencias de 25 de noviembre de 2000, 10 de febrero, 19 de abril, 11 de mayo, 19, 21 de junio y 1 de diciembre de 2001 (recurso de casación 6553/97),14 de octubre de 2002 (recurso de casación 5294/98), y 21 de octubre de 2002 (recurso de casación 5748/98), al considerar como una causa de justificación los llamados riesgos del progreso". Interpretación jurisprudencial confirmada en la Sentencia de 20 de junio siguiente, dictada en recurso de casación para la unificación de doctrina».

|| Actuación del perjudicado o de un tercero

El **artículo 32 de la LRJSP** también excepciona la responsabilidad patrimonial cuando es la conducta del propio perjudicado o la de un tercero la única determinante del daño producido, aunque hubiese sido incorrecto el funcionamiento del servicio público. En este sentido, resulta de interés traer a colación la **sentencia del Tribunal Supremo, rec. 3627/2005, de 25 de noviembre de 2009, ECLI: ES:TS:2009:7603**, en la que se dispone que:

> «Es conocida, igualmente, la doctrina jurisprudencial reiterada de esta Sala, que recoge la sentencia de 4 de mayo de 2006 y que se contiene, entre otras muchas, en sentencia de 21 de marzo, 2 de mayo, 10 de octubre y 25 de noviembre de 1995, 25 de noviembre y 2 de diciembre de 1996,

16 de noviembre de 1998, 20 de febrero, 13, 29 y 12 de julio de 1999 y 20 de julio de 2000, según la cual procede la exoneración de responsabilidad para la Administración, a pesar del carácter objetivo de la misma, cuando es la conducta del propio perjudicado o de un tercero la determinante del daño producido».

Según reiterada jurisprudencia la intervención del perjudicado o un tercero debe revestir la suficiente intensidad para resultar determinante del resultado lesivo, quebrando así la relación con el servicio público en cuyo ámbito se han producido los hechos, aun cuando el funcionamiento del mismo sea defectuoso. En este sentido, resulta de interés la **sentencia del Tribunal Supremo, rec. 10231/2003, de 19 de junio de 2007, ECLI:ES:TS:2007:4200**, mediante la que la sala desestima el recurso de casación interpuesto contra la sentencia dictada por la Sala de lo Contencioso-Administrativo de la Audiencia Nacional, sobre responsabilidad patrimonial por suicidio de guardia civil. Señalando los magistrados que el resultado lesivo, cuya reparación se pretendía, no resultaba imputable al funcionamiento del servicio, que en el concreto caso no se justifica que fuera incorrecto o no ajustado a la legalidad, ni siquiera como concausa, **respondiendo a la voluntad de la víctima, quebrando el nexo causal con tal funcionamiento del servicio** y no resultando aplicable al caso la jurisprudencia sobre supuestos de suicidio de internos en centros penitenciarios, que parte de la **apreciación de la concurrencia de causas en cuanto, junto a la voluntad de la víctima, aparece la incidencia del funcionamiento del servicio en atención a las circunstancias de vigilancia y control adecuadas a las características del interno conocidas y apreciadas por la Administración.**

CUESTIONES

1. ¿Estaríamos ante una ruptura del nexo de causalidad en los casos en los que un paciente ingresado en un centro sanitario por autolisis consigue desatar la sujeción mecánica colocada por el personal médico para evitar el suicidio?

Sí, dado que, si ha superado por la fuerza los mecanismos establecidos por los médicos para evitar nuevos intentos autolíticos, estaríamos ante una voluntad suicida tan relevante que rompería el nexo de causalidad y haría a la propia paciente responsable de sus actos. Así, la **sentencia del Tribunal Supremo, rec. 4067/2003, de 5 de febrero de 2007, ECLI:ES:TS:2003:568**: «Si se considerase que las órdenes médicas, al momento de producirse el accidente, era de mantener la sujeción mecánica (como parece que entiende la parte recurrente) considera esta Sala que, si a pesar de ello, la paciente hubiera conseguido desatarse, estaríamos ante una voluntad suicida tan relevante que rompería el nexo de causalidad y haría a la propia paciente responsable de sus actos pues habría debido superar por la fuerza los mecanismos establecidos por los médicos para evitar nuevos intentos autolíticos».

2. ¿Puedo demandar ante la jurisdicción contenciosa al médico que ejerce sus funciones en la sanidad pública si con su actuación negligente causó daños?

En este caso la demanda debe dirigirse contra la Administración correspondiente pues el médico presta sus servicios para la sanidad pública. Una de las características de la responsabilidad patrimonial de la Administración es que se trata de una responsabilidad directa, es decir, aunque se va a verificar la actuación de los profesionales sanitarios, será la Administración de la que dependan la que responderá frente al perjudicado. Sin perjuicio de que la Administración que satisface la indemnización al perjudicado dispone de una acción de regreso frente a sus agentes si hubiesen incurrido en dolo, culpa o negligencia graves, según dispone el **artículo 36.2 de la LRJSP.**

3.
RESPONSABILIDAD PENAL

3.1. La jurisdicción penal

El derecho penal se configura sobre el **principio de intervención mínima y de última** *ratio*:

- **Principio de intervención mínima**: Es un derecho que no protege todos los bienes jurídicos, sino solo aquellos más importantes para la convivencia social ni castiga todas las conductas, sino solo aquellas que atacan de forma más grave a esos bienes.

- **Principio de última** *ratio*: Es un derecho subsidiario que como última ratio opera únicamente cuando el orden jurídico no pueda ser restaurado mediante otras soluciones menos drásticas.

A este respecto, señala la **sentencia del Tribunal Supremo n.º 713/2022, de 13 de julio, ECLI:ES:TS:2022:3044**, que:

> «En definitiva, la tipicidad es la verdadera enseña y divisa de la antijuricidad penal, quedando extramuros de ella el resto de las ilicitudes para las que la 'sanción' existe pero no es penal. Solo así se salvaguarda la función del derecho penal, como última ratio y los principios de legalidad y de mínima intervención que lo inspira».

En conclusión, a la jurisdicción penal le corresponde conocer de las conductas que están **tipificadas como delito** según el Código Penal siempre que la reparación de los bienes jurídicos lesionados no pueda obtenerse en otras jurisdicciones.

Trasladada la teoría general al ámbito de la responsabilidad médica, se puede afirmar que no se puede criminalizar toda actuación médica, aunque se haya producido el resultado de muerte o lesiones, pues otras legislaciones contemplan los ilícitos causantes del daño, que debe repararse con la indemnización de daños y perjuicios que corresponda y no con sanciones privativas de libertad o impeditivas del ejercicio de la profesión.

El sistema punitivo solo intervendrá para castigar a los profesionales sanitarios en los casos más graves, cuando exista **dolo o imprudencia que revista cierta entidad**. Fuera de estos casos, corresponde dilucidar la responsabilidad de los profesionales a la jurisdicción civil, cuando exista culpa o negligencia del particular, o bien a la jurisdicción administrativa, cuando pueda imputarse el daño al funcionamiento de un servicio público.

Sentado lo anterior, debemos reconocer que no es sencillo aplicar al caso concreto el deslinde entre la jurisdicción civil y penal, tal y como reconoce la **Audiencia Provincial de la Rioja en su sentencia n.º 16/2014 de 17 de febrero, ECLI:ES:APLO:2014:77**:

> «(...) resulta difícil efectuar una perfecta graduación de conductas culposas que permita delimitar, desde la perspectiva de la seguridad, cuándo nos encontramos con la negligencia penal y cuando con la civil, esto es, con las obligaciones nacidas de la culpa extracontractual reguilada en los artículos 1902 y siguientes del Código Civil. Es más, desde el punto de vista de la dogmática penal, una de las zonas oscuras viene dada por el elemento subjetivo del injusto relativo a la conciencia y voluntad de la conducta típica, saber distinguir con claridad cuando el sujeto quiso que se produjera, y cuando no».

Es indudable que corresponderá a la jurisdicción penal conocer de aquellos casos en los que el facultativo actuó con dolo, aunque, salvo contadísimas excepciones, no es habitual que el profesional de la medicina se proponga causar daños al paciente.

Las dudas entre jurisdicción civil y penal se plantean en las actuaciones por imprudencia médica. Como veremos, en el ámbito penal también se examina la adecuación de la actuación a *lex artis ad hoc* por lo que para diferenciar el ilícito civil y penal es necesario atender a la entidad de esa falta del deber de cuidado y previsión por el facultativo.

Así lo establecía la LO 1/2015, de 30 de marzo, que modificó el Código Penal disponiendo en su preámbulo que:

> «No toda actuación culposa de la que se deriva un resultado dañoso debe dar lugar a responsabilidad penal, sino que el principio de intervención mínima y la consideración del sistema punitivo como última ratio, determinan que en la esfera penal deban incardinarse exclusivamente los supuestos graves de imprudencia, reconduciendo otro tipo de conductas culposas a la vía civil, en su modalidad de responsabilidad extracontractual o aquiliana de los artículos 1902 y siguientes del Código Civil, a la que habrá de acudir quien pretenda exigir responsabilidad por culpa de tal entidad».

Cuando exista vulneración de la *lex artis* se debe valorar, para determinar la procedencia de la jurisdicción penal, un plus de antijuricidad consecutivo a la infracción de aquella *lex artis* y de las precauciones o cautelas más elementales, imperdonables e indisculpables. La consideración de profesional supone un mayor reproche penal en cuanto a los bienes jurídicos afectados por actividades que requieren un cuidado especial en su ejercicio (**STS n.º 1606/1999, de 8 de noviembre, ECLI:ES:TS:1999:7033**).

3.2. La conducta médica penalmente relevante

El artículo 1.1 del Código Penal postula que «No será castigada ninguna acción ni omisión que no esté prevista como delito por ley anterior a su perpetración». Asimismo, el artículo 5 del CP manifiesta que «No hay pena sin dolo o imprudencia».

De forma muy simplista podemos afirmar que para poder hablar de delito se requiere la realización por el sujeto activo de una conducta tipificada en el Código Penal (elemento objetivo) y que esa conducta se haya realizado con culpa del agente (elemento subjetivo). En otras palabras, para castigar una conducta, esta debe estar tipificada como delito en el Código Penal y además debe darse culpabilidad del sujeto activo (dolo o imprudencia).

En cuanto al elemento objetivo, el mecanismo para examinar si procede acudir a la vía penal se divide en tres comprobaciones básicas: primera, que se haya producido un hecho; segunda, que el hecho sea antijurídico; tercera, que sea imputable al agente.

La conducta (acción u omisión) manifestará un resultado y debe darse relación de causalidad entre ambos elementos.

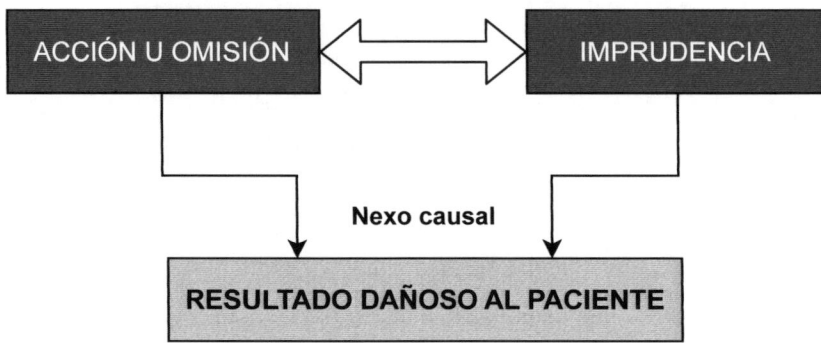

Acción

La acción es la **manifestación de voluntad del sujeto**.

Aunque se hable genéricamente de acción, nos referimos aquí a las tres formas conductuales: acción, omisión y comisión por omisión.

a) Acción u omisión. El artículo 10 del Código Penal establece que «Son delito las acciones y omisiones dolosas o imprudentes penadas por la ley».

La comisión vulnera una prohibición de no hacer y la omisión vulnera un deber jurídico de obrar.

b) Comisión por omisión. Además de aquellas conductas, se prevé la comisión por omisión en el artículo 11 del CP, según el cual:

> «Los delitos que consistan en la producción de un resultado sólo se entenderán cometidos por omisión cuando la no evitación del mismo, al infringir un especial deber jurídico del autor, equivalga, según el sentido del texto de la ley, a su causación. A tal efecto se equiparará la omisión a la acción:
> a) Cuando exista una específica obligación legal o contractual de actuar.
> b) Cuando el omitente haya creado una ocasión de riesgo para el bien jurídicamente protegido mediante una acción u omisión precedente».

En el **ámbito de la responsabilidad médica se prevé una modalidad delictiva de comisión por omisión en el artículo 196 del CP** que castiga al profesional que estando obligado deniegue asistencia sanitaria o abandone los servicios sanitarios si de estas conductas se deriva un riesgo grave para la salud de las personas al que nos referiremos más adelante, en el apartado dedicado a la omisión por el deber de socorro.

Resultado

Para poder hablar de delito tiene que producirse la lesión del bien jurídico protegido. Es decir, la conducta —acción, omisión o comisión por omisión— debe producir un resultado, cuál sería la lesión del bien jurídico.

Si bien, no resulta suficiente la existencia de una lesión, ya que esto supondría llevar la responsabilidad objetiva más allá de los límites razonable, sino que es **preciso acudir al criterio de la** *lex artis* **como modo de determinar cuál es la actuación médica correcta, independientemente del resultado producido** en la salud o en la vida del enfermo, ya que no le es posible ni a la ciencia ni a la Administración garantizar, en todo caso, la sanidad o a la salud del paciente **(STS, rec. 7387/2005, de 29 de junio de 2010, ECLI:ES:TS:2010:3564)**.

Por último, cabe señalar lo dispuesto en la **sentencia del Tribunal Supremo, rec. 40/2012, de 9 de octubre, ECLI:ES:TS:2012:6507**:

> «El motivo no puede prosperar, pues frente al principio de responsabilidad objetiva interpretado radicalmente y que convertiría a la Administración sanitaria en aseguradora del resultado positivo y, en definitiva, obligada a curar todas las dolencias, ha de recordarse, como hace esta Sala en sentencia de 25 de febrero de 2.009 (recurso 9.484/2.004), con cita de las de 20 de junio de 2.007 y 11 de julio del mismo año, el criterio que sostiene este Tribunal de que la responsabilidad de la Administración sanitaria constituye la lógica consecuencia que caracteriza al servicio público sanitario como prestador de medios, mas en ningún caso garantizador de resultados, en el sentido de que es exigible a la Administración sanitaria la aportación de todos los medios que la ciencia en el momento actual pone razonablemente a disposición de la medicina para la prestación de un servicio adecuado a los estándares habituales; pero de ello en modo alguno puede deducirse la existencia de una responsabilidad de toda actuación médica, siempre que ésta se haya acomodado a la lex artis, y de la que resultaría la obligación de la Administración de obtener un resultado curativo, ya que la responsabilidad de la Administración en el servicio sanitario no se deriva tanto del resultado como de la prestación de los medios razonablemente exigibles».

Nexo causal. Imputación jurídica

Es necesario que entre la acción y el resultado exista un nexo de causalidad. La doctrina ha formulado en torno a la causalidad **distintas teorías** entre las que podemos distinguir las naturalistas y las correctoras.

En una **concepción puramente naturalista** bastaría la relación entre la acción y el resultado dañoso para hablar de causalidad (una conducta causante de muerte bastaría para imputar un delito de homicidio), pero la doctrina científica y la jurisprudencia han establecido mecanismos correctores, a través de teorías como la de la causalidad adecuada, la relevancia típica o la imputación objetiva.

Es la teoría de la **imputación objetiva** la que con frecuencia sigue la jurisprudencia del Tribunal Supremo para explicar la relación que debe mediar entre la acción y el resultado y que reemplazó a las teorías de la causalidad sobre bases exclusivamente naturales. En este sentido, con reiteración de lo previsto en otras muchas, señala la **sentencia del Tribunal Supremo n.º 505/2021, de 10 de junio, ECLI:ES:TS:2021:2897**, que:

> «Tiene declarado esta Sala, como son exponente las SSTS 1611/2000, de 19 de octubre y 1484/2003, de 10 de noviembre, y 470/2005, de 14 de abril, que la teoría de la imputación objetiva, que es la que se sigue en la jurisprudencia de esta Sala para explicar la relación que debe mediar entre acción y resultado y vino a reemplazar una relación de causalidad sobre bases exclusivamente naturales introduciendo consecuencias jurídicas, siguiendo las pautas marcadas por la teoría de la relevancia. En este marco la verificación de la causalidad natural será un límite mínimo, pero no suficiente para la atribución del resultado.
>
> Conforme a estos postulados, comprobada la necesaria causalidad natural, la imputación del resultado requiere además verificar:
>
> 1º. Si la acción del autor ha creado un peligro jurídicamente desaprobado para la producción del resultado.
>
> 2º. Si el resultado producido por dicha acción es la realización del mismo peligro (jurídicamente desaprobado) creado por la acción.
>
> Caso de faltar algunos de estos dos condicionantes complementarios de la causalidad natural, se eliminaría la tipicidad de la conducta y, por consiguiente, su relevancia para el derecho penal».

En el **ámbito de la imprudencia médica**, tal y como ya nos decía el **Tribunal Supremo en la sentencia, rec. 1732/1989, de 12 de marzo de 1990, ECLI:ES:TS:1990:2260, la jurisprudencia observa el juicio de imputación objetiva** pues la simple causalidad material es impropia del derecho penal y de la medicina por tratarse de una ciencia inexacta en la que intervienen factores ajenos a la acción humana. Añade la citada sentencia que:

> «(...) en el tema de la causalidad, la jurisprudencia, siguiendo las huellas del progreso científico, distingue el juicio de imputación objetiva que reconoce la existencia de una acción típicamente antijurídica y el juicio de imputación subjetiva, de tal modo y manera que es imprescindible una relevancia jurídico penal del nexo causal, delimitada desde la perspectiva de la tipicidad, es decir, conforme al sentido de la descripción de la figura en la ley, superando de esta manera la simple causalidad material, impropia de las notas que caracterizan al derecho penal.
>
> No cabe olvidar tampoco, como pone de relieve la sentencia de 29 de marzo de 1.988, que la medicina no forma parte de las ciencias exactas, por intervenir con frecuencia elementos extraños de difícil previsibilidad, propiciando errores de diagnóstico, dentro de tolerables márgenes, que pueden escapar al rigor de la incriminación penal».

Por su parte, la **Audiencia Provincial de Barcelona, en su auto n.º 817/2012, de 9 de octubre, ECLI:ES:APB:2012:7520A**, hace una distinción de la aplicación de la imputación objetiva según se trate de conductas activas u omisivas: en las conductas activas, el riesgo no permitido generado por la conducta es el que se materializa en el resultado y en las conductas omisivas debe valorarse si la conducta omisiva habría evitado con una probabilidad rayana en la certeza el menoscabo al bien jurídico protegido.

CUESTIÓN

Conforme a lo antedicho, ¿podríamos entender que existe delito de lesiones por negligencia médica del cirujano que, tras haber realizado a un paciente una operación de una hernia discal, ordena su traslado a planta y durante la noche, el paciente se cae de la cama y el golpe en la cabeza le provoca un ictus cerebral?

En aplicación de la teoría de la imputación objetiva, no puede hablarse de delito toda vez que, el ictus padecido por el paciente (resultado dañoso) no fue originado por una deficiente intervención del cirujano (la acción médica no ha creado el riesgo de padecer un ictus).

Distinto sería el examen de la responsabilidad de las enfermeras, si debían custodiar al paciente y, en su caso, informar al médico de la caída para practicar las pruebas oportunas. No obstante, la **Audiencia Provincial de Barcelona mediante auto n.º 817/2012, de 9 de octubre, ECLI:APB:2012:7520A**, en idéntico caso, sin entrar de forma clara en la actuación de las enfermeras, declara el sobreseimiento de la causa ya que la lesión padecida «(...) no era previsible a la vista de lo actuado ya que (...) la medicina no es una ciencia exacta, y aquí se han examinado los efectos puramente penales de la actuación, no de los civiles que requeriría una mayor profundidad sobre la previsibilidad de lo ocurrido».

3.3. Elementos del tipo: culpabilidad

El artículo 5 del Código Penal dispone que «No hay pena sin dolo o imprudencia».

Así pues, para poder hablar de responsabilidad penal además de que la conducta esté tipificada como delito, es necesario que el sujeto sea culpable, esto es, que haya actuado con **dolo o imprudencia**.

Culpabilidad	Intencionalidad	Manifestaciones
Dolo	El sujeto sabe lo que hace y persigue el resultado.	Poco frecuente en el ámbito sanitario.
Imprudencia (grave o menos grave)	Infringe el deber de cuidado. El resultado no es querido, pero sí previsible.	Se manifiesta en los errores médicos más graves.

Por su parte la **Audiencia Provincial de Murcia en su auto n.º 98/2024, de 26 de enero, ECLI:ES:APMU:2024:108A**, entiende lo siguiente en lo referente a la imprudencia médica:

- **El error en el diagnóstico no es tipificable como infracción penal**, porque el mismo implica no solo conocimientos médicos y científicos, sino también juicios intuitivos que conllevan un riesgo de error dentro de los límites de lo tolerable, salvo que dicho error por su entidad y dimensiones constituya una equivocación inexcusable.

- Queda fuera del ámbito penal **la falta de pericia** cuando esta sea de naturaleza extraordinaria o excepcional.

- La **determinación de la responsabilidad médica** ha de hacerse contemplando las situaciones concretas o especificas sometidas al enjuiciamiento penal, huyendo de todo tipo de generalizaciones.

- La **imprudencia nace** cuando el tratamiento médico o quirúrgico incide en comportamientos descuidados, de abandono y de omisión del cuidado exigible, atendidas las circunstancias del lugar, tiempo, personas, y naturaleza de la lesión o enfermedad, que olvidando la *lex artis* conduzca a resultados lesivos para las personas; de manera que la responsabilidad médica o de los técnicos sanitarios procederá cuando en el tratamiento efectuado al paciente se incurre en conductas descuidadas de las que resulte un proceder irreflexivo, la falta de adopción de cautelas de generalizado uso o la ausencia de pruebas, investigaciones o verificaciones precisas como imprescindibles para seguir el curso del estado del paciente, aunque entonces el reproche de culpabilidad viene dado no tanto por el error, si lo hubiere, sino por la dejación, el abandono, la negligencia y el descuido en la atención que aquel requiere

¿En qué consiste el dolo?

Obra con dolo el que sabe lo que hace, **conociendo el peligro concreto que genera su acción**. Podría decirse que en el llamado dolo directo el autor persigue la realización de un resultado.

Apenas podemos hablar de dolo en el ámbito de responsabilidad sanitaria. Parece ilógico que el profesional de la medicina, cuya razón de ser descansa en curar al enfermo, pretenda causar al paciente un daño de cualquier tipo.

Como indica don Fernando Bentabol Manzanares, Fiscal de la Fiscalía Provincial de Málaga, («La imprudencia grave en los casos de responsabilidad sanitaria. Referencias jurisprudenciales», Curso «Responsabilidad sanitaria y la nueva configuración legal de la imprudencia médica», 18 y 19 de abril de 2017): en el ámbito médico **nos movemos en el campo de la imprudencia**, «dado que los delitos dolosos que se pudieran cometer no tienen ninguna peculiaridad con los cometidos por cualquier otro ciudadano ajeno a la profesión médica; esto es, si un médico quiere voluntariamente matar o lesionar a algún paciente, no existe peculiaridad alguna en cuanto a su enjuiciamiento y castigo con la generalidad de las personas».

No obstante, debemos distinguir del anterior **el dolo eventual** que aparece cuando al sujeto activo se le representa como **probable la eventualidad del resultado** y aunque este resultado no sea el deseado, persiste en su acción. **Las conductas por dolo eventual se equiparán a las de dolo directo a efectos punitivos.**

Dentro de la casuística de nuestros tribunales, no podemos dejar de mencionar el «Caso Maeso», que merece en relación con el dolo eventual una especial consideración. El **Tribunal Supremo, en la sentencia n.º 173/2009, de 27 de febrero, ECLI:ES:TS:2009:1241**, condenaba al doctor Maeso por delito de lesiones cometido por dolo eventual, tras la transmisión a 275 pacientes del virus Hepatitis C. El doctor, anestesista y portador del virus de la Hepatitis C, contagió en las intervenciones médicas que practicaba a los pacientes dicho virus por utilización de agujas que antes utilizaba sobre sí mismo.

Sobre el dolo eventual manifiesta que el doctor era plenamente consciente, por su condición de médico, de la posibilidad de transmitir cualquier enfermedad infecciosa que padeciese y fuese susceptible de contagio por inoculación percutánea o parenteral, a los pacientes a quienes, ignorándolo estos, imponía el compartir el instrumental y fármacos anestésicos en la UCI.

¿En qué consiste la imprudencia?

La **imprudencia** supone una **conducta voluntaria pero no maliciosa** que infringe el deber objetivo de cuidado y produce un resultado lesivo no querido pero previsible y evitable.

Es decir, la imprudencia exige un resultado producido como consecuencia de una conducta en la que se ha omitido la observancia de un deber de cuidado exigible a su autor, además, señala la **sentencia del Tribunal Supremo n.º 1265/2009, de 9 de diciembre, ECLI:ES:TS:2009:8156**: «Igualmente es preciso que, además de la causalidad natural, el resultado producido sea la concreción del riesgo jurídicamente desaprobado creado por aquella conducta. Además, el riesgo debe ser percibido por el autor, y el resultado debe ser previsible y evitable».

Según reiterada jurisprudencia (entre otras, la **STS n.º 317/2021, de 15 de abril, ECLI:ES:TS:2021:1696**), la imprudencia penal aparece estructuralmente configurada por la infracción de los siguientes deberes:

- **Deber de cuidado interno** que obliga a advertir la presencia de un peligro cognoscible y el índice de su gravedad.

- **Deber de cuidado externo** que obliga a comportarse externamente de forma que no se generen riesgos no permitidos o se controlen los creados por terceras personas o por factores ajenos al autor, siempre que el deber de garante de este le obligue a controlar o neutralizar el riesgo ilícito que se ha desencadenado.

A tenor de lo anteriormente expuesto, resulta de interés traer a colación las consideraciones que, respecto del deber de cuidado interno y externo, manifiesta **la Audiencia Provincial de La Rioja en el auto n.º 125/2017, de 20 de abril, ECLI:ES:APLO:2017:142A**:

> «El **deber de cuidado interno** (deber subjetivo de cuidado o deber de previsión) obliga a advertir la presencia de un peligro cognoscible y el ín-

dice de su gravedad, y el **deber de cuidado externo** obliga a comportarse externamente de forma que se controle o neutralice la situación de riesgo previamente advertida o advertible.

En el ámbito externo hay que distinguir, a su vez, entre **reglas generales de cuidado o reglas técnicas y deber objetivo de cuidado.** Las primeras, determinables en el ámbito médico a través del principio lex artis, expresan reglas de conducta para aquellos supuestos en los que la experiencia general demuestra una gran probabilidad de que una acción lesione un bien jurídico. Ahora bien, **ni la infracción de una regla técnica general de cuidado determina, per se, la infracción del deber objetivo de cuidado, ni el cumplimiento de esa regla excluye la posibilidad de la infracción del deber objetivo de cuidado.** Lo contrario supondría la aplicación autonómica de reglas de otros ámbitos del derecho o de la vida en el derecho penal, incurriendo en el 'versare in re ilícita'».

Además, en diversas sentencias, entre ellas, la **sentencia de la AP de Ciudad Real n.º 167/2022, de 12 de septiembre, ECLI:ES:APCR:2022:1308,** se ha configurado la imprudencia médica sobre la base de las siguientes consideraciones:

- **No se incrimina vía delito de imprudencia en función de un simple error científico o del diagnóstico equivocado** —si se ha cumplido la *lex artis*—, a no ser que por su propia categoría o entidad cualitativa o cuantitativa resulten de extrema gravedad.

- **Tampoco se reputa como elemento constitutivo sin más de la imprudencia el hecho de carecer el facultativo** de una pericia que pueda considerarse extraordinaria o de cualificada especialización. Es decir, la imprudencia ha de medirse desde la perspectiva del médico normal.

- **Más allá de puntuales deficiencias técnicas o científicas ha de ponerse el acento de la imprudencia en el comportamiento específico del profesional,** que pudiendo evitar con una diligencia exigible a un médico normal el resultado lesivo, no pone a su contribución una actuación impulsada a contrarrestar las patologías existentes.

- **No basta la mera relación causal entre la conducta del médico y el mal causado,** sino que es necesario que el resultado hubiera podido evitarse con una conducta cuidadosa o, al menos, no hubiera incrementado el riesgo preexistente.

Los delitos más frecuentes en el ámbito de la responsabilidad médica, lesiones y homicidio, se cometerán con carácter general por imprudencia.

Se pueden cometer por imprudencia médica los **delitos de homicidio, lesiones, lesiones al feto y aborto.**

CUESTIÓN

¿Cuáles son, por tanto, los elementos necesarios para apreciar la concurrencia de la imprudencia?

Para dar respuesta a esta cuestión, podemos citar la sentencia del Tribunal Supremo n.º 54/2015, de 11 de febrero, ECLI:ES:TS:2015:385, la cual recoge como jurisprudencia consolidada los elementos necesarios para que concurra la imprudencia concretándolos de la siguiente manera:

«A este respecto la jurisprudencia viene señalando que la imprudencia se configura por la concurrencia de los siguientes elementos: a) una **acción u omisión voluntaria no intencional o maliciosa**, con ausencia de cualquier dolo directo o eventual; b) el factor psicológico o subjetivo consistente en la negligente actuación por **falta de previsión del riesgo**, elemento no homgeneizable y por tanto susceptible de apreciarse en gradación diferenciadora; c) el factor normativo u objetivo representado por la **infracción del deber objetivo de cuidado**, concretado en normas reglamentarias o impuesto por las normas socio culturales exigibles al ciudadano medio, según común experiencia; d) producción del **resultado nocivo**; y e) adecuada **relación causal entre el proceder descuidado desatador del riesgo y el daño o mal sobrevenido**, dentro del ámbito de la imputación objetiva (SSTS. 1382/2000 de 24.10, 1841/2000 de 1.12».

Imprudencia médica y *lex artis*

Conforme a lo anteriormente expuesto, podemos extraer la **íntima relación existente entre la imprudencia médica y la *lex artis***.

Pudimos ver en puntos anteriores, que nuestra jurisprudencia considera que por ser la medicina una ciencia inexacta y estar sujeta a complicaciones biológicas imprevisibles o incontrolables, **no procede una responsabilidad objetiva por el mero daño causado al paciente, sino que basta con examinar si el profesional médico ha cumplido las reglas técnicas exigibles a su oficio para descartar la causalidad**. Al igual que sucedía en las jurisdicciones civil y administrativa, para determinar la responsabilidad penal se tiene en cuenta que el componente de la salud es aleatorio, por lo que se ponderará si el comportamiento del facultativo ha sido inadecuado a determinadas exigencias ordinarias o si, por el contrario, ha incurrido en una patente vulneración de la *lex artis*, debiendo existir una relación de causalidad entre ese proceder y el resultado antijurídico.

Así pues, la *lex artis*, en tanto que conjunto de criterios de buena práctica, debe ser, tal y como se recoge en la **sentencia de la AP de Girona n.º 9/2018, de 15 de enero, ECLI:ES:APGI:2018:1950**, el más importante **nexo de unión entre la medicina y el derecho**:

«Por otra parte, la lex artis, en tanto que conjunto de criterios de buena práctica, debe ser el más importante nexo de unión entre la medicina y derecho. Esta lex artis cabe contemplarla desde diversos niveles, al menos tres: uno es el de los criterios científicos generales de actuación o lex artis propiamente dicha; otro es el de los criterios prudentes de actuación en condiciones de tiempo, lugar, recursos, etc., lo que ha dado en denominarse lex artis ad hoc; y, finalmente, el que alude a los criterios prudenciales de actuación del profesional ante un enfermo concreto en una situación concreta.

Así las cosas, no se debe pues obviar que la culpa médica profesional, sobre todo en lo que al nivel de lex artis se refiere, no la constituye un mero error científico o de diagnóstico, salvo cuando quede constancia de la existencia de un error cuantitativo o cualitativo de extrema gravedad, ello es así, pues la medicina no es una ciencia exacta, sino de difícil aprehensión y no se le puede exigir por ende las exactitudes o precisiones propias de otras ciencias como las matemáticas».

CUESTIÓN

En el ámbito de la responsabilidad sanitaria, ¿cuándo podemos entender que nace la imprudencia?

La imprudencia nace cuando el tratamiento médico o quirúrgico incide en comportamientos descuidados, de abandono y de omisión del cuidado exigible, atendidas las circunstancias del lugar, tiempo, personas, naturaleza de la lesión o enfermedad, que olvidando la *lex artis* conduzcan a resultados lesivos para las personas, e incluye la impericia profesional, en la que el agente activo pese a ostentar un título que le reconoce su capacidad científica o técnica para el ejercicio de la actividad que desarrolla, contradice con su actuación aquella presunta competencia, ya porque en su origen no adquiriese los conocimientos precisos, ya por una inactualización indebida, ya por una dejación inexcusable de los presupuestos de la *lex artis* de su profesión, le conduzcan a una situación de inaptitud manifiesta, o con especial transgresión de deberes técnicos que solo al profesional competen y que convierten la acción u omisión del profesional en extremadamente peligrosa e incompatible con el ejercicio de aquella profesión (**sentencia de la Audiencia Provincial de León n.º 104/2014, de 12 de febrero, ECLI:ES:APLE:2014:127**).

¿Es relevante la falta de consentimiento informado para apreciar la imprudencia médica?

En relación con el consentimiento informado, ¿puede la falta de este llegar a constituirse como elemento que integre la figura de la imprudencia?

No, en el ámbito penal, la falta de consentimiento informado al paciente es irrelevante para construir una posible imprudencia médica profesional. En este sentido, consideramos especialmente ilustrativa la **sentencia de la Audiencia Provincial de Murcia n.º 94/2012, de 3 de abril, ECLI:ES:APMU:2012:905**, que dispone que la posible falta del consentimiento informado, caso de haberse producido, **no es un elemento que integre la figura de la imprudencia sino que se trata de un factor que pudiera afectar a la relación contractual que se da entre el paciente y los facultativos que lo atienden, o que puede servir para configurar una posible infracción de las normas deontológicas de la profesión médica o incluso una solitaria responsabilidad civil.**

Así la posible falta de información sobre los riesgos de la intervención médico-quirúrgica llevada a cabo con un determinado paciente no afecta a la intervención médica habida, ni a la forma de practicarla, ni a los deberes de cuidado o cautela que deben presidir la aplicación de la *lex artis* en el caso de que se trate, ni representa la constatación de una práctica negligente, ni guarda relación causal con el resultado producido. La imprudencia grave profesional, en este caso médica, se construye a partir de la intensidad en el descuido de la norma de cuidado exigible en términos de un individuo de tipo medio, pero no con la mayor o menor información al paciente de los riesgos de la intervención o tratamiento al que se va a someter.

Imprudencia grave o menos grave

La Ley Orgánica 1/2015, de 30 de marzo, modificó el Código Penal e introdujo un nuevo sistema de imprudencia en relación con los delitos de homicidio y lesiones. Así se procedió a destipificar los supuestos de imprudencia leve, que pasaron a enjuiciarse en la jurisdicción civil e introdujo el concepto de imprudencia menos grave. Así pues, **en el sistema actual podemos hablar de dos tipos de imprudencia: grave y menos grave.**

Esta nueva modalidad de imprudencia menos grave no puede equipararse a la antigua imprudencia leve ni se integra totalmente en la grave (**STS n.º 284/2021, de 30 de marzo, ECLI:ES:TS:2021:1159**).

La jurisprudencia ha interpretado que la imprudencia tras la modificación presenta dos niveles o categorías de gravedad, cuya **base común es el deber de cuidado por el sujeto activo pero cuya diferencia radica en la distinta intensidad o relevancia de aquella infracción y del riesgo creado.** En este sentido, resulta de interés la **sentencia del Tribunal Supremo n.º 614/2022, de 22 de junio, ECLI:ES:TS:2022:2543.**

En palabras del Tribunal Supremo, la **imprudencia grave** supone la dejación más intolerable de las conductas fácticas que debe controlar el autor, originando un riesgo físico que produce el resultado dañoso. Y la **imprudencia menos grave** supondría la infracción del deber medio de previsión y cuidado ante la actividad que despliega el agente en el actuar correspondiente a la conducta que es objeto de atención y que es la causalmente determinante con el resultado producido.

Así, por ejemplo, la **sentencia de la Audiencia Provincial de Palencia n.º 74/2011, de 21 de noviembre, ECLI:ES:APP:2011:512**, tilda como imprudencia grave el supuesto en que los médicos, ante los síntomas de dolor en la pierna de la paciente que tenía colocada una férula de escayola, no se tomaron la molestia de examinarla hasta que otra doctora amiga de la paciente observó el mal estado de la pierna, considerando la sentencia que la, «(...) asistencia, con la continuidad y vigilancia necesarias, habrían realizado la exploración directa de la pierna lesionada y así observado la mala evolución de la lesión y, de esta forma, se hubiera posibilitado el precoz y correcto tratamiento antibiótico, desbridar, fasciotomía, amputación e incluso cámara hiperbárica y, quizás, de esta forma se habría evitado el posterior fallecimiento de la paciente (...)».

De otro lado, un ejemplo de condena por imprudencia médica menos grave la encontramos en la **sentencia de la Audiencia Provincial de Las Palmas de Gran Canaria n.º 366/2016, de 25 de octubre, ECLI:ES:APGC:2016:1732**, que considera que la imprudencia no tiene la consideración de grave. En el caso, el hecho de no tener en cuenta un posible diagnóstico, viable a la vista de los resultados del paciente, determinó por la posterior tardanza en practicar una necesaria intervención quirúrgica, la pérdida de un miembro no principal. La Sala determina que no tiene consideración de grave al tener en cuenta que el facultativo actuante tuvo en cuenta otros posibles diagnósticos también probables y que derivó al pediatra al menor.

JURISPRUDENCIA

Sentencia del Tribunal Supremo n.º 805/2017, de 11 de diciembre, ECLI:ES:TS:2017:4867

«En la doctrina científica, tras la entrada en vigor de la Ley Orgánica 1/2015, se pueden distinguir, fundamentalmente, dos posturas en torno a la elaboración conceptual de la nueva categoría de imprudencia menos grave —y su relación con la grave—. En primer lugar, la que tiende a identificar la imprudencia menos grave con la antigua leve, y junto a ella la de quienes la construyen como una tipología de imprudencia intermedia más intensa que la leve anterior, por lo que se separaría de esta última, nutriéndose de supuestos más graves y sin detraer ninguno de la imprudencia grave. En segundo lugar, la que elabora la nueva imprudencia menos grave como desgajada o separada de la grave, al alimentarse de sus conductas más leves, con las consiguientes repercusiones en el derecho transitorio centradas en la posibilidad de aplicación retroactiva de la nueva categoría como más beneficiosa.

La imprudencia menos grave no puede equipararse a la antigua imprudencia leve. Por otra parte, la nueva imprudencia menos grave tampoco se integra totalmente en la imprudencia grave, y no se nutre de las conductas más leves de la imprudencia, sino que constituye una nueva categoría conceptual. La nueva modulación de ese nivel de imprudencia delictiva contempla un matiz diferenciador de grados o niveles de gravedad; la vulneración del deber de cuidado es idéntica en una y otra y la diferencia está en la intensidad o relevancia —la imprudencia leve atípica vendría referida, por exclusión de las otras dos categorías, a la vulneración de deberes de cuidado de insuficiente entidad o relieve y de mayor lejanía a la imprudencia grave—.

La menor gravedad significa, en estos términos, partir de una previa valoración de la entidad o intensidad en la infracción de los deberes referidos, constitutivos de la imprudencia grave, que ante las circunstancias concurrentes, se degrada o desvalora.

Proyectando estas consideraciones al derecho transitorio, no cabría hablar de retroactividad con el argumento de que el nuevo texto surgido de la reforma podría ser más favorable, dado que la imprudencia grave no ha sufrido modificación alguna.

En suma, en una aproximación hermenéutica al concepto de imprudencia menos grave, es precisa una vulneración de cierta significación o entidad de los deberes normativos de cuidado, en particular de los plasmados en los preceptos legales de singular relevancia, sin exclusión de los sociológicos.

*Por tanto, **la imprudencia menos grave ha de situarse en el límite superior de aquellas conductas que antes eran consideradas como leves y que el legislador ha querido expresamente despenalizar, encontrándose supuestos que por la menor importancia y relevancia del deber de cuidado infringido, de conformidad con los requisitos objetivos y subjetivos exigidos por la jurisprudencia para ello,** y a los que con anterioridad se ha hecho referencia, pueden ser considerados como menos graves.*

La imprudencia menos grave puede ser definida como la constitución de un riesgo de inferior naturaleza, a la grave, asimilable en este caso, la menos grave, como la infracción del deber medio de previsión ante la actividad que despliega el agente en el actuar correspondiente a la conducta que es objeto de atención y que es la causalmente determinante, única o plural, con el resultado producido, de tal manera que puede afirmarse que la creación del riesgo le es imputable al agente, bien por su conducta profesional o por su actuación u omisión en una actividad permitida social y jurídicamente que pueda causar un resultado dañoso. Así, mientras la imprudencia grave es la dejación más intolerable de las conductas fácticas que debe controlar el autor, originando un riesgo físico que produce el resultado dañoso, en la imprudencia menos grave, el acento se debe poner en tal consecuencia pero operada por el des-pliegue de la omisión de la diligencia que debe exigirse a una persona en la infracción del deber de cuidado en su actuar (u omitir).

Estas nociones, naturalmente, constituyen generalmente conceptos jurídicos inde-terminados, que necesitan del diseño, en el caso concreto, para operar en la realidad que ha de ser juzgada en el supuesto de autos. La imprudencia grave es, pues, la omisión de la diligencia más intolerable, mediante una conducta activa u omisi-va, que causa un resultado dañoso y que se encuentra causalmente conectada normativamente con tal resultado, mediante la teoría de la imputación objetiva, que partiendo de un previo lazo naturalístico, contribuye a su tipificación median-te un juicio basado en la creación de un riesgo no permitido que es el que opera como conexión en la relación de causalidad».

3.4. El trabajo en equipo

La medicina en equipo supone la **actuación de varios profesionales de la medicina en una intervención sanitaria**, normalmente en intervenciones quirúrgicas. Si en estos casos se produce un resultado dañoso, no es atribui-ble de forma automática al equipo en su conjunto, sino que **debe determi-narse la imprudencia médica de los miembros**.

Así, la **sentencia de la Audiencia Provincial de Las Palmas de Gran Cana-ria n.º 257/2016, de 30 de junio, ECLI:ES:APGC:2016:1253** manifiesta que el fenómeno de la medicina en equipo exige la necesidad de **delimitar las respectivas responsabilidades de los diversos miembros del equipo**, reco-giendo que, en este sentido, la jurisprudencia ha postulado dos principios: el principio de confianza y el principio de división del trabajo.

- El **principio de confianza** supone que cada uno de los miembros del equipo confía que sus colaboradores se comportarán diligentemente, salvo que circunstancias extraordinarias (manifiesta falta de pericia o de cuidado, por ejemplo) le deban conducir a pensar lo contrario.

- El **principio de división del trabajo en equipo** supone la distribución razonable del trabajo y concentración de cada miembro del equipo en sus tareas específicas. Aquí distinguimos la división del trabajo horizontal y vertical.

  - En el primer caso, **trabajo horizontal**, se trata de determinar las responsabilidades entre iguales, por ejemplo, entre el cirujano y el anestesista, donde cada uno tendrá específicas funciones asigna-das por lo que con carácter general cada uno respondería de sus propios actos, salvo que concurriesen errores notorios apreciables por el otro profesional.

  - En el segundo caso, **trabajo vertical**, se determina la responsabili-dad entre los distintos profesionales entre los que existe una rela-ción de subordinación jerárquica (cirujano y enfermeros, celadores, auxiliares, etc.) por lo que el superior tiene los deberes de supervi-sión e instrucción y vigilancia. Sin embargo, deben matizarse los deberes de supervisión e instrucción en el ámbito de la sanidad pública, pues la garantía del proceso de selección exoneraría al superior de la obligación de comprobar en general la capacidad y destreza de sus ayudantes y, con ello, de tener que realizar una labor de preparación o instrucción de sus tareas.

Por último, es interesante al respecto lo señalado en la **sentencia de la Audiencia Provincial de Toledo en su sentencia n.º 27/2004, de 26 de abril, ECLI:ES:APTO:2004:407**, que reza el tenor literal siguiente:

«Este nuevo fenómeno de la medicina en equipo exige tanto en el ámbito jurídico como en el sanitario la necesidad de delimitar las respectivas responsabilidades, normalmente imprudentes, de los diversos miembros del equipo y, en este sentido la dogmática penal ha encontrado y postulado ciertos criterios que permiten tal separación de responsabilidades de los intervinientes en una actividad como es la cirugía, que se desarrolla en régimen de equipo, tales principios o criterios son: el principio de confianza y el principio de división del trabajo. El principio de confianza, trasladado a este campo desde el ámbito de aplicación del derecho de la circulación, donde expresamente se le reconoce, supone a estos efectos que el cirujano puede, en principio, confiar en que sus colaboradores (anestesista, cardiólogo, ATS...) se comportarán diligentemente, salvo que en el caso concreto circunstancias especiales, tales como descuidos graves, ineptitud o falta de cualificación reconocibles, le hagan pensar lo contrario"; y así las cosas, cuando no se apreció en el transcurso de una intervención quirúrgica incidencia importante (que lógicamente no tendría que haber sido ocultada de haber efectivamente sucedido), el equipo actúa dentro de lo que se podría denominar "normalidad operativa", y dentro ese principio de confianza aludido, las operaciones mecánicas finales, en la ausencia de incidente notables, son mucho más relajadas que cuando existieron incidencias, y por ello la imprudencia que comete el médico (no examinar el campo operatorio una vez concluida la intervención y antes de suturar), cuando sus ayudantes no le ponen de manifiesto anomalía alguna, se degrada en virtud de esa misma confianza que le crean sus colaboradores, máxime en supuestos, como el presente, en que se produce el olvido de una gasa por un descuido en el recuento, y de este descuido es responsable el acusado porque es obligación genérica mismo el comprobar que no queda ningún cuerpo extraño en el interior de la cavidad intervenida salvo que se trate de un cuerpo extraño introducido de propósito con fines curativos, como prótesis, material de sutura u otro. Consta en autos como en toda intervención quirúrgica en la que se precise utilización de gasas es obligado proceder al recuento de las mismas antes del cierre de la cavidad intervenida, y que el médico debe cerciorarse de que no queda ninguna gasa en el interior del cuerpo del paciente; siendo el recuento un método para prevenir el descuido de alguna de las gasas utilizadas en el interior del cuerpo, porque las gasas adquieren las características propias del medio y se impregnan de la sangre y materia orgánica de tal manera que es extremadamente complicado distinguirla en el interior del campo operativo; y el cirujano, como responsable máximo de la intervención, es quien debe ejercer el control directo sobre el recuento de las gasas, sin que la posible responsabilidad de otros intervenientes en la operación, médico ayudante y personal sanitario auxiliar, pueda exculparle, por lo que indemostrado quien fuera la persona que erró al contar las gasas que le correspondían, el descuido en el recuento le es imputable, y por ello debe ser condenado como autor de una falta de imprudencia leve del art. 586 bis del Código Penal, estimando en parte el recurso».

3.5. Delitos por el profesional sanitario

Con carácter previo a la explicación de algunos de los delitos del Código Penal que con mayor probabilidad pueden dar lugar a responsabilidad penal de los profesionales sanitarios, debemos hacer una serie de consideraciones previas sobre la configuración del derecho penal que deben tenerse en cuenta.

En primer lugar, debe precisarse, como sabrá el jurista, que **los delitos se castigan con carácter general por comisiones dolosas**. Para castigar el delito en la **modalidad imprudente** debe preverse expresamente en el artículo correspondiente al delito de que se trate. Así lo dispone el **artículo 12 del Código Penal**, en cuya virtud «Las acciones u omisiones imprudentes solo se castigarán cuando expresamente lo disponga la ley».

En segundo lugar, cabe indicar que las **penas** que pueden imponerse van desde la multa y la prisión a la inhabilitación para el ejercicio de la profesión según los casos, lo que debe verificarse en el artículo correspondiente y que será determinado por el juzgador en atención a lo solicitado por el acusador particular y/o el Ministerio Fiscal.

Y, por último, debe tenerse en cuenta que **el consentimiento del sujeto pasivo** solo tendrá incidencia para atenuar la pena en el delito de lesiones o para excluir la tipicidad en los abortos no permitidos por la ley cometidos con anuencia de la mujer embarazada.

> **CUESTIÓN**
>
> **¿Cuáles son los delitos que pueden cometer los sanitarios con mayor probabilidad?**
>
> En lo que respecta a la responsabilidad médica, los delitos que con mayor probabilidad pueden cometer los sanitarios son —aquellos que se pueden cometer por imprudencia profesional— los delitos de homicidio, lesiones, lesiones al feto y aborto (todos estos delitos pueden cometerse tanto con dolo como por imprudencia). Asimismo, existen otros delitos que también pueden ser cometidos por los profesionales de la medicina y que son los delitos de omisión del deber de socorro, la eutanasia y la revelación de secretos profesionales.

Homicidio

El delito de homicidio, que castiga al que «matare a otro», está tipificado en los **artículos 138 y 142 del Código Penal.**

HOMICIDIO				
Artículo 138 del CP	Dolo	Intención de causar la muerte al paciente		Prisión de 10 a 15 años
Artículo 142 del CP	Imprudencia	Falta del deber de cuidado causando la muerte al paciente	Imprudencia grave	Prisión de 1 a 4 años
			Imprudencia menos grave	Multa de 3 a 18 meses
			Imprudencia profesional	Prisión de 1 a 4 años e inhabilitación especial para el ejercicio de la profesión, oficio o cargo por un periodo de 3 a 6 años

|| Doloso

El homicidio doloso se encuentra recogido en el artículo 138 del Código Penal, castigando la actuación dolosa, circunstancia esta que apenas se comete en el ámbito de la medicina.

|| Imprudente

La mayoría de las condenas de homicidio en el ámbito sanitario se imponen en virtud de la **imprudencia profesional**. Como vimos, debe distinguirse en este punto la imprudencia grave y menos grave.

- El apartado primero del artículo 142 del Código Penal, castiga al que por imprudencia grave causare la muerte de otro, contemplando la posibilidad de que se hubiera cometido por imprudencia profesional.

- Por su parte, el apartado segundo del citado texto legal, (art. 142.2 del CP) castiga al que por imprudencia menos grave causare la muerte de otro.

Recoge un pronunciamiento de homicidio imprudente en el ámbito sanitario la **sentencia del Tribunal Supremo n.º 2230/2001, de 27 de noviembre, ECLI:ES:TS:2001:9257,** mediante la que se condena al profesional médico en un caso de fallecimiento de la paciente tras una operación de cirugía estética para aumento de pecho por prolongar indebidamente el traslado a otro centro hospitalario que resultaba necesario para su salud. En este sentido recoge la Sala lo que sigue:

«El resultado producido es típico en cuanto entraña la muerte de una persona, resultado que es concreción de la situación de peligro que supuso para la vida de la paciente prolongar indebidamente el traslado a otro Centro Hospitalario que resultaba necesario para su salud. Puede afirmarse, pues, la imputación objetiva de ese resultado en cuanto en el proceso que culminó en el fallecimiento, conforme a las reglas de la lógica y la experiencia, fue determinante el retraso inexplicable al que se ha hecho referencia, sin que exista razón lógica alguna en la que pueda sostenerse lo contrario».

Lesiones

El delito de lesiones también se puede cometer por dolo o imprudencia.

Como ya se indicó, parece improbable que los profesionales sanitarios puedan actuar con dolo, no obstante, ya vimos anteriormente la condena al anestesista por lesiones cometidas a título de dolo eventual en el mediático «Caso Maeso» (STS n.º 173/2009, de 17 de febrero, ECLI:ES:TS:2009:1241).

LESIONES			
Artículo 147.1 del CP	Causar por cualquier medio o procedimiento lesión que menoscabe la integridad corporal o la salud física o mental si la lesión requiere primera asistencia facultativa y tratamiento médico o quirúrgico.	Dolo	Prisión de 3 meses a 3 años o multa de 6 a 12 meses
		Imprudencia grave	Prisión de 3 a 6 meses o multa de 6 a 18 meses
		Imprudencia profesional	Además de la anterior, inhabilitación especial para el ejercicio de la profesión, oficio o cargo de 6 meses a 4 años
		Imprudencia menos grave	Multa de 1 a 2 meses
Artículo 147.2 del CP	Causar lesión que no requiere tratamiento médico o quirúrgico.	Dolo	Multa de 1 a 3 meses

LESIONES			
Artículo 149.1 del CP	Causar la pérdida o inutilidad de un órgano o miembro principal o de un sentido, la impotencia, la esterilidad, una grave deformidad o una grave enfermedad somática o psíquica.	Dolo	Prisión de 6 a 12 años
		Imprudencia grave	Prisión de 1 a 3 años
		Imprudencia profesional	Además de la anterior, inhabilitación especial para el ejercicio de la profesión, oficio o cargo de 6 meses a 4 años
		Imprudencia menos grave	Multa de 3 a 12 meses
Artículo 150 del CP	Causar la pérdida o inutilidad de un órgano o miembro no principal o deformidad.	Dolo	Prisión de 3 a 6 años
		Imprudencia grave	Prisión de 6 meses a 2 años
		Imprudencia profesional	Además de la anterior, inhabilitación especial para el ejercicio de la profesión, oficio o cargo de 6 meses a 4 años
		Imprudencia menos grave	Multa de 3 a 12 meses

LESIONES			
Artículo 149.2 del CP	Mutilación genital en cualquiera de sus manifestaciones.	Dolo	Prisión de 6 a 12 años
		Imprudencia grave	Prisión de 1 a 3 años
		Imprudencia profesional	Además de la anterior, inhabilitación especial para el ejercicio de la profesión, oficio o cargo de 6 meses a 4 años
		Imprudencia menos grave	Multa de 3 a 12 meses

‖ Lesiones dolosas

El **artículo 147 del Código Penal** castiga el delito de lesiones por dolo en las siguientes modalidades:

| Modalidades básicas

- **Delito menos grave**: el que por cualquier medio o procedimiento causa a otro una lesión que menoscabe su integridad corporal o salud física o mental, siempre que la lesión requiera objetivamente para su sanidad, además de una primera asistencia facultativa, tratamiento médico o quirúrgico. En este caso, el artículo 148 del CP contempla la posibilidad de agravar la pena atendiendo al resultado causado o riesgo producido, en los casos siguientes:
    - Si en la agresión se hubieren utilizado armas, instrumentos, objetos, medios, métodos o formas concretamente peligrosas para la vida o salud, física o psíquica, del lesionado.
    - Si hubiere mediado ensañamiento o alevosía.
    - Si la víctima fuere menor de catorce años o persona con discapacidad necesitada de especial protección.
    - Si la víctima fuere o hubiere sido esposa, o mujer que estuviere o hubiere estado ligada al autor por una análoga relación de afectividad, aun sin convivencia.
    - Si la víctima fuera una persona especialmente vulnerable que conviva con el autor.
- **Delito leve**: el que por cualquier medio o procedimiento causare a otro una lesión que no requiera para su sanidad además de la primera asistencia facultativa, tratamiento médico o quirúrgico.

> **A TENER EN CUENTA.** Con anterioridad al 25/06/2021 la edad que recogía el artículo 148.3.º del Código Penal era la de 12 años, no obstante, mediante la Ley Orgánica 8/2021, de 4 de junio, de protección integral a

la infancia y la adolescencia frente a la violencia se modificó y aumentó a la de 14 años.

| Modalidades específicas

Por un lado, cabe citar los supuestos en que se causare a otro la **pérdida o inutilidad de un órgano o miembro** principal o de un sentido, la impotencia, la esterilidad, una grave deformidad o una grave enfermedad somática o psíquica (art. 149.1 del CP) o se causare la pérdida o inutilidad de un órgano o miembro no principal o la deformidad (art. 150 del CP).

Cabe destacar al respecto, como recuerda la **sentencia de la Audiencia Provincial de Madrid n.º 21/2009, de 13 de febrero, ECLI:ES:APM:2009:3154**, que la jurisprudencia en los casos de deformidades señala la posibilidad de **modulaciones en supuestos de menor gravedad**, en atención a la menor entidad, a la relevancia de la afectación o a las circunstancias de la víctima, así como a la posibilidad de reparación accesible con carácter general, sin riesgos ni especiales dificultades para el lesionado (en este sentido Pleno no jurisdiccional del Tribunal Supremo de 19 de abril de 2002, referenciado por la Sala en, entre otras la **STS n.º 184/2019, de 2 de abril, ECLI:ES:TS:2019:1071**), declarando la **STS n.º 524/2003, de 9 de abril, ECLI:ES:TS:2003:2492**, que «(...) cuando la reparación es sencilla, habitual en su práctica y sin que comporte ningún riesgo para la víctima, no es posible aplicar la deformidad al no concurrir la exigencia de permanencia de la deformidad».

Por otro lado, estaría el caso de la mutilación genital en cualquiera de sus manifestaciones (art. 149.2 del CP).

|| Lesiones imprudentes

En cuanto a las modalidades imprudentes distinguimos la imprudencia grave y la menos grave reguladas en el artículo 152 del Código Penal:

| Imprudencia grave, art. 152.1 del CP:

«El que por imprudencia grave causare alguna de las lesiones previstas en los artículos anteriores será castigado, en atención al riesgo creado y el resultado producido:

1.º Con la pena de prisión de tres a seis meses o multa de seis a dieciocho meses, si se tratare de las lesiones del apartado 1 del artículo 147.

2.º Con la pena de prisión de uno a tres años, si se tratare de las lesiones del artículo 149.

3.º Con la pena de prisión de seis meses a dos años, si se tratare de las lesiones del artículo 150».

| Imprudencia menos grave, art. 152.2 del CP:

«El que por imprudencia menos grave causare alguna de las lesiones a que se refiere el artículo 147.1, será castigado con la pena de multa de uno a dos meses, y si se causaren las lesiones a que se refieren los artículos 149 y 150, será castigado con la pena de multa de tres meses a doce meses».

CUESTIÓN

Tras una operación una paciente tarda en recuperar la consciencia más tiempo de lo que viene siendo habitual en estos casos. El médico anestesista se ausentó y no estaba pendiente del control de la recuperación de los efectos de la anestesia y tampoco ordenó a otro profesional que se ocupara de dicho control en su ausencia ¿nos encontraríamos ante un delito de lesiones por imprudencia?

Sí, y ello en atención a la omisión del deber de cuidado en la que incurre el facultativo en el caso planteado. Así, lo recogía el Tribunal Supremo en su **sentencia, rec. 171/1991, de 26 de abril de 1994, ECLI:ES:TS:1994:2893**: «(...) Resulta incuestionable que el hecho de que se hubiese retrasado la recuperación de la conciencia entrañaba un toque de alarma que exigía extremar todas las medidas precautorias, y especialmente esa constante presencia, con un seguimiento continuo de su evolución, faltando, de modo palmario, a la más elemental prudencia cuando se ausentó, dejando sin asistencia a la recién operada, especialmente cuando la recuperación era anormal».

|| Consentimiento en las lesiones

El **artículo 155 del Código Penal** prevé una **atenuante en los delitos de lesiones** al disponer que, si ha mediado el **consentimiento válida, libre, espontánea y expresamente emitido del ofendido**, se impondrá la pena inferior en uno o dos grados.

Se excepciona, sin embargo, el consentimiento otorgado por un menor de edad o persona con discapacidad necesitada de especial protección.

Asimismo, el **artículo 156 del CP** contempla un supuesto especial de **exención de responsabilidad** en caso de consentimiento válida, libre, consciente y expresamente emitido, **¿cuándo se admite esa posibilidad?** En los supuestos de trasplante de órganos efectuado con arreglo a lo dispuesto en la ley, esterilizaciones y cirugía transexual realizadas por facultativo. **¿Existen excepciones a lo anterior?** Sí, en los casos en que el consentimiento se haya obtenido viciadamente, o mediante precio o recompensa, o el otorgante sea menor de edad o carezca absolutamente de aptitud para prestarlo, en cuyo caso no será válido el prestado por estos ni por sus representantes legales.

|| Lesiones al feto

Este delito también puede cometerse de forma dolosa o imprudente (únicamente grave). Así, los **artículos 157 y 158 del Código Penal** castigan al que, por cualquier medio o procedimiento, causa en el feto lesión o enfermedad que perjudique gravemente su normal desarrollo o provoque en el mismo una grave tara física o psíquica.

LESIONES AL FETO			
Artículos 157 y 158 del CP	Causar en un feto, por cualquier medio o procedimiento, una lesión o enfermedad que perjudique gravemente su normal desarrollo, o provoque en el mismo una grave tara física o psíquica.	Dolo	Prisión de 1 a 4 años e inhabilitación especial para ejercer cualquier profesión sanitaria, o para prestar servicios de toda índole en clínicas, establecimientos o consultorios ginecológicos, públicos o privados, por tiempo de 2 a 8 años.
		Imprudencia grave	Prisión de 3 a 5 meses o multa de 6 a 10 meses.
		Imprudencia profesional	Además, inhabilitación especial para el ejercicio de profesión, oficio o cargo de 6 meses a 2 años.

Encontramos en la práctica de nuestros tribunales numerosas sentencias que abordan la comisión del delito de lesiones al feto por parte de profesionales sanitarios:

La **sentencia dictada por la Audiencia Provincial de Zaragoza n.º 298/2013, de 5 de noviembre, ECLI:ES:APZ:2013:2483**, condena a una comadrona como autora de un delito de lesiones por imprudencia al declarar probada que su actuación fue contraria a la *lex artis* ya que una comadrona tiene formación y capacidad necesarias para realizar la conducción y asistencia del parto que evoluciona con normalidad, identificando los signos indicadores de anomalías que precisen la intervención de un médico y asistir a este, y en su caso adoptar las medidas necesarias en ausencia de médico, teniendo también capacidad para atender ella misma al parto. En el caso, la condenada, pese a los signos claros de sufrimiento fetal que indicaba el registro de la frecuencia cardiaca fetal no avisó de esta anormal situación al ginecólogo, ni llamó al ginecólogo de guardia existente en la clínica, ni atendió ella el mismo parto, limitándose a esperar la llegada del doctor.

En sentido similar al pronunciamiento arriba referenciado se pronuncia la Audiencia Provincial de A Coruña **(sentencia n.º 82/2009, de 30 de septiembre, ECLI:ES:APC:2009:2612)** que abordando un caso de deceleraciones tardías del feto estimaba que merece la calificación de imprudente entendida como la conducta de «(...) "quien, por sus conocimientos específicos por su condición de profesional no advirtió, por impericia, falta de atención o de cuidado, la situación de riesgo que exigía una actuación inmediata para evitar que el riego se concretase en un daño o, al menos, reducir las probabilidades de que éste se produjese"».

Por su parte, la **sentencia del Tribunal Supremo n.º 547/2002, de 27 de marzo, ECLI:ES:TS:2002:2243,** trata las graves lesiones del feto por anoxia cerebral provocada por la vuelta del cordón del neonato que sufrió parálisis cerebral irreversible en un embarazo de larga duración:

> «(...) Del relato de hechos, se desprenden tres circunstancias que adquieren una especial relevancia para la calificación jurídica del hecho:
>
> a) Que se trataba de un embarazo de larga duración (42 semanas), lo que exigía una especial atención y cuidado con objeto de comprobar, en todo momento, si existían síntomas de sufrimiento fetal.
>
> b) Que la acusada, si bien monitorizó a la embarazada el día anterior al parto, en el momento en que ingresa en la Clínica, sólo realiza una monitorización sin registro, que permite la escucha del ritmo cardiaco fetal, del cual, dadas las características técnicas del aparato no queda constancia.
>
> c) Que al tener la evidencia de la aparición de síntomas de sufrimiento fetal, no requiere la intervención urgente de al menos uno de los siete ginecólogos...
>
> 3.-Nos encontramos ante una **conducta claramente omisiva, no maliciosa,** que constituye el arranque del que se debe partir para valorar la naturaleza del comportamiento que se imputa a la acusada. La omisión es especialmente relevante en el caso presente en cuanto que no se practica ningún tipo de control del ritmo cardiaco, del que pudiera desprenderse el evidente sufrimiento fetal. Ello **supone además la infracción de un deber objetivo de cuidado, derivado de una evidente falta de diligencia en la actividad que profesionalmente le estaba encomendada.** Su desarrollo le hubiera permitido comprobar el sufrimiento fetal y actuar en consecuencia a la gravedad de la situación, que se le presentaba evitando así el resultado.
>
> (...)
>
> (...) La temeridad observada, no sólo en el comportamiento de la recurrente, sino también en el médico ginecólogo, merece la **calificación de temeraria.** La omisión del control sobre la parturienta y el feto, la pasividad ante el hecho grave de la presencia de síntomas de sufrimiento fetal, no acudiendo a fuentes inmediatas de evitación del riesgo y limitándose a volver a llamar al ginecólogo, así como la pasividad de éste ante una situación que, por su profesión tenía que saber que era grave, permiten atribuir la imprudencia la máxima calificación posible con arreglo a los parámetros legales de la época en que sucedieron los hechos».

Aborto

ABORTO			
Dolo	Artículo 144 del CP	Aborto sin consentimiento de la mujer o habiendo obtenido su anuencia mediante violencia, amenaza o engaño	Prisión de 4 a 8 años e inhabilitación especial para ejercer cualquier profesión sanitaria, o para prestar servicios de toda índole en clínicas, establecimientos o consultorios ginecológicos, públicos o privados, por tiempo de 3 a 10 años.
	Artículo 145 del CP	Aborto consentido por la mujer fuera de los casos permitidos por la ley	Prisión de 1 a 3 años e inhabilitación especial para ejercer cualquier profesión sanitaria, o para prestar servicios de toda índole en clínicas, establecimientos o consultorios ginecológicos, públicos o privados, por tiempo de 1 a 6 años. Posible pena en su mitad superior si se realiza fuera de centro o establecimiento público o privado acreditado.
	Artículo 145 bis del CP	Aborto dentro de los casos permitidos por la ley sin cumplir alguno de los requisitos	Multa de 6 a 12 meses e inhabilitación especial para prestar servicios de toda índole en clínicas, establecimientos o consultorios ginecológicos, públicos o privados, por tiempo de 6 meses a 2 años. Se impondrá la pena en su mitad superior si se lleva a cabo después de la 22.ª semana de gestación.

ABORTO			
Imprudencia grave	Artículo 146 del CP	Ocasionar un aborto por imprudencia grave	Prisión de 3 a 5 meses o multa de 6 a 10 meses.
Imprudencia profesional	Artículo 146 del CP	Cometer el aborto por imprudencia profesional	Además de la anterior, inhabilitación especial para el ejercicio de la profesión, oficio o cargo de 1 a 3 años.

A TENER EN CUENTA. El artículo 145 bis del CP ha sido modificado por la LO 1/2023, de 28 de febrero, eliminando de esta manera la obligación del facultativo de comprobar antes de practicar un aborto si la mujer ha recibido información previa relativa a los derechos, prestaciones y ayudas públicas de apoyo a la maternidad, así como se elimina también el periodo de espera que contemplaba la legislación.

Otros delitos

Además de los ya examinados, los profesionales sanitarios pueden cometer otros delitos, entre los cuales cabe destacar la omisión del deber de socorro en relación con la denegación de asistencia o el abandono de los servicios sanitarios, el caso específico de la eutanasia o el delito de revelación de secretos.

A TENER EN CUENTA. A partir del 25/06/2021, han quedado despenalizadas todas aquellas conductas eutanásicas en los supuestos y condiciones establecidos en la Ley Orgánica 3/2021, de 24 de marzo, de regulación de la eutanasia.

Omisión del deber de socorro: denegación de asistencia sanitaria o abandono de los servicios sanitarios

Este delito está exclusivamente previsto para los profesionales sanitarios.

El artículo 196 del Código Penal castiga al profesional que estando obligado a ello denegare asistencia sanitaria o abandonare los servicios sanitarios, cuando de la denegación o abandono se derive riesgo grave para la salud de las personas.

Se trata de un delito de peligro que no necesita para su consumación que se produzca un resultado, pero en el que, tal y como pone de relieve la Sala del Tribunal Supremo en la sentencia n.º 648/2015, de 22 de octubre, ECLI:ES:TS:2015:4374, deben concurrir los siguientes requisitos:

- Una conducta omisiva sobre el deber de socorrer a una persona desamparada y en peligro manifiesto y grave, es decir, cuando necesite protección de forma patente y conocida y que no existan riesgos propios o de un tercero, como pueda ser la posibilidad de sufrir lesión o perjuicio desproporcionado en relación con la ayuda que necesita.

- Una repulsa por el ente social de la conducta omisiva del agente.
- Una culpabilidad constituida no solamente por la conciencia del desamparo de la víctima y la necesidad de auxilio, sino además por la posibilidad del deber de actuar.

La existencia de dolo se ha de dar como acreditado en la medida en que el sujeto tenga **conciencia del desamparo y del peligro de la víctima,** bien a través del dolo directo, certeza de la necesidad de ayuda, o del eventual, en función de la probabilidad de la presencia de dicha situación, pese a lo cual se adopta una actitud pasiva.

CUESTIÓN

Requerido un miembro del personal médico de un servicio público de salud a prestar asistencia sanitaria a una persona que se encuentra fuera del centro sanitario, se niega a prestar la referida asistencia alegando que no puede salir del centro y que debe avisarse al servicio de emergencias 112. ¿Incurre el facultativo con su actitud en la comisión del delito de omisión del deber de socorro?

La sentencia del Tribunal Constitucional n.° 180/2004, de 2 de noviembre, ECLI:ECLI:ES:TC:2004:180, señala que el interés jurídicamente protegido por el delito de omisión del deber de socorro es «(...) la mínima cooperación social exigible, la solidaridad humana, la vida o integridad física en peligro, la protección de los bienes primarios en desamparo, junto con el escaso riesgo en prestar el socorro; por tanto, la perspectiva dominante es la del interés de la persona desamparada y, secundariamente, el interés social en el recto comportamiento cooperativo entre los hombres (...)». Así pues, la única justificación que el facultativo podría haber alegado para no incurrir en el delito de omisión de socorro con su conducta sería la de encontrarse, en el momento en que se requieren sus servicios, realizando un acto médico cuyo abandono pudiera, a su vez, suponer un riesgo para otro paciente que en ese momento se encuentre atendiendo (STS n.° 648/2015, de 22 de octubre, ECLI:ES:TS:2015:4374).

|| Eutanasia

El apartado cuarto del **artículo 143 del Código Penal,** como un tipo privilegiado del auxilio al suicidio, castiga mediante el delito de eutanasia al que causare o cooperare activamente con actos necesarios y directos a la muerte de otro, por la petición expresa, seria e inequívoca de este, en el caso de que la víctima sufriera un padecimiento grave, crónico e imposibilitante o una enfermedad grave e incurable, con sufrimientos físicos o psíquicos constantes e insoportables:

> «4. El que causare o cooperare activamente con actos necesarios y directos a la muerte de una persona que sufriera un padecimiento grave, crónico e imposibilitante o una enfermedad grave e incurable, con sufrimientos físicos o psíquicos constantes e insoportables, por la petición expresa, seria e inequívoca de esta, será castigado con la pena inferior en uno o dos grados a las señaladas en los apartados 2 y 3».

A TENER EN CUENTA. No obstante, tras la reforma operada por la Ley Orgánica 3/2021, de 24 de marzo, reguladora de la eutanasia, se han despenalizado determinadas conductas eutanásicas, añadiendo aquella un apartado quinto al citado artículo 143 del CP con el siguiente contenido:

«No obstante lo dispuesto en el apartado anterior, no incurrirá en responsabilidad penal quien causare o cooperare activamente a la muerte de otra persona cumpliendo lo establecido en la ley orgánica reguladora de la eutanasia».

¿Qué se entiende por «cumpliendo con lo establecido en la ley orgánica reguladora de la eutanasia»? Pues, que la prestación de ayuda a morir prevista en la mencionada LO 3/2021, de 24 de marzo, respecto de aquellas personas que la soliciten cuando sufran un padecimiento grave, crónico e imposibilitante o una enfermedad grave e incurable, se lleve a cabo cumpliendo todos los requisitos y condiciones necesarios establecidos en aquella norma, pues solo en ese caso la conducta será atípica. Es decir, en caso contrario, se incurrirá en el delito previsto en el **art. 143.4 del CP**.

Si bien, el **Tribunal Superior de Justicia de Valencia en su sentencia n.º 146/2023, de 25 de abril, ECLI:ES:TSJCV:2023:1165**, deniega el derecho a la eutanasia a través de los siguientes argumentos:

«La Constitución no incluye (explícitamente al menos) el derecho a la eutanasia; lo ha hecho el legislador orgánico. Al tiempo de la resolución administrativa objeto de la impugnación, había entrado en vigor la Ley Orgánica 3/ 2021, de 24 de marzo, de regulación de la eutanasia, sobre cuya constitucionalidad se ha manifestado recientemente el Tribunal Constitucional avalando completamente su texto.

Del preámbulo de la L.O. es oportuno retener lo que expresa su apartado I, último párrafo: <<En definitiva, esta Ley introduce en nuestro ordenamiento jurídico un nuevo derecho individual como es la eutanasia. Se entiende por esta la actuación que produce la muerte de una persona de forma directa e intencionada mediante una relación causa- efecto única e inmediata, a petición informada, expresa y reiterada en el tiempo por dicha persona, y que se lleva a cabo en un contexto de sufrimiento debido a una enfermedad o padecimiento incurable que la persona experimenta como inaceptable y que no ha podido ser mitigado por otros medios. Así definida, la eutanasia conecta con un derecho fundamental de la persona constitucionalmente protegido como es la vida, pero que se debe cohonestar también con otros derechos y bienes, igualmente protegidos constitucionalmente, como JURISPRUDENCIA son la integridad física y moral de la persona (art. 15 CE), la dignidad humana (art. 10 CE), el valor superior de la libertad (art. 1.1 CE), la libertad ideológica y de conciencia (art. 16 CE) o el derecho a la intimidad (art. 18.1 CE). Cuando una persona plenamente capaz y libre se enfrenta a una situación vital que a su juicio vulnera su dignidad, intimidad e integridad, como es la que define el contexto eutanásico antes descrito, el bien de la vida puede decaer en favor de los demás bienes y derechos con los que debe ser ponderado, toda vez que no existe un deber constitucional de imponer o tutelar la vida a toda costa y en contra de la voluntad del titular del derecho a la vida. Por esta misma razón, el Estado está obligado a proveer un régimen jurídico

que establezca las garantías necesarias y de seguridad jurídica.>> Para el legislador, por consiguiente, la eutanasia activa directa -prestación de ayuda para morir- aparece reconocida en nuestro ordenamiento jurídico como un derecho individual. No se dice que sea un derecho fundamental como es el derecho a la vida; lo que se afirma es que la eutanasia conecta con ese derecho fundamental protegido, como también debe cohonestar con los otros derechos fundamentales y libertades públicas recogidos en nuestra Constitución y que reseña este primer apartado del preámbulo. La STC de 22 de marzo de 2023 (publicada en el BOE el día de hoy, pendiente de insertar en la base de datos del CENDOJ) se expresa acerca de la eutanasia activa y directa, indicando que la ley reconoce un derecho subjetivo de naturaleza prestacional (fd quinto), también calificado de derecho público subjetivo. Acerca de los requisitos para que las personas puedan solicitar la prestación de ayuda para morir y las condiciones para su ejercicio, especialmente clarificadora la Exposición de Motivos, en su apartado II: Toda persona mayor de edad y en plena capacidad de obrar y decidir puede solicitar y recibir dicha ayuda, siempre que lo haga de forma autónoma, consciente e informada, y que se encuentre en los supuestos de padecimiento grave, crónico e imposibilitante o de enfermedad grave e incurable causantes de un sufrimiento físico o psíquico intolerables. Se articula también la posibilidad de solicitar esta ayuda mediante el documento de instrucciones previas o equivalente, legalmente reconocido, que existe ya en nuestro ordenamiento jurídico. Retengamos que no basta un padecimiento causado por cualquier enfermedad, porque ha de ser grave, crónico e imposibilitante.

Y no basta la existencia de una enfermedad grave e incurable, porque ha de revestir características añadidas.

De la parte dispositiva de la repetida Ley Orgánica, el artículo 4. 1. dispone que se reconoce el derecho de toda persona que cumpla los requisitos previstos en esta Ley a solicitar y recibir la prestación de ayuda para morir. La sentencia constitucional de 22-3-2023 expresa que el derecho de autodeterminación de la persona protegida por los derechos a la integridad física y moral (Art. 15), en conexión con los principios de dignidad y libre desarrollo de su personalidad (art. 10.1 CE)., garantiza a la persona inmersa en un contexto de sufrimiento extremo como el aquí considerado un espacio de autonomía individual para trazar y llevar a término un proyecto de fin de vida acorde con su dignidad, de acuerdo con sus propias concepciones y valoraciones acerca del sentido de su existencia. Se trata de un ámbito de autonomía que el Estado debe respetar y a cuya efectividad debe contribuir, dentro de los límites impuestos por la existencia de otros derechos y bienes asimismo reconocidos por la constitución. (F.D 6.) Para el buen entendimiento del litigio y de la solución que se da al mismo es capital deparar en los requisitos establecidos en la ley Orgánica 3/ 2021 de 24 de marzo fiscalizada tan recientemente por el T.C declarando su plena sujeción a nuestra Norma Fundamental. Requisitos con carácter acumulativo, lo que se acota en el artículo 5.1 de la LORE; entre ellos el descrito en su letra d): Sufrir una enfermedad grave e incurable o un padecimiento grave, crónico e imposibilitante en los términos establecidos en esta Ley, certificada por el médico responsable. Consiguientemente, el presupuesto se cumplirá en cada caso y en este punto tanto por sufrir una enfermedad grave e incurable como en el supuesto descrito a continuación; una u otra circunstancia concurrente supone el cumplimiento del requisito. Ahora bien, ha de estarse a los términos establecidos en la propia ley orgánica, lo que conduce a las definiciones del artículo 3, en concreto a las dos siguientes: b) «Padecimiento grave, crónico e imposibilitante»: situación que hace referencia a limitaciones que inciden directamente sobre la autonomía física y actividades de la vida diaria, de manera que no permite valerse por sí mismo, así como sobre la capacidad de expresión y relación, y que llevan asociado un sufrimiento físico o psíquico constante e intolerable para quien lo padece, existiendo seguridad o gran probabilidad de que tales limitaciones vayan a persistir en el tiempo sin posibilidad de curación o mejoría apreciable. En ocasiones puede suponer la dependencia absoluta de apoyo tecnológico.c) «Enfermedad grave e incurable»: la que por su naturaleza origina sufrimientos físicos o psíquicos constantes e insoportables sin posibilidad de alivio que la persona considere tolerable, con un pronóstico de vida limitado, en un contexto de fragilidad progresiva.

La STC (F.D 6) se refiere precisamente a la garantía sustantiva prevista por la LORE en la delimitación de un contexto eutanásico como presupuesto fáctico necesario para la solicitud de ayuda a morir, de manera que sólo será viable, junto a otras condiciones en los dos supuestos, bien el de padecimiento grave, crónico e imposibilitante o bien el de enfermedad grave e incurable, pero en los términos que acota la propia ley, como veremos. Acerca del cumplimiento de los requisitos enunciados en el artículo 5.1, su número 2 dispone que No será de aplicación lo previsto en las letras b), c) y e) del apartado anterior en aquellos casos en los que el médico responsable certifique que el paciente no se encuentra en el pleno uso de sus facultades ni puede prestar su conformidad libre, voluntaria y consciente para realizar las solicitudes, cumpla lo previsto en el apartado 1.d), y haya suscrito con anterioridad un documento de instrucciones previas, testamento vital, voluntades anticipadas o documentos equivalentes legalmente reconocidos, en cuyo caso se podrá facilitar la prestación de ayuda para morir conforme a lo dispuesto en dicho documento. En el caso de haber nombrado representante en ese documento será el interlocutor válido para el médico responsable».

Es interesante también, traer a colación la **sentencia del Tribunal Superior de Justicia de Cantabria n.º 217/2023, de 12 de junio, ECLI:ES:TSJ-CANT:2023:706**, que deniega la eutanasia a una persona con una depresión grave:

«Continuando con el objeto del pleito, el artículo 5.d) de la Ley determina, como requisito para poder acceder a la prestación de ayuda a morir: "Sufrir una enfermedad grave e incurable o un padecimiento grave, crónico e imposibilitante en los términos establecidos en esta Ley, certificada por el médico responsable".

En nuestro caso, **la comisión de valoración consultó con una psiquiatra, que es el médico adecuado por la especialidad de la enfermedad sufrida por la solicitante: depresión grave.**

El artículo 3 de la Ley nos da las definiciones a los conceptos anteriores: para encontrarnos ante una enfermedad grave es necesario 1º.- un sufrimiento físico o psíquico constante e insoportable. 2º.- sin posibilidad de alivio que la persona considere tolerable, con un pronóstico de vida limitado, en un contexto de fragilidad progresiva.

Se trata, por lo tanto, de una cuestión de prueba, para determinar si la solicitante está dentro de esos conceptos antes citados. Y nos encontramos los siguientes informes periciales:

1º.- El del médico responsable de la prestación de ayuda a morir que dice: " Motivo de la denegación: no existe criteros. Sin duda, padece una enfermedad crónica que conlleva gran sufrimiento psíquico. Sin embargo es completamente autónoma y se relaciona perfectamente con el entorno. Su pronóstico de vida no está limitado ni sufrirá fragilidad progresiva. Hace un tiempo, en misma situación, recibió clases de lengua castellana y matemáticas, y en un futuro podría volver a realizar estas actividades".

2º.- La psiquiatra consulta por la comisión, al efecto de poder resolver, informa: " le aconsejo ingreso psiquiátrico pero la paciente se niega en rotundo y le aconsejo la posibilidad de ser valorada en la Unidad de Depresivos Resistentes para tratamiento con Esquietamina, se niega nuevamente en redondo, me dice que está haciendo los papeles de la Eutanasia, que no quiere nuevos tratamientos, que ya ha tomado muchos y que no se le puede obligar... me plantea que lo que quiere es que le ayude con lo de la Eutanasia, le digo que no estoy de acuerdo con su posición-demanda, que opino que hay cosas para intentar terpéuticamente (tratamiento con TEC, tratamiento con Esquietamina, nuevos fármacos), dejó abierta la posibilidad de que se ponga en contacto si modifica su posición respecto a las alternativas terapéuticas "Y concluye en su informe:" Tras analizar todo lo anterior, (Historia Clínica de la paciente, valoraciones realizadas por el médico responsable y la psiquiatra) considero que la Comisión de Garantía y Evaluación debe desestimar la reclamación realizada por Eulalia. Están bien fundamentadas las valoraciones realizadas por los dos profesionales anteriormente mencionados, médico responsable y psiquiatra de la unidad de salud mental, que la atienden".

De forma que nos encontramos con una enfermedad que tiene posibilidades terapéuticas para mejorar, con una paciente autónoma, con pronóstico de vida no limitado...

A pesar de que la parte recurrente niega lo acertado de estos informes, no presenta otros en contra, y la prueba practicada a instancia de la Sala, en virtud de la posibilidad recogida en el artículo 61 de la LJCA, coincide en su conclusión, con los dos informes médicos ya analizados, ya que dice: "que su enfermedad es grave y le causa tristeza y desesperanza extrema, que podría ser tratada medicamente. La paciente no ha agotado sus alternativas terapéuticas que ofrecen la posibilidad de una mejora real. Que el deseo de muerte de la recurrente es una sintomatología de su enfermedad".

Por lo que se debe confirmar la corrección de la resolución recurrida, sin que quepa hablar de falta de respeto a derechos fundamentales, toda vez que, el trámite para poder ejercitar su derecho, ha sido concedido a la recurrente, de la forma prevista en la Ley Orgánica reguladora de la

Eutanasia, pero, no se ha reconocido como titular de la prestación, por no concurrir en ella los requisitos médico-legales previstos, tal y como se desprende de la prueba pericial valorada».

En lo que aquí nos interesa, el **marco de actuación del personal sanitario** que atienda a estas personas es el siguiente:

> **Procedimiento a seguir por el médico responsable cuando exista una solicitud de prestación de ayuda a morir (art. 8 de la LO 3/2021, de 24 de marzo)**

Recibida la primera solicitud de prestación de ayuda a morir, el médico responsable, una vez verificados que se cumplen los requisitos para recibir la prestación, realizará con el paciente solicitante un proceso deliberativo sobre su diagnóstico, posibilidades terapéuticas y resultados esperables, así como sobre posibles cuidados paliativos, asegurándose de que comprende la información que se le facilita, debiendo facilitarle dicha información por escrito en el plazo máximo de 5 días naturales (sin perjuicio de que esta sea explicada directamente al paciente).

> **CUESTIÓN**
>
> **¿Qué entendemos por «médico responsable»?**
>
> De conformidad con lo previsto en el **artículo 3 de la LO 3/2021, de 24 de marzo**, con médico responsable nos referiremos a aquel facultativo que tiene a su cargo coordinar toda la información y asistencia sanitaria del paciente, el cual ostentará la interlocución principal con el mismo, sin perjuicio de las obligaciones del resto de los profesionales que participan en las actuaciones asistenciales.

Transcurridos 15 días naturales desde la primera solicitud, y una vez recibida la segunda, el médico responsable, en el plazo de 2 días naturales, retomará con el paciente solicitante el proceso deliberativo al objeto de atender, en el plazo máximo de 5 días naturales, cualquier duda o necesidad de ampliación de información que se le haya planteado al paciente tras la información proporcionada después de la presentación de la primera solicitud.

Transcurridas veinticuatro horas tras la finalización del proceso deliberativo antedicho, el médico responsable recabará del paciente solicitante su decisión de continuar o desistir de la solicitud de prestación de ayuda para morir:

- En el caso de que el paciente manifestara su deseo de continuar con el procedimiento, el médico responsable deberá comunicar esta circunstancia al equipo asistencial, especialmente a los profesionales de enfermería, así como, en el caso de que así lo solicitara el paciente, a los familiares o allegados que señale. Igualmente, deberá recabar del paciente la firma del documento del consentimiento informado. Asimismo, el médico responsable deberá consultar a un médico consultor quien, tras estudiar la historia clínica y examinar al paciente, emitirá un informe que pasará a formar parte de la historia clínica del paciente y cuyas conclusiones deberán también ser comunicadas a este en el plazo máximo de 24 horas.

- En el caso de que el paciente decidiera desistir de su solicitud, el médico responsable pondrá este hecho igualmente en conocimiento del equipo asistencial.

> **CUESTIÓN**
>
> **¿Quién es el denominado «médico consultor»?**
>
> Aquel facultativo con formación en el ámbito de las patologías que padece el paciente y que no pertenece al equipo del médico responsable.

Por último, el médico responsable, deberá poner los hechos en conocimiento del presidente de la Comisión de Garantía y Evaluación, en el plazo máximo de 3 días hábiles a los efectos de que esta lleve a cabo una verificación sobre la concurrencia de los requisitos y condiciones establecidos para el correcto ejercicio del derecho a solicitar y recibir la prestación de ayuda a morir, cuyo resolución definitiva será trasladada al médico responsable que realizó la comunicación para proceder, en su caso, a realizar la prestación de ayuda para morir.

> **CUESTIÓN**
>
> **¿Qué ocurrirá si la Comisión de Garantía y Evaluación emite una resolución desfavorable de la solicitud de prestación de ayuda a morir?**
>
> En ese caso el médico no contará con la exención de responsabilidad prevista en el apartado quinto del **artículo 143 del Código Penal** y deberá abstenerse de llevar a cabo la prestación solicitada por el paciente, pudiendo incurrir, en caso contrario, en el tipo privilegiado de auxilio al suicidio previsto en el apartado 4 del citado precepto. Asimismo, cabe advertir que la resolución desfavorable de la solicitud de prestación de ayuda podrá ser recurrida ante la jurisdicción contencioso-administrativa.

Recibida resolución positiva por parte de la Comisión de Garantía y Evaluación, la realización de la prestación de ayuda para morir debe hacerse con el máximo cuidado y profesionalidad por parte de los profesionales sanitarios, con aplicación de los protocolos correspondientes, que contendrán, además, criterios en cuanto a la forma y tiempo de realización de la prestación.

En el caso de que el paciente se encuentre consciente, este deberá comunicar al médico responsable la modalidad en la que quiere recibir la prestación de ayuda para morir:

- En los casos en los que la prestación de ayuda para morir lo sea mediante la administración al paciente de una sustancia por parte del profesional sanitario competente, el médico responsable, así como el resto de profesionales sanitarios, asistirán al paciente hasta el momento de su muerte.

- En el supuesto en el que la modalidad de prestación de ayuda a morir consiste en la prescripción o suministro al paciente por parte del profesional sanitario de una sustancia, de manera que esta se la pueda auto administrar, para causar su propia muerte, el médico responsable, así como el resto de profesionales sanitarios, tras prescribir la sustancia que el propio paciente se autoadministrará, mantendrá la debida tarea de observación y apoyo a este hasta el momento de su fallecimiento.

Procedimiento a seguir cuando se aprecie que existe una situación de incapacidad de hecho (art. 9 de la LO 3/2021, de 24 de marzo)

En aquellos casos en los que el médico responsable certifique que el paciente carece de entendimiento y voluntad suficientes para regirse de forma autónoma, plena y efectiva por sí mismo, no encontrándose pues en el pleno uso de sus facultades ni puede prestar su conformidad libre, voluntaria y consciente para realizar las solicitudes, siempre que este sufra una enfermedad grave e incurable o un padecimiento grave, crónico e imposibilitante en los términos de la LO 3/2021, de 24 de marzo, y haya suscrito con anterioridad un documento de instrucciones previas, **testamento vital, voluntades anticipadas o documentos equivalentes legalmente reconocidos**, se podrá facilitar la prestación de ayuda para morir conforme a lo dispuesto en dicho documento. En el caso de haber nombrado representante en ese documento será el interlocutor válido para el médico responsable.

La valoración de la situación de incapacidad de hecho por el médico responsable se hará conforme a los protocolos de actuación que se determinen por el Consejo Interterritorial del Sistema Nacional de Salud.

Delito de revelación de secretos

El **artículo 7 de la Ley 41/2002, de 14 de noviembre, de autonomía del paciente y de derechos y obligaciones en materia de información y documentación clínica,** declara el **derecho del paciente a que se respete el carácter confidencial de los datos referentes a la salud y a que nadie pueda acceder a ellos sin autorización previa amparada por la ley:**

«1. Toda persona tiene derecho a que se respete el carácter confidencial de los datos referentes a su salud, y a que nadie pueda acceder a ellos sin previa autorización amparada por la Ley.

2. Los centros sanitarios adoptarán las medidas oportunas para garantizar los derechos a que se refiere el apartado anterior, y elaborarán, cuando proceda, las normas y los procedimientos protocolizados que garanticen el acceso legal a los datos de los pacientes».

El **artículo 199 del Código Penal** castiga al que revele secretos ajenos de los que tenga conocimiento por razón de su oficio y al que divulgue los secretos de otra persona incumpliendo su obligación de sigilo o reserva.

«1. El que revelare secretos ajenos, de los que tenga conocimiento por razón de su oficio o sus relaciones laborales, será castigado con la pena de prisión de uno a tres años y multa de seis a doce meses.

2. El profesional que, con incumplimiento de su obligación de sigilo o reserva, divulgue los secretos de otra persona, será castigado con la pena de prisión de uno a cuatro años, multa de doce a veinticuatro meses e inhabilitación especial para dicha profesión por tiempo de dos a seis años».

En este sentido, podemos traer a colación la resolución esgrimida por la Sala del **Tribunal Supremo** que a través de la sentencia n.º 574/2001, de 4

de abril, ECLI:ES:TS:2001:2826, que condenaba a la acusada por un delito de revelación de secretos, confirmando así la sentencia de primera instancia que declaraba:

«Que la acusada Claudia, prestaba sus servicios como especialista neuróloga y en concepto de médico residente en el Hospital General de Valencia dependiente de la Diputación Provincial de Valencia desde 1992. Que en los primeros días del mes de Diciembre de 1996, fueron solicitados sus servicios profesionales, a fín de prestar asistencia neurológica a Valentina, la que estaba ingresada en la Sección de Ginecología, dado el estado de gestación en que se encontraba. Que al visitar la acusada a la paciente, ésta reconoció a aquella por razones de proceder sus familias de la pequeña localidad de la provincia de Cuenca, Villarca. Por la doctora y acusada, se tuvo que examinar el historial clínico de la paciente en la que constaba entre otras circunstancias transcendentes, como antecedentes quirúrgico "la existencia de dos interrupciones legales de embarazo", circunstancia ésta que fue manifestada a su madre la que a la primera ocasión, en el pueblo, indicó a la hermana de la gestante el hecho, ya conocido por ésta, del estado de gravidez actual y la precedente existencia de dos anteriores interrupciones legales».

3.6. La responsabilidad civil

Hablaremos de dos tipos de responsabilidades:

- Directa.
- Subsidiaria.

Responsabilidad civil directa

En el ámbito penal también es posible hablar de una responsabilidad civil, en tanto, existiendo sentencia condenatoria, la persona criminalmente responsable del delito también lo será civilmente. Pero **¿en qué casos cabe hablar de dicha responsabilidad civil?** Pues bien, en aquellos casos en que del hecho se deriven daños o perjuicios. En este sentido, se pronuncia el artículo 116 del CP:

«1. Toda persona criminalmente responsable de un delito lo es también civilmente si del hecho se derivaren daños o perjuicios. Si son dos o más los responsables de un delito los jueces o tribunales señalarán la cuota de que deba responder cada uno.

2. Los autores y los cómplices, cada uno dentro de su respectiva clase, serán responsables solidariamente entre sí por sus cuotas, y subsidiariamente por las correspondientes a los demás responsables.

La responsabilidad subsidiaria se hará efectiva: primero, en los bienes de los autores, y después, en los de los cómplices.

Tanto en los casos en que se haga efectiva la responsabilidad solidaria como la subsidiaria, quedará a salvo la repetición del que hubiere pagado contra los demás por las cuotas correspondientes a cada uno.

3. La responsabilidad penal de una persona jurídica llevará consigo su responsabilidad civil en los términos establecidos en el artículo 110 de este Código de forma solidaria con las personas físicas que fueren condenadas por los mismos hechos».

Responsabilidad civil subsidiaria

Junto con aquella responsabilidad civil directa, el Código Penal prevé la subsidiaria de determinadas personas naturales o jurídicas **con vínculo contractual o de dependencia con el responsable penal** (art. 120 del CP).

La jurisprudencia ha ido perfilando los requisitos necesarios para poder declarar la responsabilidad subsidiaria. Siguiendo los comentarios esgrimidos por el Magistrado Francisco Soto Nieto en la Revista «Derecho y Salud» Volumen 4. Número 1- 1996, «La responsabilidad civil subsidiaria en el proceso penal contra los profesionales sanitarios», publicada por la Asociación Juristas de la Salud, podemos declarar la necesidad de que se cumplan los siguientes presupuestos:

- Basta con la existencia de **cierta dependencia** de modo que la actuación del responsable directo se halle potencialmente sometida a una posible intervención del segundo, hallándose el delito generador de la responsabilidad en el ejercicio de las funciones encomendadas (**STS, rec. 685/1991, de 9 de diciembre de 1992, ECLI:ES:TS:1992:8928**).

- El delito generador de responsabilidad debe hallarse inscrito dentro de un **ejercicio normal o anormal de las funciones encomendadas**. Es decir, la responsabilidad subsidiaria se declara, aunque el «directo» se haya extralimitado en sus funciones. Como dispone la Sala del **Tribunal Supremo en su sentencia n.° 241/1996 de 18 de marzo, ECLI:ES:TS:1996:1679**, «(...) es suficiente con que la actuación del funcionario o empleado esté potencialmente sometida a la vigilancia e intervención directa del órgano administrativo, aunque se haya producido una cierta extralimitación en el comportamiento del sujeto activo del delito».

Asimismo, el **Tribunal Supremo en la sentencia n.° 264/2022, de 18 de marzo, ECLI:ES:TS:2022:1022**, señala que:

> «Conforme reiterada jurisprudencia, para que proceda declarar la responsabilidad civil subsidiaria en el caso del artículo 120.4 del Código Penal, es preciso, de un lado, que entre el infractor y el presunto responsable civil subsidiario se hallan ligados por una relación jurídica o de hecho o por cualquier otro vínculo, en virtud del cual el primero se halle bajo la dependencia onerosa o gratuita, duradera y permanente,

o puramente circunstancial y esporádica, de su principal, o, al menos, que la tarea, actividad, misión, servicio o función que realice, cuenten con el beneplácito, anuencia o aquiescencia del supuesto responsable civil subsidiario; y de otro lado que el delito que genera la responsabilidad se halle inscrito dentro del ejercicio normal o anormal de las funciones desarrolladas en el seno de la actividad, cometido a tener, confiados al infractor, perteneciendo a su esfera o ámbito de aplicación una interpretación extensiva que no aparece limitada por los principios 'in dubio pro reo' ni por la presunción de inocencia, propios de las normas sancionadoras, admitiéndose que en la configuración del primer requisito, la dependencia, se integran situaciones de amistad, liberalidad, aquiescencia o beneplácito, y en el de la funcionalidad, la potencial utilización del acto para la empresa, organismo a cuyo servicio se encontrara el dependiente.

Se incluyen las extralimitaciones en el servicio, pues difícilmente se generaría la responsabilidad civil cuando el dependiente cumple escrupulosamente todas sus tareas, siempre que éste no extraviase el ámbito o esfera de actuación que constituye entre el responsable penal y el civil subsidiario. Como señalaba esta Sala en sentencia 1557/2002: 'extralimitaciones siempre hay cuando se cometen infracciones penales', idea que viene pretendiéndose en las SS. 1491/2000, 1561/2002 y 1372/2003, entre otras muchas. Son muy frecuentes las resoluciones de esta Sala que contemplan casos en los que la actuación del condenado penal se ha producido excediéndose de los mandatos expresos o tácitos del titular de la empresa acusada como responsable civil subsidiaria, o vulnerando normas legales o reglamentarias.

Pero es más, el requisito exigido para la aplicación de este artículo 120.4 del Código Penal, nada tiene que ver con el apartamiento o no del obrar del acusado respecto de lo ordenado por su principal. La condición exigida se contrae a que el responsable penal ha de haber actuado con cierta dependencia en relación a la empresa, dependencia que no se rompe con tales extralimitaciones. Ello, consecuencia de que la interpretación de aquellos dos requisitos debe efectuarse con amplitud (STS 27-6-2012, n° 569/2012), apoyándose la fundamentación de tal responsabilidad civil subsidiaria no solo 'en los pilares tradicionales de la culpa' ' in eligendo y la culpa in vigilando', sino también sobre todo en la teoría del riesgo, conforme al principio 'qui sentire commodum, debet sentire incommodum' (SSTS. 525/2005 de 27.4, 948/2005 de 19 de julio), de manera que quien se beneficia de actividades que de alguna forma puedan generar un riesgo para terceros debe soportar las eventuales consecuencias negativas de orden civil respecto de esos terceros cuando resulten perjudicados, admite incluso la aplicación de esta clase de responsabilidad civil en los casos en que la actividad desarrollada por el delincuente no produce ningún beneficio en su principal 'bastando para ello una cierta dependencia, de forma que se encuentre sujeta tal actividad, de algún modo, a la voluntad del principal, por tener esta la posibilidad de incidir sobre la misma', lo que constituye una versión inequívoca de la teoría de creación del riesgo mencionada más arriba».

CUESTIONES

1. Si un profesional sanitario que trabaja en un centro médico privado resulta criminalmente responsable de un delito en el ejercicio de sus funciones, ¿quién responderá civilmente de la indemnización por los daños y perjuicios causados a la víctima?

El apartado cuarto del artículo 120 del Código Penal declara que son también responsables subsidiarios, esto es, en defecto de los que lo sean criminalmente, «las personas naturales o jurídicas dedicadas a cualquier género de industria o comercio, por los delitos que hayan cometido sus empleados o dependientes, representantes o gestores en el desempeño de sus obligaciones o servicios». Así pues, podemos concluir que, si el profesional sanitario desempeña su actividad en un centro médico privado, este último responderá civilmente, en defecto del condenado, de la indemnización de daños y perjuicios causados a la víctima.

2. ¿Y si el condenado desempeña su actividad profesional en la sanidad pública?

Si el facultativo desempeña su actividad profesional en la sanidad pública también prevé el Código Penal que el ente público asuma la responsabilidad civil subsidiaria derivada de delito, como dispone el artículo 121 del Código Penal:

«El Estado, la Comunidad Autónoma, la provincia, la isla, el municipio y demás entes públicos, según los casos, responden subsidiariamente de los daños causados por los penalmente responsables de los delitos dolosos o culposos, cuando éstos sean autoridad, agentes y contratados de la misma o funcionarios públicos en el ejercicio de sus cargos o funciones siempre que la lesión sea consecuencia directa del funcionamiento de los servicios públicos que les estuvieren confiados, sin perjuicio de la responsabilidad patrimonial derivada del funcionamiento normal o anormal de dichos servicios exigible conforme a las normas de procedimiento administrativo, y sin que, en ningún caso, pueda darse una duplicidad indemnizatoria.

Si se exigiera en el proceso penal la responsabilidad civil de la autoridad, agentes y contratados de la misma o funcionarios públicos, la pretensión deberá dirigirse simultáneamente contra la Administración o ente público presuntamente responsable civil subsidiario».

Ahora bien, tal y como prevé el artículo, en este caso, deben darse **dos requisitos indispensables** para que la Administración responda subsidiariamente:

- Que la lesión sea consecuencia directa del funcionamiento de los servicios públicos que les estuvieren confiados.

- Que la acción penal se dirija simultáneamente contra la Administración o ente público de que se trate.

ANEXO I.
CASOS PRÁCTICOS

Caso práctico | Responsabilidad penal por error de diagnóstico

PLANTEAMIENTO

Un paciente acude al centro médico en dos ocasiones por dolor en el ojo, refiriendo que tiene un cuerpo extraño. Los doctores observan adecuada tensión ocular y agudeza visual, pero no hacen radiografía simple de órbita que, según peritos médicos expertos en la especialidad, es aconsejable en traumatismos oculares de riesgo y hubiese detectado la viruta que finalmente le provocó la pérdida de visión. ¿Existe imprudencia médica?

RESPUESTA

Con carácter general, el error de diagnóstico no es penalmente relevante a no ser que sea de excesiva gravedad. En el caso analizado, la Sala de la Audiencia Provincial de La Rioja, en su **SAP La Rioja n.º 178/2012, de 14 de diciembre, ECLI:ES:APLO:2012:690**, concluye la no gravedad del error de diagnóstico puesto que el informe pericial manifiesta que solo una extraordinaria diligencia («un oftalmólogo extremadamente escrupuloso») impondría la realización de la radiografía.

Para más información, resulta interesante la lectura de las siguientes sentencias respecto a la imprudencia:

- SAP León n.º 104/2014, de 12 de febrero, ECLI:ES:APLE:2014:127.
- STS n.º 805/2017, de 11 de diciembre, ECLI:ES:TS:2017:4867.

Caso práctico | Secuelas a consecuencia de una intervención quirúrgica. ¿Quién es responsable?

PLANTEAMIENTO

Como consecuencia de una intervención quirúrgica, una paciente que se había sometido a una operación quirúrgica presenta secuelas por los graves errores del anestesista en el suministro de la dosis de anestesia. ¿Responderá todo el equipo médico que intervino en la operación por el resultado dañoso?

RESPUESTA

No, en principio, únicamente responderá del resultado dañoso el anestesista, y ello en virtud de los principio de **confianza y división horizontal del trabajo**: «(...) La aplicación del principio de división de trabajo horizontal implica que cada uno, a un mismo nivel de formación como especialistas, complementándose en el trabajo, desarrolla sus propias funciones de las que son responsables, completándose este principio con el de confianza, por el que **el cirujano cree que la actuación del anestesista va a ser diligente, no respondiendo el mismo, cuando tal dedicación y profesionalidad fallan, a no ser que de algún modo participe de tal defecto o que, siendo sabedor de tales fallos, los admita, en cuyo caso responderá pero no por la negligencia del anestesista, sino por la suya propia, al participar en aquella negligencia o al consentirla (...)**». (SAP de las Palmas de Gran Canaria n.º 257/2016, de 30 de junio, ECLI:ES:APGC:2016:1253).

La medicina en equipo supone la actuación de varios profesionales de la medicina en una intervención sanitaria, normalmente en intervenciones quirúrgicas. Si en estos casos se produce un resultado dañoso, no es atribuible de forma automática al equipo en su conjunto, sino que **debe determinarse la imprudencia médica de los miembros.**

Como dice la **SAP de Las Palmas n.º 257/2016**, antes citada, este fenómeno exige la necesidad de delimitar las respectivas responsabilidades de los diversos miembros del equipo. En este sentido, la jurisprudencia ha postulado dos principios: el **principio de confianza** y el **principio de división del trabajo**.

El **principio de confianza supone** que cada uno de los miembros del equipo confía que sus colaboradores se comportarán diligentemente, salvo que circunstancias extraordinarias (manifiesta falta de pericia o de cuidado, por ejemplo) le deban conducir a pensar lo contrario.

El **principio de división del trabajo en equipo supone** la distribución razonable del trabajo y concentración de cada miembro del equipo en sus tareas específicas. Aquí distinguimos la división del trabajo horizontal y la vertical.

En el primer caso, se trata de determinar las responsabilidades entre iguales, por ejemplo, entre el cirujano y el anestesista, donde cada uno tendrá específicas funciones asignadas, por lo que, con carácter general, cada uno respondería de sus propios actos, salvo que concurriesen errores notorios apreciables por el otro profesional.

En el segundo caso, se determina la responsabilidad entre los distintos profesionales entre los que existe una relación de subordinación jerárquica (cirujano y enfermeros, celadores, auxiliares, etc.), por lo que el superior tiene los deberes de supervisión e instrucción y vigilancia. Sin embargo, deben matizarse los deberes de supervisión e instrucción en el ámbito de la sanidad pública, pues la garantía del proceso de selección exoneraría al superior de la obligación de comprobar, en general, la capacidad y destreza de sus ayudantes y, con ello, de tener que realizar una labor de preparación o instrucción de sus tareas.

Caso práctico | ¿Es responsable la Administración sanitaria por la utilización de un producto médico defectuoso?

PLANTEAMIENTO

«X» es sometido a intervención quirúrgica. La Administración sanitaria lleva a cabo dicha intervención de forma correcta y adecuada. Sin embargo, como consecuencia de que durante la misma se utiliza un producto sanitario defectuoso, «X» sufre la pérdida total de visión en un ojo. La toxicidad del producto utilizado en la operación fue descubierta con posterioridad a su utilización en la intervención. Además, el producto sanitario empleado había sido previamente autorizado por la Administración competente (Agencia Española de Medicamentos y Productos Sanitarios).

¿Debe responder la Administración sanitaria que realizó la intervención por los daños y perjuicios causados a «X»?

RESPUESTA

No. Si la intervención quirúrgica ha sido realizada de forma correcta y adecuada (conforme a la *lex artis*), no nos encontramos ante un supuesto de responsabilidad patrimonial de la Administración, puesto que el riesgo no se deriva de la utilización del producto sanitario (es decir, del acto médico), sino de la defectuosa fabricación o producción del mismo, siendo a esta actuación a la que debe imputarse el perjuicio causado. Por tanto, **es a dicha fabricación incorrecta a la que debe atribuirse la responsabilidad**. Así pues, «X» deberá reclamar los perjuicios causados como consecuencia del producto sanitario empleado, bien al fabricante, bien al distribuidor, bien a la Agencia Española de Medicamentes y Productos Sanitarios.

Respecto de un supuesto de estas características se ha pronunciado de forma reciente el Tribunal Supremo en la **STS n.º 92/2021, de 28 de enero, ECLI:ES:TS:2021:338**, concluyendo que la Administración sanitaria, cuyos facultativos realizan correcta y adecuadamente una intervención quirúrgica de conformidad con la *lex artis*:

> «(...) no debe responder de las lesiones causadas a un paciente como consecuencia de la utilización de un producto sanitario defectuoso, cuya toxicidad se descubre y alerta con posterioridad a su utilización, previamente autorizada por la Agencia Española de Medicamentos y Productos Sanitarios, debiendo la responsabilidad recaer en el productor o, en su caso, en la Administración con competencias para autorizar y vigilar los medicamentos y productos sanitarios, de concurrir las concretas circunstancias necesarias para ello».

Caso práctico | Posible comisión por omisión de un delito de aborto por enfermera

PLANTEAMIENTO

Una embarazada se persona en el hospital por encontrarse en el periodo final del embarazo y tener contracciones cada cinco minutos. Atendida por la facultativa de guardia, fue monitorizada y, entendiendo esta que el parto no estaba próximo, se le requirió a la paciente para que cuando las contracciones fueran cada dos o tres minutos avisara a una enfermera. Esa noche, y tras comenzar a tener fortísimos dolores y con contracciones cada cinco minutos, la paciente avisa en varias ocasiones a la enfermera de la planta («MM» —diplomada en enfermería y que prestaba sus servicios con nombramiento como personal estatutario temporal de sustitución—) que, tras manifestarle a la paciente que el dolor entraba dentro de la normalidad, le dijo que no llamara hasta que las contracciones fueran cada dos o tres minutos, sin que dicha profesional, ante los fuertes dolores, recabara la ayuda de matrona o facultativo de guardia.

A la mañana siguiente, tras requerir nuevamente la paciente asistencia por los dolores, la enfermera del turno de la mañana remite a la paciente a partos para «valorar», no detectándose ya latido del feto, siendo avisado el doctor y no pudiendo más que confirmarse que el feto había fallecido en el transcurso de la noche.

¿Podrá ser considerada la enfermera «MM» como autora de un delito de aborto en comisión por omisión por imprudencia grave previsto y penado en el artículo 146 del Código Penal?

RESPUESTA

Resuelve un supuesto de hechos como el caso expuesto la Sala de la Audiencia Provincial de Alicante, revocando la resolución de instancia y absolviendo a la enfermera enjuiciada «MM» del delito de aborto imprudente del que era acusada, en la **SAP de Alicante n.º 97/2014, de 24 de febrero, ECLI:ES:APA:2014:973**, señalando a estos efectos lo que sigue:

> «Reiterada jurisprudencia distingue entre la culpa del profesional, imprudencia o negligencia comunes cometidas por aquél, en el ejercicio de su arte u oficio, y la imprudencia profesional propia, que aparece, como especie de subtipo agravado, y viene a englobar de un lado la impericia profesional, en la que el agente activo pese a ostentar un título que le reconoce su capacidad científica o técnica para ejercicio de la actividad que desarrolla, contradice con su actuación aquella presunta competencia, ya porque en su origen no adquiriese los conocimientos precisos, ya por una inactualización indebida, ya por una dejación inexcusable de los presupuestos de la lex artis de su profesión, le conduzca a una situación de inaptitud manifiesta, o con especial transgresión de deberes técnicos que sólo al profesional competen y que convierten la acción u omisión del profesional en extremadamente peligrosa e incompatible con el ejercicio de aquella profesión».

Conforme a lo expuesto, señala la Sala que **no se justifica imprudencia profesional en la conducta de la enfermera,** pues esgrime que esta nunca se desatendió de la paciente cuyo control le estaba confiado, **habiéndose limitado al cumplimiento de las pautas fijadas** (indicación de esperar a que las contracciones fueran pausadas y próximas en el tiempo era la pauta médica indicada) justificando que «(...) se trata de una enfermera de planta, **sin especialización o conocimientos específicos,** que desarrolla temporalmente su labor en el servicio de ginecología y, en todo caso, lo único imputable, como ya hemos visto, sería un mínimo **error de valoración o interpretación de unos síntomas inespecíficos que,** aun cuando hubieran estado en relación con la producción del resultado final, lo que también hemos descartado, difícilmente podría calificarse como imprudencia grave o temeraria».

Caso práctico | ¿Cuál es el «dies a quo» en el cómputo de la presentación de reclamación responsabilidad patrimonial tras el archivo de un proceso penal?

PLANTEAMIENTO

«A» fallece en el 10 de abril de 2011, tras haber sido sometido a una operación quirúrgica. Como consecuencia del fallecimiento, se instruyen diligencias previas por un posible delito de homicidio imprudente en el ámbito sanitario. El inicio del proceso penal interrumpe el plazo de prescripción de un año para exigir la responsabilidad patrimonial de la Administración.

Finalmente, el 1 de septiembre del 2011 se dicta auto de sobreseimiento provisional, el cual es notificado únicamente a la hija del fallecido, no a la pareja de hecho de «A» («B»).

Tres años después, «B» presenta escrito ante el juzgado que se ocupó de la tramitación de las diligencias de investigación, reabriéndose estas y volviendo a archivarse por auto de 17 de febrero de 2015. Dicho auto sí se notifica a la pareja de hecho, «B».

Así pues, el 15 de agosto de 2015, «B» presenta escrito de reclamación patrimonial de la Administración por los daños y perjuicios sufridos por el fallecimiento de su pareja de hecho.

¿Prosperará la acción ejercitada por «B» o se considerará prescrita?

RESPUESTA

Resuelve esta cuestión la **STS n.º 407/2020, de 14 de mayo, ECLI:ES:TS:2020:1062,** por la que se revoca la sentencia objeto de recurso que entiende prescrito el derecho a reclamar de «B» al considerar el plazo de un año teniendo en cuenta la fecha del primer auto de sobreseimiento; y estima parcialmente el recurso contencioso administrativo interpuesto, **reconociendo su derecho a ser indemnizada**, recogiendo la Sala, **en referencia con la prescripción,** lo que sigue:

Es doctrina jurisprudencial reiterada la que establece:

- Que la iniciación de un proceso penal por unos hechos que pueden ser relevantes para determinar la responsabilidad patrimonial de la Administración interrumpe el plazo anual de prescripción para exigirla.

- Que esa interrupción deja de operar, iniciándose de nuevo dicho plazo, una vez que la resolución que pone fin a aquel proceso se notifica a quienes, personados o no en él, tienen la condición de interesados por resultar afectados por ella.

Así pues, el perjudicado en el proceso penal no puede ejercitar la acción civil para la reparación del daño causado hasta que hayan terminado las actuaciones penales. Además, el conocimiento de la terminación de las actuaciones penales, de su fecha y de la resolución que le pone término, constituye un presupuesto necesario para el ulterior ejercicio de la acción para reclamar la responsabilidad de la Administración derivada de los hechos por los que se siguió el proceso penal. Ello con la consiguiente incidencia de tal conocimiento, que presupone la notificación, en el derecho a la tutela judicial efectiva, pues la ausencia de esta notificación es susceptible de afectar negativamente a la efectividad del citado derecho fundamental del perjudicado de acceder al proceso para hacer valer su pretensión para la reparación del daño sufrido, no habiéndose notificado a la pareja de hecho de «A» el auto de archivo de 1 de septiembre de 2011.

En esta línea, **no puede considerarse prescrita la acción de responsabilidad patrimonial** cuando aquella, en el año 2014, acude al juzgado de instrucción y se reabren las diligencias penales que vuelven a archivarse por auto de 17 de febrero de 2015, esta vez sí notificado a la reclamante. En consecuencia, la presentación de la reclamación el día 15 de agosto de 2015 no puede considerarse incursa en prescripción.

Caso práctico | Responsabilidad civil por infección nosocomial de un paciente en quirófano

PLANTEAMIENTO

Tras varios días de que «A» haya sido sometido a una cirugía, acude a urgencias del hospital por sentir fuertes dolores abdominales acompañados de vómitos y diarrea. Tras el diagnóstico, «A» queda ingresado para hacer las pruebas médicas pertinentes y, diez días después, fallece por una infección nosocomial respiratoria como consecuencia de una bacteria adquirida en quirófano el día que se realizó la cirugía.

¿Es responsable civil el centro hospitalario donde «A» se realizó la cirugía días antes de su muerte?

RESPUESTA

Sí, conforme a los siguientes argumentos:

En primer lugar, cabe advertir que las **infecciones intrahospitalarias**, también denominadas **nosocomiales**, son **aquellas que el paciente adquiere en el propio centro hospitalario en que se le dispensa atención médica precisa para el tratamiento de la patología que sufre**. Constituyen un problema bien conocido en la seguridad de los pacientes que exige una atención por parte de los centros hospitalarios.

Por lo tanto, tales infecciones son adquiridas ex novo en el centro o establecimiento hospitalario de una patología adicional sobre la sufrida, que puede generar al paciente graves consecuencias sobre su salud, o incluso, como en el caso que nos ocupa, su fallecimiento. Si bien, su mayor prevalencia, está en las UCI y en los pabellones quirúrgicos.

De acuerdo con estudios científicos, sus causas suelen responder a factores tales como la falta de asepsia en las manos, descuidos en medidas profilácticas básicas, dejar las puertas abiertas del quirófano, aplicación de técnicas invasivas, prácticas deficientes en el control de infecciones, incorrección en la colocación, limpieza del catéter, entre otras muchas.

Pues bien, **la prevención de las infecciones nosocomiales forma parte de la obligación de seguridad**, tal y como señala la **STS n.º 1377/2007, de 5 de enero, ECLI:ES:TS:2007:171**: «de las legítimas expectativas de seguridad del servicio».

En cuanto a la normativa aplicable a este caso, en primer lugar, cabe mencionar el artículo 43 de la CE que garantiza el derecho a la protección de la salud.

En segundo lugar, y puesto que no cabe duda de que los pacientes son usuarios de los servicios sanitarios, están protegidos por el Real Decreto Legislativo 1/2007, de 16 de noviembre, por el que se aprueba el texto refundido de la Ley General para la Defensa de los Consumidores y Usuarios y otras leyes complementarias, en cuyo art. 11.1 se establece el deber genérico de seguridad: «Los bienes o servicios puestos en el mercado deben ser seguros».

Asimismo, en el art. 27 de la Ley 16/2003, de 28 de mayo, de cohesión y calidad del Sistema Nacional de Salud, igualmente aplicable a los centros privados, se regulan las garantías de seguridad.

A su vez, los artículos 147 y 148.1 del Real Decreto Legislativo 1/2007, de 16 de noviembre, relativos a la responsabilidad civil por bienes o servicios defectuosos, señalan respetivamente:

> «Los prestadores de servicios serán responsables de los daños y perjuicios causados a los consumidores y usuarios, salvo que prueben que han cumplido las exigencias y requisitos reglamentariamente establecidos y los demás cuidados y diligencias que exige la naturaleza del servicio».
>
> «Se responderá de los daños originados en el correcto uso de los servicios, cuando por su propia naturaleza, o por estar así reglamentariamente establecido, incluyan necesariamente la garantía de niveles determinados de eficacia o seguridad, en condiciones objetivas de determinación, y supongan controles técnicos, profesionales o sistemáticos de calidad, hasta llegar en debidas condiciones al consumidor y usuario».

En este sentido, de acuerdo con todo lo señalado anteriormente, y en atención a lo establecido en la **STS Supremo n.º 446/2019, de 18 de julio, ECLI:ES:TS:2019:2763**, en este caso se ha vulnerado el mencionado art. 148 del Real Decreto Legislativo 1/2007, de 16 de noviembre, por el centro hospitalario donde «A» se sometió a una cirugía, ya que las infecciones nosocomiales en modo alguno son imprevisibles. **La presencia de gérmenes patógenos en el ámbito hospitalario, su agresividad y resistencia al tratamiento antibiótico resulta perfectamente conocida. El grado de prevalencia de las mismas es un indicador del nivel de calidad asistencial y todos los hospitales cuentan con protocolos para prevenirlas.**

En virtud de lo cual, **la minimización del riesgo deviene fundamental y conforma una elemental obligación del centro hospitalario, que se encuentra en una posición de dominio y exclusividad para instrumentar las medidas adecuadas para evitar la proliferación de agentes patógenos.**

Así pues, **el centro hospitalario donde «A» se realizó la cirugía es responsable civilmente de su fallecimiento por una infección intrahospitalaria.**

Caso práctico | Prescripción en reclamación de daños por asistencia sanitaria, de mutualista funcionario

PLANTEAMIENTO

«A» es funcionario y mutualista de la compañía aseguradora «X» y, en su condición de tal, optó por recibir prestaciones sanitarias en el centro hospitalario privado que le ofrecía la referida entidad aseguradora.

Como consecuencia de una negligencia médica de un médico del servicio de urgencias del citado centro hospitalario, su hijo, «B», fallece el 5 de mayo de 2021.

La representación procesal de «A», en base a los artículos 1101 y 1902 del CC, ejercita la acción de responsabilidad contractual frente a la compañía aseguradora «X» el 3 de mayo de 2022, a fin de ser indemnizado por el fallecimiento de su hijo.

¿Ha prescrito la acción de responsabilidad contractual interpuesta por la representación procesal de «A»?

RESPUESTA

En primer lugar, a la hora de determinar la prescripción de la acción debemos determinar si la relación entre «A» y la compañía «X» es una relación contractual o extracontractual.

La **sentencia del Tribunal Supremo n.º 565/2001, de 11 de junio, ECLI:ES:TS:2001:4916**, abordó la naturaleza contractual o no, precisamente a efectos del plazo de prescripción, afirmando que: «(...) de un lado, que la inmensa mayoría de las sentencias de esta Sala que estudian la prescripción en casos semejantes al presente lo hacen dando por supuesto que el plazo a considerar es el de un año del art. 1968-2º CC; y de otro, que resulta difícil sostener esa naturaleza contractual o análoga a la contractual desde la configuración constitucional de la Seguridad Social como un régimen que los poderes públicos tienen que mantener para garantizar a todos los ciudadanos la asistencia y prestaciones sociales suficientes (art. 41 CE), lo que convierte a la Seguridad Social en una función del Estado y a su régimen en un régimen legal y público según la doctrina del Tribunal Constitucional (SSTC 65/87 y 37/94, que a su vez citan otras anteriores)».

Esta doctrina sería extrapolable al supuesto enjuiciado si, el Mutualismo Administrativo asume la prestación sanitaria con el mismo alcance y contenido que el sistema de la Seguridad Social.

Si bien, lo que debe destacarse en este caso, es que la acción del mutualista contra la entidad concertada o contra los centros o facultativos del cuadro médico de la misma no nace de una relación personal contractual entre ambos, sino del compromiso contraído por la entidad con la Mutualidad con la que ha celebrado el concierto como contrato de servicio público, con obligación, de no causar daños a terceros como consecuencia del desarrollo del servicio.

En conclusión, en este caso, «A», que no ha sido parte en el contrato de naturaleza administrativa entre la entidad aseguradora y la Administración, ejercitó la acción de responsabilidad contractual para el resarcimiento del daño sufrido y tal acción tiene su encaje en el artículo 1902 del CC y, por ende, el plazo de prescripción será de 1 año, previsto en el artículo 1968.2 del CC por la remisión que hace este al artículo 1902 del CC.

Consecuencia de todo lo expuesto anteriormente es la aplicación de la doctrina fijada por la **sentencia del Tribunal Supremo n.º 546/2015, de 13 de octubre, ECLI:ES:TS:2015:4148**:

> «La acción que ejercite el mutualista funcionario civil del Estado contra la Entidad con la que haya concertado su Mutualidad la prestación de asistencia sanitaria, a fin de reclamar aquél el daño sufrido por la prestación del servicio, tiene como plazo de prescripción el de un año».

Por lo tanto, la acción ejercitada por «A» no está prescrita porque no ha pasado más de un año desde el fallecimiento de su hijo como consecuencia de una negligencia médica.

Caso práctico | Negligencia médica en un embarazo de alto riesgo

PLANTEAMIENTO

«A» con un embarazo de 35 semanas y de alto riesgo acudió a urgencias por molestias abdominales, donde se le revisó y se citó para esa misma tarde para monitorizarla. Tal control de monitores indicó que la frecuencia cardíaca fetal estaba alterada, pese al resultado se envió a «A» a su domicilio con cita para una nueva revisión pasadas las 24 horas.

Al día siguiente por la mañana acudió a su cita de control con diagnóstico de muerte fetal intraútero.

«A» pretende una indemnización por negligencia médica ya que entiende que la conducta adecuada del personal sanitario hubiera sido su ingreso para el control del bienestar fetal, y de haber permanecido el patrón de frecuencia cardíaca fetal alterado haber finalizado el embarazo.

¿Prosperará la pretensión de «A»?

RESPUESTA

Para resolver el presente caso práctico vamos a basarnos en la **sentencia del Tribunal Superior de Justicia de Valencia n.º 510/2023, de 14 de junio, ECLI:ES:TSJ-CV:2023:2960**, que resuelve un caso similar al aquí planteado.

En primer lugar, cabe señalar que para que opere la responsabilidad patrimonial de la administración se exige la antijuricidad del resultado o lesión siempre que exista nexo causal entre el funcionamiento normal o anormal del servicio público y el resultado lesivo o dañoso producido. En el ámbito de la actuación médica o sanitaria no es suficiente que exista una lesión, sino que es preciso acudir al criterio de la *lex artis* para determinar si la actuación médica ha sido la correcta con independencia del resultado producido.

Así, la jurisprudencia del **Tribunal Supremo recogida en la sentencia 418/2018, de 15 de marzo, ECLI:ES:TS:2018:1084**, señala:

> «En definitiva, la pérdida de oportunidad exige tomar en consideración dos elementos: el grado de probabilidad de que la actuación médica omitida hubiera podido producir un resultado beneficioso y el alcance o entidad del mismo».

Asimismo, parece que en el presente caso la actuación médica no se ajustó a la *lex artis* ya que dado el resultado de las pruebas realizadas a «A» lo adecuado sería proceder a su ingreso y control, aunque dicha actuación no garantizara, necesariamente, la supervivencia del feto.

Por lo tanto, en atención a todo lo anterior, será de aplicación a este caso la doctrina de la pérdida de oportunidad, en la que la en la que la jurisprudencia incide en el nexo causal y, conforme a ella, no es el fallecimiento en sí mismo, sino la pérdida de expectativas de supervivencia el daño imputable al servicio público sanitario que la actora no tiene el deber de soportar. Señala la sentencia que, aunque la obligación médica es de medios y no de resultados, el paciente tiene derecho a que se le proporciones los medios que la ciencia médica establece como adecuados para su padecimiento.

Por tanto, concluye la citada sentencia del Tribunal Superior de Justicia de Valencia:

«Concurren, pues, en estos términos, los requisitos de la responsabilidad patrimonial de la Administración que se reclama por la demandante por anormal funcionamiento del servicio público sanitario, debiendo, conforme a lo expuesto, concretarse el daño indemnizable, no en el fallecimiento del neonato, sino en la pérdida de oportunidad de supervivencia. Esta pérdida de oportunidad de supervivencia se cuantifica por la Sala a la vista de los diferentes informes médicos y del resultado de la autopsia en un 50%, lo que supone reconocer una indemnización de 45.000 euros, más los intereses legales desde la fecha de la reclamación administrativa».

En definitiva, posiblemente la pretensión de «A» prospere en los tribunales y sea indemnizada.

ANEXO II.
FORMULARIOS

Demanda de juicio verbal por negligencia médica con anuncio de dictamen pericial médico

AL JUZGADO DE PRIMERA INSTANCIA NÚMERO [NÚMERO] **DE** [LUGAR]

Don/Doña [NOMBRE PROCURADOR/A CLIENTE], procurador/a de los tribunales y de **don/doña** [NOMBRE CLIENTE], según tengo acreditado con la escritura de poder que acompaño para que sea unida mediante copia certificada, con devolución de su original que solicito por precisarla para otros usos, bajo la dirección letrada de [NOMBRE ABOGADO/A], ante el juzgado comparezco y, como mejor en Derecho proceda, DIGO:

Mediante el presente escrito y en la representación que ostento, formulo **DEMANDA DE JUICIO VERBAL**, en ejercicio de la acción de reclamación solidaria, de la cantidad de [NÚMERO] euros por responsabilidad extracontractual, contra don/doña [NOMBRE PARTE CONTRARIA], y contra la [NOMBRE COMPAÑÍA ASEGURADORA], con [DOMICILIO PARTE CONTRARIA] y DNI n.º [NÚMERO], y [DOMICILIO_SOCIAL] y NIF [NÚMERO] respectivamente, demanda que baso en los siguientes,

HECHOS

PRIMERO.- Mi mandante acudió por el servicio de urgencias al centro médico privado [NOMBRE] aquejado de la siguiente dolencia [INDICAR] y presentando la siguiente sintomatología [DESARROLLAR].

En el centro fue atendido por el/la doctor/a [NOMBRE PARTE CONTRARIA], especialista de [INDICAR ESPECIALIDAD MÉDICA].

SEGUNDO.- El/la doctor/a actuó de la siguiente forma: [DESARROLLAR]. Sin embargo, mi mandante le advirtió de las alergias que padece a ciertos medicamentos, lo que acreditamos con el informe médico del servicio de alergología que adjuntamos como **documento n.º** [NÚMERO].

A pesar de lo anterior, el/la doctor/a suministró a mi mandante los siguientes medicamentos: [DESCRIBIR], en cuya composición se encuentran los principios activos contraindicados para la alergia de mi mandante, como puede comprobarse en los prospectos que adjuntamos como **documento n.º** [NÚMERO].

Como consecuencia de lo anterior mi mandante sufrió las lesiones que se detallan a continuación:

- [DESARROLLAR]

Adjuntamos para la acreditación de los daños referidos informe médico como **documento n.º** [NÚMERO].

TERCERO.- La conducta descrita incumple gravemente la *lex artis ad hoc*, pues es obligación inexcusable de los médicos recabar información sobre las alergias del paciente antes de suministrar cualquier medicamento.

Esta parte ha solicitado dictamen pericial médico al especialista don/doña [NOMBRE Y APELLIDOS] no obstante esta parte no ha podido disponer a día de la fecha del mismo por los siguientes motivos: [DESARROLLAR].

No ha sido posible para quien suscribe demorar la presentación de la demanda al momento en que se recibiese el referido dictamen pericial, por cuanto hubiese prescrito el derecho a reclamar de un año.

CUARTO.- La presente parte desglosa los daños en:

- **DAÑOS**: [CANTIDAD EN LETRA] euros ([CANTIDAD] €).

  • [DESCRIPCIÓN]

- **TOTAL**: [CANTIDAD EN LETRA] euros ([CANTIDAD] €).

La cuantía se ha calculado conforme a baremo de circulación actualizado conforme a la Ley 35/2015 de 22 de septiembre y actualizado a año en curso.

QUINTO.- El facultativo demandado tiene suscrita póliza de responsabilidad civil con la compañía aseguradora [NOMBRE] que debe responder solidariamente de los perjuicios ocasionados por el asegurado.

A los anteriores hechos le resultan de aplicación los siguientes,

FUNDAMENTOS DE DERECHO

I.- JURISDICCIÓN Y COMPETENCIA

En cuanto a la jurisdicción, son de aplicación los arts. 21 y ss. de la LOPJ, así como lo establecido en el **art. 36 de la LEC**. Corresponde a la jurisdicción civil por tratarse de daños producidos por un médico particular de la sanidad privada.

Es competente el Juzgado al que me dirijo conforme al **artículo 50.1 de la Ley de Enjuiciamiento Civil**. Aunque el domicilio de la aseguradora se encuentre en [LUGAR], es de aplicación el **artículo 53.2 de la LEC** que dispone que cuando hubiere varios demandados y pudiera corresponder la competencia territorial a los jueces de más de un lugar, la demanda podrá presentarse ante cualquiera de ellos a elección del demandante.

II.- CAPACIDAD Y LEGITIMACIÓN

Las partes tienen la capacidad suficiente conforme al artículo 6 y siguientes de la Ley de Enjuiciamiento Civil.

La legitimación activa corresponde a mi representado tal y como establece el **artículo 10 de la Ley de Enjuiciamiento Civil**, en cuanto sujeto afectado por la conducta del demandado y legitimación pasiva los demandados por tratarse del facultativo causante del daño y de la aseguradora de la responsabilidad civil de aquél.

III.- REPRESENTACIÓN

Las partes deberán comparecer por medio de procurador y asistidas de letrado, de conformidad con lo expuestos en los **arts. 23 y 31 de la LEC** respectivamente por superar la cuantía reclamada los 2.000 euros.

IV.- CUANTÍA

La cuantía de este procedimiento asciende a [NÚMERO] euros, según los cálculos efectuados en el apartado de hecho cuarto de esta demanda.

V.- PROCEDIMIENTO

El procedimiento debe tramitarse por los cauces del juicio verbal de conformidad con el artículo 250.2 de la LEC que establece:

> «Se decidirán en juicio verbal las demandas cuya cuantía no exceda de 15.000 mil euros, por no referirse a ninguna de las materias previstas en el apartado 1 anterior». **(2)**

VI.- FONDO DEL ASUNTO

i.- De la negligencia médica

Artículo 1902 del CC:

«El que por acción u omisión causa daño a otro, interviniendo culpa o negligencia, está obligado a reparar el daño causado».

Es de aplicación en este caso la responsabilidad extracontractual del **artículo 1902 del CC** por no existir previa relación obligacional entre el médico y el paciente.

Se cumplen todos los requisitos para la declaración de responsabilidad civil extracontractual de don/doña [NOMBRE PARTE CONTRARIA]:

- Conducta negligente

- Lesiones a mi mandante

- Nexo de causalidad entre las anteriores

1. Conducta negligente

El/La demando/a ha incumplido su obligación de medios como profesional sanitario que, según reiterada jurisprudencia, comprendería la obligación de aplicar las técnicas médicas con el cuidado y precisión exigible de acuerdo con las circunstancias y riesgos inherentes a cada intervención, esto es, ajustar su actividad a la *lex artis*.

El informe pericial que se presentará en cuento se disponga del mismo acreditará que, en el caso de mi paciente, el/la demandado/a no se ajustó a la *lex artis*, pues los protocolos médicos aconsejan realizar las siguientes actuaciones [DESCRIBIR].

Como dispone la **STS, rec. 3442/1999, de 26 de julio de 2006, ECLI: ES:TS:2006:5083**:

«La actividad que debe el médico, a quien se reputan los necesarios conocimientos técnicos, es la de un experto profesional, que, como tal, queda obligado no ya a actuar con la diligencia de un buen padre de familia, sino a aplicar las energías, medios y conocimientos que, según el estado de la ciencia, "lex artis" o conjunto de saberes y técnicas propias de su profesión, estaban objetivamente a su alcance para el logro de aquel fin —sentencia de 30 de diciembre de 2004, que cita las de 12 de febrero de 1990, 29 de julio de 1998 y 8 de septiembre de 1998—; siendo, desde luego, la impericia una forma de negligencia, por lo que quien asume como experto una obligación de actividad y no la cumple con el rigor técnico exigible, responde, como deudor negligente, del daño causado —sentencia de 30 de diciembre de 2004—».

2. Daño

Las lesiones causadas a mi mandante cumplen todos los requisitos exigidos jurisprudencialmente para dar lugar a responsabilidad civil:

- Es un daño real y efectivo por cuanto han quedado acreditadas las lesiones que padece mi mandante, como acredita el informe médico aportado.

- Se trata de un daño evaluable económicamente, como cumplidamente expusimos en el apartado de hecho cuarto de esta demanda, de conformidad con el informe pericial aportado.

- Es consecuencia directa de la actuación del profesional médico demandado como exponemos a continuación.

3. Nexo causal

La jurisprudencia exige certeza probatoria para determinar el nexo causal que se determinará en el presente caso con el informe pericial solicitado, puesto que la conducta médica fue absolutamente determinante para provocar las lesiones a mi mandante y, de haber seguido los protocolos médicos aplicables en idénticos casos clínicos al examinado, se hubiese evitado el daño causado.

Sobre el nexo causal, la **STS n.º 483/2010, de 13 de julio, ECLI:ES:TS:2010:3910** dispone que:

> «(...) la Sala ha dicho con reiteración que la prueba del nexo causal resulta imprescindible, tanto si se opera en el campo de la responsabilidad subjetiva como en el de la objetiva (SSTS 11 de febrero de 1998; 30 de junio de 2000 y 20 de febrero de 2003) y que ha de resultar de una certeza probatoria y no de meras conjeturas, deducciones o probabilidades (SSTS de 6 de febrero, de 31 de julio de 1999 y de 8 de febrero de 2000)».

También cabe traer a colación la **sentencia del Tribunal Supremo n.º 505/2021, de 10 de junio, ECLI:ES:TS:2021:2897,** que reza el tenor literal siguiente:

> «Tiene declarado esta Sala, como son exponente las SSTS 1611/2000, de 19 de octubre y 1484/2003, de 10 de noviembre, y 470/2005, de 14 de abril, que la teoría de la imputación objetiva, que es la que se sigue en la jurisprudencia de esta Sala para explicar la relación que debe mediar entre acción y resultado y vino a reemplazar una relación de causalidad sobre bases exclusivamente naturales introduciendo consecuencias jurídicas, siguiendo las pautas marcadas por la teoría de la relevancia. En este marco la verificación de la causalidad natural será un límite mínimo, pero no suficiente para la atribución del resultado.
>
> Conforme a estos postulados, comprobada la necesaria causalidad natural, la imputación del resultado requiere además verificar:
>
> 1º. Si la acción del autor ha creado un peligro jurídicamente desaprobado para la producción del resultado.
>
> 2º. Si el resultado producido por dicha acción es la realización del mismo peligro (jurídicamente desaprobado) creado por la acción».

ii.- De la aportación del dictamen pericial en un momento posterior

Artículo 337.1 de la LEC (1):

> «1. Si no les fuese posible a las partes aportar dictámenes elaborados por peritos por ellas designados, junto con la demanda o contestación, expresarán en una u otra los dictámenes de que, en su caso, pretendan valerse, que habrán de aportar, para su traslado a la parte contraria, en cuanto dispongan de ellos, y en todo caso cinco días antes de iniciarse la audiencia previa al juicio ordinario o en treinta días desde la presentación de la demanda o de la contestación en el juicio verbal. Este plazo puede ser prorrogado por el tribunal cuando la naturaleza de la prueba pericial así lo exija y exista una causa justificada».

Así, la **sentencia del Tribunal Supremo n.º 737/2014, de 22 de diciembre, ECLI:ES:TS:2014:5721** concreta:

> «Si el documento constituye un medio de prueba directo y decisivo para la acreditación de los hechos constitutivos de la pretensión del demandante o del demandado, debe necesariamente ser aportado con su demanda o con su contestación, dejando a salvo las salvedades legales que permitan su aportación

posterior. Se trata de una exigencia legal que pretende garantizar la defensa de la contraparte y, en última instancia, posibilitar la efectiva contradicción.

Pero lo anterior no significa que los informes presentados con posterioridad sólo puedan basarse en la información reflejada en los documentos aportados a los autos con la demanda. Así lo prevé el propio art. 336.2 de la LEC cuando regula que "los dictámenes se formularan por escrito, acompañados, en su caso, de los demás documentos, instrumentos o materiales adecuados para exponer el parecer del perito sobre lo que haya sido objeto de la pericia". Incluso prevé el supuesto en que no fuera "posible o conveniente aportar estos materiales e instrumento", por ejemplo la contabilidad de una empresa; en esos casos, "el escrito de dictamen contendrá sobre ellos las indicaciones suficientes". Y concluye el precepto: "podrán asimismo, acompañarse al dictamen los documentos que se estimen adecuados para su más acertada valoración".

Lógicamente, el límite se encuentra en el fraude que puede suponer aportar de forma extemporánea un documento que se olvidó presentar con la demanda, si el documento constituye prueba directa de un hecho constitutivo de la pretensión ejercitada».

VII.- COSTAS

Corresponden al demandado de conformidad con el **artículo 394 de la LEC**.

Por lo expuesto,

AL JUZGADO SUPLICO:

Que teniendo por presentado este escrito, se sirva admitirlo, tenerme por comparecido y parte en la representación que ostento de don/doña [NOMBRE CLIENTE], por formulada **DEMANDA DE JUICIO VERBAL** en reclamación de la cantidad de [CANTIDAD] euros por daños y perjuicios derivados de responsabilidad extracontractual contra [NOMBRE PARTE CONTRARIA] y contra [NOMBRE PARTE CONTRARIA] y en su día, previos los trámites legales oportunos, se sirva dictar sentencia por la que se declare la responsabilidad civil del facultativo y se condene a los demandados a abonar a mi mandante conjunta y solidariamente la cantidad de [NÚMERO] euros, con expresa imposición de costas.

Es justicia que pido en [LOCALIDAD] a [DÍA] de [MES] de [AÑO].

<table>
<tr><td align="center">Letrado/a D./D.ª</td><td align="center">Procurador/a D./D.ª</td></tr>
<tr><td align="center">[NOMBRE Y FIRMA LETRADO]</td><td align="center">[NOMBRE Y FIRMA PROCURADOR]</td></tr>
</table>

OTROSÍ DIGO: que al amparo del artículo 337.1 de la LEC, esta parte anuncia que, en cuanto sea posible, y en todo caso en treinta días desde la presentación de la demanda o de la contestación en el juicio verbal, se dará traslado del dictamen pericial del [ESPECIFICAR] don/doña [ESPECIFICAR], el cual emitirá un informe sobre [ESPECIFICAR] a fin de que constituya prueba de esta naturaleza, sin perjuicio de comparecencia del perito en el acto de juicio, para su ratificación y para ser sometido al turno de aclaraciones que las partes litigantes pudieran interesar en aquel momento procesal.

Por lo expuesto,

AL JUZGADO SUPLICO:

Que tenga por hecha la anterior manifestación y acuerde de conformidad a la misma.

Es justicia que pido en lugar y fecha *ut supra*.

Letrado/a D./D.ª   Procurador/a D./D.ª

[NOMBRE Y FIRMA LETRADO]   [NOMBRE Y FIRMA PROCURADOR]

---

(1) El RD-ley 6/2023, de 19 de diciembre, modificó el artículo 337 de la LEC con entrada en vigor el 20/03/2024.

(2) El RD-ley 6/2023, de 19 de diciembre, modificó el artículo 250.2 de la LEC con entrada en vigor el 20/03/2024. El extracto mostrado en este formulario constituye la versión vigente desde esa fecha. Así, se aumenta la cuantía del juicio verbal de 6.000 euros a 15.000 euros.

(3) El RD-ley 6/2023, de 19 de diciembre, modificó el artículo 337.1 de la LEC con entrada en vigor el 20/03/2024. El extracto mostrado en este formulario constituye la versión vigente desde esa fecha.

Escrito de aportación de dictamen pericial médico

Procedimiento: [ESPECIFICAR]

Número: [NÚMERO]/[AÑO]

AL JUZGADO DE PRIMERA INSTANCIA
NÚMERO [NÚMERO] DE [LOCALIDAD]

Don/Doña [NOMBRE PROCURADOR/A CLIENTE], en representación de don/doña [NOMBRE], tal y como consta acreditado en las actuaciones, ante el juzgado comparezco y, como mejor proceda en derecho, **DIGO:**

En virtud de lo dispuesto en el artículo 337 de la Ley de Enjuiciamiento Civil **(1)**, procedo a **APORTAR DICTAMEN PERICIAL MÉDICO** como **documento n.º** [NÚMERO] ante la imposibilidad de aportarlo con la demanda, por lo que se procedió a anunciar en la misma la futura presentación en cuanto se tuviera del mismo y, en todo caso, dentro del plazo preceptuado en el artículo 337.1 de la LEC **(1)**.

Por todo lo expuesto,

SUPLICO AL JUZGADO:

Que tenga por presentado este escrito, con sus copias y documentos adjuntos, los admita, les de la tramitación legal oportuna y, previo los trámites de rigor, tenga por presentado este escrito y sea admitido el informe pericial anunciado adjunto con la presente, dando traslado a la adversa del mismo, con todo lo demás que sea procedente en derecho.

Por ser de Justicia que se pide en [LOCALIDAD] a [DÍA] de [MES] de [AÑO].

Letrado/a D./D.ª   Procurador/a D./D.ª

[NOMBRE Y FIRMA LETRADO]   [NOMBRE Y FIRMA PROCURADOR]

---

(1) El RD-ley 6/2023, de 19 de diciembre, modifica el artículo 337.1 de la LEC con entrada en vigor el 20/03/2024. Así, con esta modificación se añade un nuevo plazo de 30 días para aportar dictámenes desde la presentación de la demanda o de la contestación en el juicio verbal. Asimismo, el plazo puede ser prorrogado por el tribunal cuando la naturaleza de la prueba pericial así lo exija y exista una causa justificada.

Demanda de reclamación extracontractual por negligencia médica (genérica)

AL JUZGADO DE PRIMERA INSTANCIA
NÚMERO [NÚMERO] DE [LOCALIDAD]

Don/Doña [NOMBRE PROCURADOR/A], procurador/a de los tribunales, colegiado/a n.º [NÚMERO COLEGIADO/A PROCURADOR/A CLIENTE] en nombre y representación de **don/doña** [NOMBRE], con DNI/NIE/NIF n.º [NÚMERO] y domicilio en C/ [CALLE], n.º [NÚMERO], CP [CÓDIGO POSTAL], [LOCALIDAD], [PROVINCIA] según acredito por medio de escritura de poder que se acompaña como documento n.º [NÚMERO]/poder APUD ACTA], bajo la dirección letrada de **don/doña** [NOMBRE], colegiado/a n.º [NÚMERO] ICA [LOCALIDAD], ante el juzgado comparezco y, como mejor proceda en Derecho, **DIGO**:

En la representación que ostento, procedo a interponer **DEMANDA DE JUICIO ORDINARIO en reclamación de cantidad** por responsabilidad extracontractual contra **don/doña** [NOMBRE], con dirección en [DOMICILIO PARTE CONTRARIA] y [NIF/CIF/DNI PARTE CONTRARIA], y contra la **aseguradora** [NOMBRE] con CIF número [NÚMERO] y dirección en [DOMICILIO SOCIAL].

Todo ello con relación a los siguientes,

HECHOS

PRIMERO.- Mi representado/a, en fecha [FECHA] sufrió una caída en su domicilio que le produjo [DESCRIPCIÓN], siendo trasladado en ambulancia al [CENTRO MÉDICO/HOSPITAL] [NOMBRE].

SEGUNDO.- En el centro médico es atendido por el/la Dr./Dra. [NOMBRE], hoy demandado/a.

Tras las pruebas radiológicas y exploraciones correspondientes, se le informó que tenía que ser intervenido/a quirúrgicamente para [DESCRIPCIÓN].

Como antecedentes patológicos cabe destacar [DESCRIPCIÓN].

TERCERO.- Por el equipo actuante se decide [DESCRIPCIÓN].

CUARTO.- En fecha [FECHA], mi poderdante firma los documentos de consentimiento informado de la intervención que se iba a llevar a cabo, tanto para la cirugía [DESCRIPCIÓN] como para la anestesia. En particular se le informa del propósito de la intervención, se le explica en que consiste la cirugía que se va a llevar a cabo, de las posibles alternativas y de los riesgos de la misma.

QUINTO.- En fecha [FECHA] en la misma clínica se le realiza la intervención, procediendo mediante [DESCRIPCIÓN].

SEXTO.- Tras diversas incidencias surgidas en el proceso de curación, en el mes de [FECHA] mi mandante visitó a otro médico, el Dr./Dra. [NOMBRE] de la clínica [NOMBRE] quien al ver su estado le realizó todo tipo de pruebas, incluyendo RX de rodilla. Se apreció que [DESCRIPCIÓN].

La prescripción fue [DESCRIPCIÓN].

SÉPTIMO.- El [FECHA] se le realiza se le realiza una última intervención quirúrgica, procediéndose a [DESCRIPCIÓN].

En [FECHA] se emite informe en el que se advierte [DESCRIPCIÓN] lo que condiciona su independencia para la realización de las actividades básicas de la vida diaria, tales como [DESCRIPCIÓN].

Esta compleja y larga sucesión de hechos determina la demanda que mi patrocinado/a formula frente al/ a la Dr./Dra. [NOMBRE] y frente a su aseguradora en reclamación de daños y perjuicios por negligencia médica al vulnerar de la *lex artis* por cuanto no se pusieron los medios técnicos que la ciencia recoge a disposición del paciente.

Se acompañan como **documentos n.º** [NÚMEROS] [DESCRIPCIÓN].

OCTAVO.- La indemnización por los días de hospitalización, daños y secuelas, ascienden a [CANTIDAD] €, todo ello de conformidad con el baremo de la ley responsabilidad civil y seguro en vehículos a motor vigente en el momento de los daños producidos.

El desglose de los referidos daños es: [DESCRIPCIÓN]

A los anteriores hechos les son de aplicación los siguientes,

FUNDAMENTOS DE DERECHO

I.- JURISDICCIÓN Y COMPETENCIA

En cuanto a la jurisdicción, son de aplicación los arts. 21 y ss. de la LOPJ, así como lo establecido en el art. 36 de la LEC. Corresponde a la jurisdicción civil por tratarse de daños producidos por un médico particular de la sanidad privada.

Es competente el Juzgado al que me dirijo conforme al **artículo 50.1 de la Ley de Enjuiciamiento Civil**. Aunque el domicilio de la aseguradora se encuentre en LUGAR, es de aplicación el **artículo 53.2 de la LEC** que dispone que cuando hubiere varios demandados y pudiera corresponder la competencia territorial a los jueces de más de un lugar, la demanda podrá presentarse ante cualquiera de ellos a elección del demandante.

II.- CAPACIDAD Y LEGITIMACIÓN

Poseen las partes capacidad y legitimación suficiente de conformidad con lo estipulado en los arts. 6, 10 y concordantes de la LEC.

III.- REPRESENTACIÓN

Las partes deberán comparecer por medio de procurador y asistidas de letrado, de conformidad con lo expuestos en los **arts. 23 y 31** de la LEC, al ser la cuantía del procedimiento superior a 2.000 €.

IV.- PROCEDIMIENTO

De tramitación por los cauces del procedimiento ordinario de acuerdo con lo dispuesto en el **artículo 249.2 de la LEC (1)**, al ser la cuantía reclamada superior a 15.000 € y no concretarse en ninguna de las materias establecidas en el art. 250 de la LEC **(2)**.

V.- CUANTÍA

Se establece la cuantía del procedimiento en [CUANTÍA] €, ello con relación a lo expuesto en el **artículo 253** y en relación con el **artículo 251**, ambos de la LEC.

VI.- PLAZO

El **artículo 1968 del Código Civil** establece el plazo de prescripción de un año para ejercitar las acciones reclamando la responsabilidad civil derivada de culpa o negligencia extracontractual.

A este respecto y siguiendo doctrina del Tribunal supremo, en concreto, de la **sentencia n.º 544/2015, de 20 de octubre, ECLI:ES:TS:2015:4149**:

> «El día inicial para el ejercicio de la acción es aquel en que puede ejercitarse, según el principio actio nondum nata non praescribitur (la acción que todavía no ha nacido no puede prescribir) (SSTS de 27 de febrero de 2004; 24 de mayo de 2010; 12 de diciembre 2011). Este principio exige, para que la prescripción comience a correr en su contra, que la parte que propone el ejercicio de la acción disponga de los elementos fácticos y jurídicos idóneos para fundar una situación de aptitud plena para litigar. Aunque la jurisprudencia retrasa el comienzo del plazo de prescripción en supuestos de daños continuados o de producción sucesiva e ininterrumpida hasta la producción del definitivo resultado, también matiza que esto es así cuando no es posible fraccionar en etapas diferentes o hechos diferenciados la serie proseguida (STS 14 de junio 2011). El daño permanente es aquel que se produce en un momento determinado por la conducta del demandado, pero persiste a lo largo del tiempo con la posibilidad, incluso, de agravarse por factores ya del todo ajenos a la acción u omisión del demandado. En este caso de daño duradero o permanente, el plazo de prescripción comenzará a correr "desde que lo supo el agraviado", como dispone el art. 1968. 2º CC, es decir desde que tuvo cabal conocimiento del mismo y pudo medir su trascendencia mediante un pronóstico razonable, porque de otro modo se daría la hipótesis de absoluta imprescriptibilidad de la acción hasta la muerte del perjudicado, en el caso de daños personales, o la total pérdida de la cosa, en caso de daños materiales, vulnerándose así la seguridad jurídica garantizada por el artículo 9.3 de la Constitución y fundamento, a su vez, de la prescripción (SSTS 28 de octubre 2009; 14 de junio 2001)».

VII.- FONDO DEL ASUNTO

Artículo 1902 del CC:

> «El que por acción u omisión causa daño a otro, interviniendo culpa o negligencia, está obligado a reparar el daño causado».

Es de aplicación en este caso la responsabilidad extracontractual del artículo 1902 del CC por no existir previa relación obligacional entre el médico y el paciente.

Se cumplen todos los requisitos para la declaración de responsabilidad civil extracontractual de don/doña [NOMBRE PARTE CONTRARIA]:

- Conducta negligente

- Lesiones a mi mandante

- Nexo de causalidad entre las anteriores

1. Conducta negligente

El demando ha incumplido su obligación de medios como profesional sanitario que, según reiterada jurisprudencia, comprendería la obligación de aplicar las técnicas médicas con el cuidado y precisión exigible de acuerdo con las circunstancias y riesgos inherentes a cada intervención, esto es, ajustar su actividad a la *lex artis*.

El informe pericial aportado acredita que, en el caso de mi paciente, el demandado no se ajustó a la *lex artis*, pues los protocolos médicos aconsejan realizar las siguientes actuaciones: [DESCRIBIR].

Como dispone la STS, rec. 3442/1999, de 26 de julio de 2006, ECLI:ES:TS:2006:5083:

> «La actividad que debe el médico, a quien se reputan los necesarios conocimientos técnicos, es la de un experto profesional, que, como tal, queda

obligado no ya a actuar con la diligencia de un buen padre de familia, sino a aplicar las energías, medios y conocimientos que, según el estado de la ciencia, "lex artis" o conjunto de saberes y técnicas propias de su profesión, estaban objetivamente a su alcance para el logro de aquel fin —Sentencia de 30 de diciembre de 2004, que cita las de 12 de febrero de 1990, 29 de julio de 1998 y 8 de septiembre de 1998—; siendo, desde luego, la impericia una forma de negligencia, por lo que quien asume como experto una obligación de actividad y no la cumple con el rigor técnico exigible, responde, como deudor negligente, del daño causado —Sentencia de 30 de diciembre de 2004—».

Asimismo, y con respecto al deber de cuidado interno y externo, manifiesta la **Audiencia Provincial de La Rioja en el auto n.º 125/2017, de 20 de abril, ECLI:ES:APLO:2017:142A**:

«El deber de cuidado interno (deber subjetivo de cuidado o deber de previsión) obliga a advertir la presencia de un peligro cognoscible y el índice de su gravedad, y el deber de cuidado externo obliga a comportarse externamente de forma que se controle o neutralice la situación de riesgo previamente advertida o advertible.

En el ámbito externo hay que distinguir, a su vez, entre reglas generales de cuidado o reglas técnicas y deber objetivo de cuidado. Las primeras, determinables en el ámbito médico a través del principio lex artis, expresan reglas de conducta para aquellos supuestos en los que la experiencia general demuestra una gran probabilidad de que una acción lesione un bien jurídico. Ahora bien, ni la infracción de una regla técnica general de cuidado determina, per se, la infracción del deber objetivo de cuidado, ni el cumplimiento de esa regla excluye la posibilidad de la infracción del deber objetivo de cuidado. Lo contrario supondría la aplicación autonómica de reglas de otros ámbitos del derecho o de la vida en el derecho penal, incurriendo en el 'versare in re ilícita'».

2. Daño

Las lesiones causadas a mi mandante cumplen todos los requisitos exigidos jurisprudencialmente para dar lugar a responsabilidad civil:

- Es un daño real y efectivo por cuanto han quedado acreditadas las lesiones que padece mi mandante, como acredita el informe médico aportado.

- Se trata de un daño evaluable económicamente, como cumplidamente expusimos en el apartado de hecho octavo de esta demanda, de conformidad con el informe pericial aportado.

- Es consecuencia directa de la actuación del profesional médico demandado como exponemos a continuación.

3. Nexo causal

La jurisprudencia exige certeza probatoria para determinar el nexo causal que se ha determinado en el presente caso de conformidad con el informe pericial. En su punto número [NUMERO] establece que la conducta médica fue absolutamente determinante para provocar las lesiones a mi mandante y que, de haber seguido los protocolos médicos aplicables en idénticos casos clínicos al examinado, su hubiese evitado el daño causado.

Sobre el nexo causal, la **STS 483/2010, de 13 de julio, ECLI:ES:TS:2010:3910** dispone que:

«Sala ha dicho con reiteración que la prueba del nexo causal resulta imprescindible, tanto si se opera en el campo de la responsabilidad subjetiva como en el de la objetiva (SSTS 11 de febrero de 1998; 30 de junio de 2000 y 20 de febrero de 2003) y que ha de resultar de una certeza probatoria y no de meras conjeturas, deducciones o probabilidades (SSTS 6 de febrero y 31 de julio de 1999, 8 de febrero de 2000)».

Así pues, la *lex artis*, en tanto que conjunto de criterios de buena práctica, debe ser, tal y como se recoge en la sentencia de la **AP de Girona n.º 9/2018, de 15 de enero, ECLI:ES:APGI:2018:1950, el más importante nexo de unión entre la medicina y el derecho**:

«Por otra parte, la lex artis, en tanto que conjunto de criterios de buena práctica, debe ser el más importante nexo de unión entre la medicina y derecho. Esta lex artis cabe contemplarla desde diversos niveles, al menos tres: uno es el de los criterios científicos generales de actuación o lex artis propiamente dicha; otro es el de los criterios prudentes de actuación en condiciones de tiempo, lugar, recursos, etc., lo que ha dado en denominarse lex artis ad hoc; y, finalmente, el que alude a los criterios prudenciales de actuación del profesional ante un enfermo concreto en una situación concreta.

Así las cosas, no se debe pues obviar que la culpa médica profesional, sobre todo en lo que al nivel de lex artis se refiere, no la constituye un mero error científico o de diagnóstico, salvo cuando quede constancia de la existencia de un error cuantitativo o cualitativo de extrema gravedad, ello es así, pues la medicina no es una ciencia exacta, sino de difícil aprehensión y no se le puede exigir por ende las exactitudes o precisiones propias de otras ciencias como las matemáticas».

En cuanto a la responsabilidad de la compañía aseguradora el **art. 73 de la LCS** dispone:

«Por el seguro de responsabilidad civil el asegurador se obliga, dentro de los límites establecidos en la Ley y en el contrato, a cubrir el riesgo del nacimiento a cargo del asegurado de la obligación de indemnizar a un tercero los daños y perjuicios causados por un hecho previsto en el contrato de cuyas consecuencias sea civilmente responsable el asegurado, conforme a Derecho».

VIII.- COSTAS

De conformidad con el **artículo 394 de la LEC**, las costas deberás ser impuestas a la parte demandante.

Por lo expuesto,

SUPLICO AL JUZGADO:

Que tenga por presentado este escrito, con sus copias y documentos que la acompañan, se sirva admitirlo, les de la tramitación legal pertinente, me tenga por comparecido y parte en la representación que ostento y tenga por formulada **DEMANDA DE JUICIO ORDINARIO DE RECLAMACIÓN DE CANTIDAD** por daños y perjuicios derivados de responsabilidad extracontractual contra don/doña [NOMBRE PARTE CONTRARIA] y contra don/doña [NOMBRE PARTE CONTRARIA] y en su día, y previos los trámites oportunos, incluida la pertinente vista, se sirva dictar sentencia por la que se declare la responsabilidad civil del facultativo y se condene a los demandados a abonar a mi mandante conjunta y solidariamente la cantidad de [NÚMERO] euros, con expresa imposición de costas.

Todo ello con expresa imposición en costas a la parte demandada.

Por ser justicia que pido en [LOCALIDAD] a [DÍA] de [MES] de [AÑO].

Letrado/a D./D.ª   Procurador/a D./D.ª

[NOMBRE Y FIRMA LETRADO/A]   [NOMBRE Y FIRMA PROCURADOR/A]

OTROSÍ DIGO: siendo intención de esta parte cumplir con todos los requisitos legales, a tenor de lo previsto en el artículo 231 de la Ley de Enjuiciamiento Civil, se solicita se le diere traslado de cualquier defecto que adoleciere la presente demanda, para la inmediata subsanación de la misma.

En su virtud,

SUPLICO AL JUZGADO:

Tenga por efectuada la anterior manifestación a los efectos oportunos.

Por ser justicia, fecha y lugar *ut supra*.

Letrado/a D./D.ª   Procurador/a D./D.ª

[NOMBRE Y FIRMA LETRADO/A]   [NOMBRE Y FIRMA PROCURADOR/A]

---

(1) El RD-ley 6/2023, de 19 de diciembre, modifica el artículo 249 de la LEC con entrada en vigor el 20/03/2024. El extracto mostrado en este formulario constituye la versión vigente desde esa fecha.

(2) El RD-ley 6/2023, de 19 de diciembre, modifica el artículo 250 de la LEC con entrada en vigor el 20/03/2024. El extracto mostrado en este formulario constituye la versión vigente desde esa fecha.

Contestación a demanda por responsabilidad civil médica. Error de diagnóstico

Procedimiento: [DESCRIPCIÓN]

Número: [NÚMERO]/[AÑO]

AL JUZGADO DE PRIMERA INSTANCIA NÚMERO [NUMERO] DE [LUGAR]

Don/Doña [NOMBRE PROCURADOR/A CLIENTE], procurador/a de los tribunales y de **don/doña** [NOMBRE CLIENTE], en virtud de poder [NOTARIAL OTORGADO AL EFECTO/APUD ACTA] que acompañamos a la presente como **documento n.º** [NÚMERO] y bajo dirección letrada de don/doña [NOMBRE ABOGADO/A CLIENTE], colegiado/a n.º [NÚMERO] por el ICA [LUGAR], ante este juzgado comparezco y, como mejor proceda en Derecho,

DIGO

En fecha [FECHA] se nos ha dado traslado de la demanda presentada por don/doña [NOMBRE PARTE CONTRARIA] en la que se solicitaba la condena de mi mandante al abono de [ESPECIFICAR].

En la referida diligencia, se nos otorgaba el plazo de [NÚMERO] días a los efectos de contestar a la demanda rectora, por lo que, y mediante la presente formulamos CONTESTACIÓN A LA DEMANDA con relación a los siguientes,

HECHOS

PREVIO.- Se impugnan los expuestos de adverso, así como la prueba adjunta, salvo la que expresamente se admita mediante la presente.

PRIMERO.- Conforme con el correlativo, al efectuarse por esta parte una ecografía y exploración médica con el resultado que se le indicó a la actora, si bien [ESPECIFICAR].

SEGUNDO.- Disconforme con el resto de correlativos, toda vez que nada se le puede imputar a mi mandante, puesto que ha actuado de forma correcta, utilizándose los medios con los que contaba la clínica.

Así, los propios informes de parte indican que el diagnóstico producido lo fue utilizando la más avanzada tecnología de que dispone el centro médico.

El dictamen médico que adjuntamos como documento n.º [NÚMERO] dispone que mi mandante utilizó todos los medios disponibles y la diligencia exigible para realizar un diagnóstico certero y que solo los síntomas ocurridos con posterioridad aconsejaban pruebas complementarias, pero no el estado previo en que se encontraba la paciente.

Es por ello que se dan por disconformes la totalidad de antecedentes fácticos rectores del procedimiento.

A los anteriores hechos les son de aplicación los siguientes,

FUNDAMENTOS DE DERECHO

I, II, III, IV y V conformes con los correlativos.

VI.- FONDO DEL ASUNTO

Recordemos, a este respecto, lo dispuesto por el Tribunal Supremo:

En **sentencia del Tribunal Supremo n.º 679/2010, de 10 de diciembre, ECLI:ES:TS:2010:6690**:

> «En una medicina de medios y no de resultados, la toma de decisiones clínicas está generalmente basada en el diagnóstico que se establece a través de una serie de pruebas encaminadas a demostrar o rechazar una sospecha o hipótesis de partida, pruebas que serán de mayor utilidad cuanto más precozmente puedan identificar ó descartar la presencia de una alteración, sin que ninguna presente una seguridad plena. Implica por tanto un doble orden de cosas:
>
> En primer lugar, es obligación del médico realizar todas las pruebas diagnósticas necesarias, atendido el estado de la ciencia médica en ese momento, de tal forma que, realizadas las comprobaciones que el caso requiera, sólo el diagnóstico que presente un error de notoria gravedad o unas conclusiones absolutamente erróneas, puede servir de base para declarar su responsabilidad, al igual que en el supuesto de que no se hubieran practicado todas las comprobaciones o exámenes exigidos o exigibles. En segundo, que no se pueda cuestionar el diagnostico inicial por la evolución posterior dada la dificultad que entraña acertar con el correcto, a pesar de haber puesto para su consecución todos los medios disponibles, pues en todo paciente existe un margen de error independientemente de las pruebas que se le realicen (SSTS 15 de febrero 2006; 19 de octubre 2007; 3 de marzo de 2010)».

Y en **sentencia del Tribunal Supremo n.º 112/2018, de 6 de marzo, ECLI:ES:TS:2018:724**:

> «En el terreno del diagnóstico, la obligación del médico es la de realizar todas las pruebas diagnósticas necesarias, atendido el estado de la ciencia médica en ese momento. Sólo la omisión de las pruebas exigibles en atención a las circunstancias del paciente y el diagnóstico que presente un error de notoria gravedad o unas conclusiones absolutamente erróneas, puede servir de base para declarar su responsabilidad (sentencias 679/2010, de 10 de diciembre; 173/2012, de 30 de marzo; 33/2015, de 18 de febrero).
>
> Y si la exploración fue correcta, en los términos que han quedado probados; si no había una situación de riesgo y si se utilizaron los medios técnicos suficientes para practicar la prueba diagnóstica, la información que se proporcionó a la gestante fue la que procedía en función de su resultado y de las limitaciones técnicas de la exploración ecográfica, de la que había sido informada; no hubo, en suma, error profesional o negligencia alguna de los médicos que le atendieron, necesario para responsabilizarles del daño por el que se les demanda.
>
> En el ámbito de la responsabilidad del profesional médico debe descartarse la responsabilidad objetiva y una aplicación sistemática de la técnica de la inversión de la carga de la prueba, desaparecida en la actualidad de la LEC, salvo para supuestos debidamente tasados (art. 217.5 LEC). El criterio de imputación del art. 1902 CC se funda en la culpabilidad y exige del paciente la demostración de la relación o nexo de causalidad y la de la culpa en el sentido de que ha quedar plenamente acreditado en el proceso que el acto médico o quirúrgico enjuiciado fue realizado con infracción o no-sujeción a las técnicas

médicas o científicas exigibles para el mismo (sentencias 508/2008, 10 de junio; 778/2009, de 20 de noviembre 2009; 475/2013, de 3 de julio, entre otras)».

Lo anterior se da en el caso que nos ocupa, evitando una responsabilidad de mi mandante, pues, como se observará con la prueba a practicar, se ha actuado de forma correcta y dentro de todo orden, legalidad y profesionalidad exigible.

VII.- COSTAS

Solicito la imposición de costas a la adversa en virtud del **artículo 394 de la Ley de Enjuiciamiento Civil**.

Por lo expuesto,

SUPLICO AL JUZGADO:

Que tenga por presentado este escrito con sus copias y documentos, los admita y por formulada **CONTESTACIÓN A LA DEMANDA DE PROCEDIMIENTO ORDINARIO** en reclamación de cantidad, y tras los trámites legales oportunos, dicte sentencia desestimando la demanda rectora, absolviendo a esta parte de todos los pedimentos contra la misma interesados.

Todo ello con condena en costas a la adversa.

Por ser Justicia que pido en [LOCALIDAD] a [DÍA] de [MES] de [AÑO].

Letrado/a D./D.ª   Procurador/a D./D.ª

[NOMBRE Y FIRMA LETRADO/A]   [NOMBRE Y FIRMA PROCURADOR/A]

OTROSÍ DIGO: siendo intención de esta parte cumplir con todos los requisitos legales, a tenor de lo previsto en el **artículo 231 de la Ley de Enjuiciamiento Civil**, se solicita se le diere traslado de cualquier defecto que adoleciere la presente demanda, para la inmediata subsanación de la misma.

Por ello,

SUPLICO AL JUZGADO:

Que tenga por efectuada la anterior manifestación a los efectos oportunos.

Por ser de Justicia, fecha y lugar *ut supra*.

Letrado/a D./D.ª   Procurador/a D./D.ª

[NOMBRE Y FIRMA LETRADO/A]   [NOMBRE Y FIRMA PROCURADOR/A]

Demanda de responsabilidad extracontractual contra centro sanitario

AL JUZGADO DE PRIMERA INSTANCIA
NÚMERO [NUMERO] DE [LOCALIDAD]

Don/Doña [NOMBRE_PROCURADOR/A], procurador/a de los tribunales, colegiado/a n.º [NÚMERO COLEGIADO/A PROCURADOR/A CLIENTE] en nombre y representación de **don/doña** [NOMBRE], con DNI/NIE/NIF n.º [NÚMERO] y domicilio en C/ [CALLE], n.º [NÚMERO], CP [CÓDIGO_POSTAL], [LOCALIDAD], [PROVINCIA] según acredito por medio de [ESCRITURA DE PODER QUE SE ACOMPAÑA COMO DOCUMENTO N.º [NUMERO]/APUD ACTA], bajo la dirección letrada de **don/doña** [NOMBRE], colegiado/a número [NÚMERO] ICA [LOCALIDAD], ante el juzgado comparezco y, como mejor proceda en Derecho,

DIGO

En la representación que ostento, procedo a interponer **DEMANDA DE JUICIO ORDINARIO en reclamación de cantidad** por responsabilidad extracontractual contra [NOMBRE PARTE CONTRARIA] con CIF [NÚMERO] y domicilio en [DOMICILIO] de conformidad con los siguientes,

HECHOS

PRIMERO.- Mi representado, en fecha [FECHA] sufrió una caída en su domicilio que le produjo [DESCRIPCIÓN], siendo trasladado en ambulancia al [CENTRO MÉDICO/HOSPITAL] [NOMBRE].

SEGUNDO.- En el centro médico es atendido por el/la Dr./Dra. [NOMBRE].

Tras las pruebas radiológicas y exploraciones correspondientes, se le informó que tenía que ser intervenido quirúrgicamente para [DESCRIPCIÓN].

Como antecedentes patológicos, cabe destacar [DESCRIPCIÓN].

TERCERO.- Por el equipo actuante se decide [DESCRIPCIÓN].

CUARTO.- En fecha [FECHA], mi poderdante firma los documentos de consentimiento informado de la intervención que se iba a llevar a cabo, tanto para la cirugía [DESCRIPCIÓN] como para la anestesia. En particular, se le informa del propósito de la intervención, se le explica en que consiste la cirugía que se va a llevar a cabo, de las posibles alternativas y de los riesgos de la misma.

QUINTO.- En fecha [FECHA], en la misma clínica se le realiza la intervención, procediendo mediante [DESCRIPCIÓN]. La intervención la realiza el/la Dr./Dra. [NOMBRE] a quien la fue asignada la operación por el centro sin que tenga la experiencia ni pericia suficiente para realizar dicha práctica, pues se trata de un recién licenciado en medicina.

SEXTO.- Tras diversas incidencias surgidas en el proceso de curación, en el mes de [FECHA] mi mandante visitó a otro médico, el/la Dr./Dra. [NOMBRE] de la clínica

[NOMBRE], quien, al ver su estado, le realizó todo tipo de pruebas, incluyendo RX de rodilla. Se apreció que [DESCRIPCIÓN]

La prescripción fue [DESCRIPCIÓN].

SÉPTIMO.- El [FECHA] se le realiza una última intervención quirúrgica, procediéndose a [DESCRIPCIÓN].

En [FECHA] se emite informe en el que se advierte [DESCRIPCIÓN] lo que condiciona su independencia para la realización de las actividades de la vida diaria.

Esta compleja y larga sucesión de hechos determina la demanda que mi patrocinado formula frente al demandado reclamación de daños y perjuicios por negligencia médica por cuanto el centro médico no ha seleccionado al doctor adecuado para la realización de una intervención de las características de la practicada.

Se acompañan como **documentos n.º** [NÚMERO] [DESCRIPCIÓN].

OCTAVO.- La indemnización por los días de hospitalización, daños y secuelas, ascienden a [NÚMERO] €, todo ello de conformidad con el baremo de la ley responsabilidad civil y seguro en vehículos a motor vigente en el momento de los daños producidos.

El desglose de los referidos daños es: [DESCRIPCIÓN]

A los anteriores hechos les son de aplicación los siguientes,

FUNDAMENTOS DE DERECHO

I.- JURISDICCIÓN Y COMPETENCIA

En cuanto a la jurisdicción, son de aplicación los arts. 21 y ss. de la LOPJ, así como lo establecido en el art. 36 de la LEC. Corresponde a la jurisdicción civil por tratarse de daños producidos por un médico particular de la sanidad privada.

Es competente el Juzgado al que me dirijo conforme al **artículo 50.1 de la Ley de Enjuiciamiento Civil**. Aunque el domicilio de la aseguradora se encuentre en [LUGAR], es de aplicación el **artículo 53.2 de la LEC** que dispone que cuando hubiere varios demandados y pudiera corresponder la competencia territorial a los jueces de más de un lugar, la demanda podrá presentarse ante cualquiera de ellos a elección del demandante.

II.- CAPACIDAD Y LEGITIMACIÓN

Poseen las partes capacidad y legitimación suficiente de conformidad con lo estipulado en los arts. 6, 10 y concordantes de la LEC.

III.- REPRESENTACIÓN

Las partes deberán comparecer por medio de procurador y asistidas de letrado, de conformidad con lo expuestos en los arts. 23 y 31 de la LEC, al ser la cuantía del procedimiento superior a 2.000 €.

IV.- PROCEDIMIENTO

De tramitación por los cauces del procedimiento ordinario de acuerdo con lo dispuesto en el **artículo 249.2 de la LEC (1)**, al ser la cuantía reclamada superior a 15.000 € y no concretarse en ninguna de las materias establecidas en **el art. 250 de la LEC (2)**.

V.- CUANTÍA

Se establece la cuantía del procedimiento en [CUANTÍA] €, ello con relación a lo expuesto en el **artículo 253**, en relación con el **artículo 251**, ambos de la Ley de Enjuiciamiento Civil.

VI.- PLAZO

El **artículo 1968 del Código Civil** establece el plazo de prescripción de un año para ejercitar las acciones reclamando la responsabilidad civil derivada de culpa o negligencia extracontractual

A este respecto y siguiendo doctrina del Tribunal supremo, en concreto de la **sentencia del Tribunal Supremo n.º 544/2015, de 20 de octubre de 2015, ECLI:ES:TS:2015:4149**:

> «El día inicial para el ejercicio de la acción es aquel en que puede ejercitarse, según el principio actio nondum nata non praescribitur (la acción que todavía no ha nacido no puede prescribir) (SSTS de 27 de febrero de 2004; 24 de mayo de 2010; 12 de diciembre 2011). Este principio exige, para que la prescripción comience a correr en su contra, que la parte que propone el ejercicio de la acción disponga de los elementos fácticos y jurídicos idóneos para fundar una situación de aptitud plena para litigar. Aunque la jurisprudencia retrasa el comienzo del plazo de prescripción en supuestos de daños continuados o de producción sucesiva e ininterrumpida hasta la producción del definitivo resultado, también matiza que esto es así cuando no es posible fraccionar en etapas diferentes o hechos diferenciados la serie proseguida (STS 14 de junio 2011). El daño permanente es aquel que se produce en un momento determinado por la conducta del demandado, pero persiste a lo largo del tiempo con la posibilidad, incluso, de agravarse por factores ya del todo ajenos a la acción u omisión del demandado. En este caso de daño duradero o permanente, el plazo de prescripción comenzará a correr "desde que lo supo el agraviado", como dispone el art. 1968. 2º del CC, es decir desde que tuvo cabal conocimiento del mismo y pudo medir su trascendencia mediante un pronóstico razonable, porque de otro modo se daría la hipótesis de absoluta imprescriptibilidad de la acción hasta la muerte del perjudicado, en el caso de daños personales, o la total pérdida de la cosa, en caso de daños materiales, vulnerándose así la seguridad jurídica garantizada por el artículo 9.3 de la Constitución y fundamento, a su vez, de la prescripción (SSTS 28 de octubre 2009 y 14 de junio 2001)».

VII.- FONDO DEL ASUNTO

Artículo 1903 del CC:

> «La obligación que impone el artículo anterior es exigible no sólo por los actos u omisiones propios, sino por los de aquellas personas de quienes se debe responder.
>
> Los padres son responsables de los daños causados por los hijos que se encuentren bajo su guarda.
>
> Los tutores lo son de los perjuicios causados por los menores que están bajo su autoridad y habitan en su compañía.
>
> Los curadores con facultades de representación plena lo son de los perjuicios causados por la persona a quien presten apoyo, siempre que convivan con ella.
>
> Lo son igualmente los dueños o directores de un establecimiento o empresa respecto de los perjuicios causados por sus dependientes en el servicio de los ramos en que los tuvieran empleados, o con ocasión de sus funciones.
>
> Las personas o entidades que sean titulares de un Centro docente de enseñanza no superior responderán por los daños y perjuicios que causen sus alumnos menores de edad durante los períodos de tiempo en que los mismos se hallen bajo el control o vigilancia del profesorado del Centro, desarrollando actividades escolares o extraescolares y complementarias.

La responsabilidad de que trata este artículo cesará cuando las personas en él mencionadas prueben que emplearon toda la diligencia de un buen padre de familia para prevenir el daño».

Se cumplen todos los requisitos para la declaración de responsabilidad civil extra-contractual del Centro médico conforme a la jurisprudencia:

STS n.º 635/2018, de 16 de noviembre, ECLI:ES:TS:2018:3823:

«También se relacionan con el daño desproporcionado, confundiéndolo con la responsabilidad por deficiencias asistenciales, que constituye el núcleo esencial de la lex artis de un hospital o centro médico, cuyo incumplimiento puede ser determinante de la evolución negativa del paciente, como también lo confundió el juzgado, para traer finalmente a colación algo novedoso como es la infracción de la doctrina de la pérdida de oportunidad, dando por supuesto que ha habido culpa causalmente vinculada a un daño, sin haberse constatado previamente la existencia de una actuación contraria a la lex artis que privó al paciente de alguna expectativas de curación».

STS n.º 509/2018, de 20 de septiembre, ECLI:ES:TS:2018:3166:

«La sentencia recurrida en casación confunde la relación de todos los condenados con la víctima y la de los deudores solidarios entre sí. Lo que la sentencia está aplicando no es la responsabilidad civil directa del artículo 1902, por posibles defectos asistenciales directamente imputables a la aseguradora sanitaria (el único reproche es el de un incumplimiento meramente contractual frente a su asegurada), sino la responsabilidad del artículo 1903, por culpa "in vigilando" o "in eligendo", puesto que no es ella quien origina el daño, sino los facultativos de su cuadro médico, y ello le autoriza a ejercitar frente a los mismos el derecho de repetición del artículo 1904 pues tanto la responsabilidad civil derivada de su elección, como la que resulta del contrato de seguro, sería aplicable frente al asegurado perjudicado, pero no en su relación con los médicos dado que ninguna conducta puede reprochársele causalmente vinculada al daño; respuesta que sería la misma en el ámbito de la responsabilidad contractual del artículo 1101 del CC, contra su auxiliar contractual, frente al que se ejercita la acción de regreso (artículo 1145 del Código Civil) por deuda pagada por el actor derivada de su condena».

STS n.º 653/2006, de 21 de junio, ECLI:ES:TS:2006:3715:

«Para fundamentar lo anterior hay que traer a colación la sentencia de 24 de junio de 2000 que dice "La responsabilidad por hecho ajeno tipificada en el párrafo cuarto del artículo 1903 del Código Civil se basa en una relación de dependencia o subordinación entre el causante material del daño y el empresario demandado, además de que el acto antijurídico y lesivo haya sido realizado en la esfera de actividad del responsable, siempre con posibilidad de acción directa contra el titular de la empresa (sentencias de 18 de junio de 1979, 4 de enero de 1982, 28 de febrero de 1983 y 26 de junio de 1984, entre otras); y ya se la funde en la intervención de culpa 'in eligendo' o 'in vigilando', por infracción del deber de cuidado reprochable al segundo en la selección de dependiente o en el control de la actividad por éste desarrollada, bien se prescinda de tales presunciones y se acuda a la responsabilidad por riesgo, siguiendo el criterio mayoritario (Sentencias de 4 de enero de 1982 y 3 de julio de 1984), ciertamente será indispensable una actuación culposa del dependiente o empleado (sentencia de 9 de julio de 1984), como se desprende del fundamento mismo de tal responsabilidad y del párrafo primero del propio artículo 1903 (sentencia del Tribunal Supremo de 7 de noviembre de 1985)". Así como cuando la de 8 de mayo de 1999 afirma que: "La responsabilidad que impone el precepto dicho —artículo 1903-3— al empresario no es subsidiaria sino directa, al derivarse del incumplimiento de los deberes impuestos por las relaciones de convivencia social de vigilar a las personas que están bajo la dependencia de otros y de emplear la debida cautela en la elección de servidores y en la vigilancia de sus actos, como así ha venido declarándose de manera constante en la jurisprudencia de la Sala"».

Se dan todos los requisitos necesarios para hablar de responsabilidad contractual:

1. Conducta negligente

2. Lesiones a mi mandante

3. Nexo de causalidad entre las anteriores

1. Conducta negligente

El médico ha incumplido su obligación de medios como profesional sanitario que, según reiterada jurisprudencia, comprendería la obligación de aplicar las técnicas médicas con el cuidado y precisión exigible de acuerdo con las circunstancias y riesgos inherentes a cada intervención, esto es, ajustar su actividad a la *lex artis*.

El informe pericial aportado acredita que, en el caso de mi paciente, el demandado no se ajustó a la *lex artis*, pues los protocolos médicos aconsejan realizar las siguientes actuaciones: [DESCRIBIR].

Como dispone la STS, rec. 3442/1999, de 26 de julio de 2006, ECLI:ES:TS:2006:5083:

> «La actividad que debe el médico, a quien se reputan los necesarios conocimientos técnicos, es la de un experto profesional, que, como tal, queda obligado no ya a actuar con la diligencia de un buen padre de familia, sino a aplicar las energías, medios y conocimientos que, según el estado de la ciencia, "lex artis" o conjunto de saberes y técnicas propias de su profesión, estaban objetivamente a su alcance para el logro de aquel fin —sentencia de 30 de diciembre de 2004, que cita las de 12 de febrero de 1990, 29 de julio de 1998 y 8 de septiembre de 1998—; siendo, desde luego, la impericia una forma de negligencia, por lo que quien asume como experto una obligación de actividad y no la cumple con el rigor técnico exigible, responde, como deudor negligente, del daño causado —sentencia de 30 de diciembre de 2004—».

2. Daño

Las lesiones causadas a mi mandante cumplen todos los requisitos exigidos jurisprudencialmente para dar lugar a responsabilidad civil:

- Es un **daño real** y efectivo por cuanto han quedado acreditadas las lesiones que padece mi mandante, como acredita el informe médico aportado.

- Se trata de un **daño evaluable económicamente**, como cumplidamente expusimos en los hechos de esta demanda, de conformidad con el informe pericial aportado.

- Es **consecuencia directa de la actuación del profesional** médico demandado como exponemos a continuación.

3. Nexo causal

La jurisprudencia exige certeza probatoria para determinar el nexo causal que se ha determinado en el presente caso de conformidad con el informe pericial. En su punto número [NUMERO] establece que la conducta médica fue absolutamente determinante para provocar las lesiones a mi mandante y que, de haber seguido los protocolos médicos aplicables en idénticos casos clínicos al examinado, su hubiese evitado el daño causado.

Sobre el nexo causal, la STS n.º 483/2010, de 13 de julio, ECLI: ES:TS:2010:3910 dispone que:

> «Esta Sala ha dicho con reiteración que la prueba del nexo causal resulta imprescindible, tanto si se opera en el campo de la responsabilidad subjetiva como en el de la objetiva (SSTS 11 de febrero de 1998; 30 de junio de 2000; 20 de febrero de 2003) y que ha de resultar de una certeza probatoria y no de meras conjeturas, deducciones o probabilidades (SSTS 6 de febrero y 31 de julio de 1999, 8 de febrero de 2000) (...)».

VIII.- COSTAS

De conformidad con el **artículo 394 de la LEC**, las costas deberás ser impuestas a la parte demandante.

Por lo expuesto,

SUPLICO AL JUZGADO:

Que tenga por presentado este escrito, con sus copias y documentos que la acompañan, se sirva admitirlo, les de la tramitación legal pertinente, me tenga por comparecido y parte en la representación que ostento y tenga por formulada **DEMANDA DE RECLAMACIÓN DE CANTIDAD** por daños y perjuicios derivados de responsabilidad extracontractual contra [NOMBRE_PARTE_CONTRARIA] y en su día, y previos los trámites oportunos, se sirva a dictar sentencia por la que declare la responsabilidad civil y condene al demandado a abonar a mi mandante la cantidad de [NÚMERO] euros, con expresa imposición de costas.

Todo ello con expresa imposición en costas a la parte demandada.

Por ser justicia que pido en [LOCALIDAD] a [DÍA] de [MES] de [AÑO].

Letrado/a D./D.ª   Procurador/a D./D.ª

[NOMBRE Y FIRMA LETRADO/A]   [NOMBRE Y FIRMA PROCURADOR/A]

OTROSÍ DIGO: siendo intención de esta parte cumplir con todos los requisitos legales, a tenor de lo previsto en el artículo 231 de la Ley de Enjuiciamiento Civil, se solicita se le diere traslado de cualquier defecto que adoleciere la presente demanda, para la inmediata subsanación de la misma.

Por ello,

SUPLICO AL JUZGADO:

Que tenga por efectuada la anterior manifestación a los efectos oportunos.

Por ser justicia, fecha y lugar *ut supra*.

Letrado/a D./D.ª   Procurador/a D./D.ª

[NOMBRE Y FIRMA LETRADO/A]   [NOMBRE Y FIRMA PROCURADOR/A]

---

(1) El RD-ley 6/2023, de 19 de diciembre, modifica el artículo 249 de la LEC con entrada en vigor el 20/03/2024. El extracto mostrado en este formulario constituye la versión vigente desde esa fecha.

(2) El RD-ley 6/2023, de 19 de diciembre, modifica el artículo 250 de la LEC con entrada en vigor el 20/03/2024.

Demanda de responsabilidad extracontractual por falta de información/consentimiento informado

AL JUZGADO DE PRIMERA INSTANCIA DE [LOCALIDAD]

Don/ Doña [NOMBRE_PROCURADOR/A], procurador/a de los tribunales, colegiado/a n.º [NÚMERO COLEGIADO PROCURADOR/A CLIENTE] en nombre y representación de **don/doña** [NOMBRE], con DNI/NIE/NIF n.º. [NÚMERO] y domicilio en C/ [CALLE], n.º [NÚMERO], CP [CÓDIGO_POSTAL], [LOCALIDAD], [PROVINCIA] según acredito por medio de [ESCRITURA DE PODER QUE SE ACOMPAÑA COMO DOCUMENTO N.º [NUMERO]/APUD ACTA], bajo la dirección letrada de don/doña [NOMBRE], colegiado/a número [NÚMERO] ICA [LOCALIDAD], ante el juzgado comparezco y, como mejor proceda en Derecho,

DIGO

Que en la representación que ostento, procedo a interponer **DEMANDA DE JUICIO ORDINARIO** en reclamación de cantidad por responsabilidad extracontractual contra **don/doña** [NOMBRE], con dirección en [DOMICILIO PARTE CONTRARIA] y [NIF/CIF/DNI PARTE CONTRARIA], y contra **la aseguradora** [NOMBRE] con CIF número [NÚMERO] y dirección en [DOMICILIO SOCIAL].

Todo ello con relación a los siguientes,

HECHOS

PRIMERO.- Mi representado/a, en fecha [FECHA] sufrió una caída en su domicilio que le produjo [DESCRIPCIÓN], siendo trasladado en ambulancia al centro médico/ hospital [NOMBRE].

SEGUNDO.- En el centro médico es atendido por el/la Dr./Dra. [NOMBRE], hoy demandado/a.

Tras las pruebas radiológicas y exploraciones correspondientes, se le intervino quirúrgicamente.

TERCERO.- Mi mandante sufre tetraplejia como consecuencia de aquella intervención, sin haber sido informado/a previamente de los riesgos de la misma ni haber firmado el consentimiento preceptivo.

El dictamen pericial médico que aportamos como documento [NÚMERO] dispone además que dicha intervención no era aconsejable en todos los casos en que se presenta una lesión como la de mi mandante y que es el/la paciente, tras ser informado/a de los graves riesgos que pueden derivarse de la cirugía practicada, el/la que debe sopesar y decidir libremente si someterse a la misma.

CUARTO.- La indemnización por los días de hospitalización, daños y secuelas, ascienden a [CUANTÍA] €, todo ello de conformidad con el baremo de la ley responsabilidad civil y seguro en vehículos a motor vigente en el momento de los daños producidos.

El desglose de los referidos daños es: [DESCRIPCIÓN].

A los anteriores hechos les son de aplicación los siguientes,

FUNDAMENTOS DE DERECHO

I.- JURISDICCIÓN Y COMPETENCIA

En cuanto a la jurisdicción, son de aplicación los arts. 21 y ss. de la LOPJ, así como lo establecido en el **art. 36 de la LEC**. Corresponde a la jurisdicción civil por tratarse de daños producidos por un médico particular de la sanidad privada.

Es competente el Juzgado al que me dirijo conforme **al artículo 50.1 de la Ley de Enjuiciamiento Civil**. Aunque el domicilio de la aseguradora se encuentre en lugar, es de aplicación el **artículo 53.2 LEC** que dispone que cuando hubiere varios demandados y pudiera corresponder la competencia territorial a los jueces de más de un lugar, la demanda podrá presentarse ante cualquiera de ellos a elección del demandante.

II.- CAPACIDAD Y LEGITIMACIÓN

Poseen las partes capacidad y legitimación suficiente de conformidad con lo estipulado en los arts. 6, 10 y concordantes de la LEC.

III.- REPRESENTACIÓN

Las partes deberán comparecer por medio de procurador y asistidas de letrado, de conformidad con lo expuestos en los **arts. 23 y 31 de la LEC**, al ser la cuantía del procedimiento superior a 2.000 €.

IV.- PROCEDIMIENTO

De tramitación por los cauces del procedimiento ordinario de acuerdo con lo dispuesto en el **artículo 249.2 de la LEC (1)**, al ser la cuantía reclamada superior a 15.000 € y no concretarse en ninguna de las materias establecidas en el **art. 250 de la LEC (2)**.

V.- CUANTÍA

Se establece la cuantía del procedimiento en [CUANTÍA] €, ello con relación a lo expuesto en el **artículo 253**, en relación con el **artículo 251**, ambos de la Ley de Enjuiciamiento Civil.

VI.- PLAZO

El **artículo 1968 del Código Civil** establece el plazo de prescripción de un año para ejercitar las acciones reclamando la responsabilidad civil derivada de culpa o negligencia extracontractual.

A este respecto y siguiendo doctrina del Tribunal supremo, en concreto de la **sentencia n.º 544/2015 de 20 de octubre. ECLI:ES:TS:2015:4149**:

> «El día inicial para el ejercicio de la acción es aquel en que puede ejercitarse, según el principio actio nondum nata non praescribitur (la acción que todavía no ha nacido no puede prescribir) (SSTS de 27 de febrero de 2004; 24 de mayo de 2010; 12 de diciembre 2011). Este principio exige, para que la prescripción comience a correr en su contra, que la parte que propone el ejercicio de la acción disponga de los elementos fácticos y jurídicos idóneos para fundar una situación de aptitud plena para litigar. Aunque la jurisprudencia retrasa el comienzo del plazo de prescripción en supuestos de daños continuados o de producción sucesiva e ininterrumpida hasta la producción del definitivo resultado, también matiza que esto es así cuando no es posible fraccionar en etapas diferentes o hechos diferenciados la serie proseguida (STS 14 de junio 2011). El daño permanente es aquel que se produce en un momento determinado por la conducta del demandado, pero persiste a lo largo del tiempo con la posibilidad, incluso, de agravarse por factores ya del

todo ajenos a la acción u omisión del demandado. En este caso de daño duradero o permanente, el plazo de prescripción comenzará a correr "desde que lo supo el agraviado", como dispone el art. 1968. 2º CC, es decir desde que tuvo cabal conocimiento del mismo y pudo medir su trascendencia mediante un pronóstico razonable, porque de otro modo se daría la hipótesis de absoluta imprescriptibilidad de la acción hasta la muerte del perjudicado, en el caso de daños personales, o la total pérdida de la cosa, en caso de daños materiales, vulnerándose así la seguridad jurídica garantizada por el artículo 9.3 de la Constitución y fundamento, a su vez, de la prescripción (SSTS 28 de octubre 2009; 14 de junio 2001)».

VII.- FONDO DEL ASUNTO

Artículo 1902 CC:

«El que por acción u omisión causa daño a otro, interviniendo culpa o negligencia, está obligado a reparar el daño causado».

Es de aplicación en este caso la responsabilidad extracontractual del **artículo 1902 CC** por no existir previa relación obligacional entre el médico y el paciente.

Se cumplen todos los requisitos para la declaración de responsabilidad civil extracontractual de don/doña [NOMBRE PARTE CONTRARIA]:

- Conducta negligente.
- Lesiones a mi mandante.
- Nexo de causalidad entre las anteriores.

1. Conducta negligente

El demandado/a ha incumplido su obligación de medios como profesional sanitario/a que, según reiterada jurisprudencia, exige la obligación de aplicar las técnicas médicas con el cuidado y precisión exigible de acuerdo con las circunstancias y riesgos inherentes a cada intervención e informar y recabar el consentimiento informado, esto es, ajustar su actividad a la *lex artis*.

El informe pericial aportado acredita que, en el caso de mi paciente, el demandado/a no se ajustó a la *lex artis*. Como dispone la **STS, rec. 3442/1999, de 26 de julio de 2006, ECLI:ES:TS:2006:5083**:

«La actividad que debe el médico, a quien se reputan los necesarios conocimientos técnicos, es la de un experto profesional, que, como tal, queda obligado no ya a actuar con la diligencia de un buen padre de familia, sino a aplicar las energías, medios y conocimientos que, según el estado de la ciencia, "lex artis" o conjunto de saberes y técnicas propias de su profesión, estaban objetivamente a su alcance para el logro de aquel fin (sentencia de 30 de diciembre de 2004, que cita las de 12 de febrero de 1990, 29 de julio de 1998 y 8 de septiembre de 1998); siendo, desde luego, la impericia una forma de negligencia, por lo que quien asume como experto una obligación de actividad y no la cumple con el rigor técnico exigible, responde, como deudor negligente, del daño causado (sentencia de 30 de diciembre de 2004)».

El derecho del paciente a ser informado se regula en la Ley 41/2002 de 14 de noviembre básica reguladora de la autonomía del paciente y de derechos y obligaciones en materia de información y documentación clínica cuyo artículo 4 dispone:

«Los pacientes tienen derecho a conocer, con motivo de cualquier actuación en el ámbito de su salud, toda la información disponible sobre la misma, salvando los supuestos exceptuados por la Ley».

En cuanto a la obtención del consentimiento informado, el artículo 8.1 de la referida ley dispone:

«Toda actuación en el ámbito de la salud de un paciente necesita el consentimiento libre y voluntario del afectado, una vez que, recibida la información prevista en el artículo 4, haya valorado las opciones propias del caso».

Sobre la forma de prestación del consentimiento continúa diciendo el artículo que será verbal por regla general, salvo en tres supuestos:

1. Intervención quirúrgica.

2. Procedimientos diagnósticos y terapéuticos invasores.

3. En general en aplicación de procedimientos que suponen riesgos o inconvenientes de notoria o previsible repercusión negativa sobre la salud del paciente.

Es reiterada la jurisprudencia del Tribunal Supremo que manifiesta que la falta de información y de consentimiento cuando es necesario supone mala praxis por vulneración de la *lex artis*.

En nuestro caso, la falta de información y consentimiento ha causado graves daños a mi mandante que deben ser indemnizados.

Citamos al respecto la siguiente jurisprudencia:

La **STS n.º 948/2011, de 16 de enero de 2012, ECLI:ES:TS:2012:279** declara que:

«(...) la omisión de la información y la posibilidad de haberse sustraído a la intervención médica cuyos riesgos se han materializado y no entre la negligencia del médico y el daño a la salud del paciente. La negligencia médica ha comportado una pérdida de oportunidad para el paciente que debe valorarse en razón a la probabilidad de que, una vez informado de estos riesgos personales, probables o típicos, hubiera decidido continuar en la situación en que se encontraba o se hubiera sometido razonablemente a una intervención que garantizaba en un alto porcentaje la posibilidad de recuperación, pues si bien no había necesidad vital para llevarla a efecto, si era clínicamente aconsejable en razón a la existencia de una patología previa y al fracaso del tratamiento conservador instaurado durante algún tiempo».

Así, la **STS n.º 483/2015, de 8 de septiembre, ECLI:ES:TS:2015:3722** reza:

«(...) es evidente que esta falta de información implica una mala praxis médica que no solo es relevante desde el punto de vista de la imputación sino que es además una consecuencia que la norma procura que no acontezca, para permitir que el paciente pueda ejercitar con cabal conocimiento (consciente, libre y completo) el derecho a la autonomía decisoria más conveniente a sus intereses, que tiene su fundamento en la dignidad de la persona que, con los derechos inviolables que le son inherentes, es fundamento del orden político y de la paz social (art. 10.1 CE), como precisa la sentencia de 2 de julio de 2002.

La doctrina jurisprudencial más próxima al caso que ahora se enjuicia, de falta de información, no discutida, y de una correcta praxis médica, refiere que el daño que se pone a cargo del facultativo no es el que resulta de una intervención defectuosa, puesto que los hechos probados de la sentencia descartan una negligencia médica en su práctica. El daño que fundamenta la responsabilidad resulta de haber haberse omitido la información previa al consentimiento (STS 4 de marzo 2011).

Es cierto que acuerdo con la sentencia de esta Sala de 27 de septiembre de 2001, reiterada en las de 10 de mayo 2006, 23 de octubre de 2008 y 4 de marzo de 2011, la falta de información no es "per se" una causa de resarcimiento pecuniario, es decir, no da lugar a una indemnización si no hay un daño derivado, evitable de haberse producido. Pero también lo es que, en este caso, se materializó un riesgo del que no había sido informada la paciente».

La **STS n.º 478/2009, de 30 de junio, ECLI:ES:TS:2009:4412** señala:

> «Por su parte la sentencia de 10 de mayo de 2006 (rec. 3476/99), de modo muy similar a la de 15 de noviembre del mismo año (rec.771/00), expone la jurisprudencia sobre el deber de información del médico y el consentimiento informado del paciente en los siguientes términos: "La Jurisprudencia de esta Sala ha puesto de relieve la importancia de cumplir este deber de información del paciente en cuanto integra una de las obligaciones asumidas por los médicos, y es requisito previo a todo consentimiento, constituyendo un presupuesto y elemento esencial de la lex artis para llevar a cabo la actividad médica (SSTS de 2 de octubre de 1997; 29 de mayo y 23 de julio de 2003; 21 de diciembre 2005, entre otras).Como tal, forma parte de toda actuación asistencial y está incluido dentro de la obligación de medios asumida por el médico (SSTS 25 de abril de 1994; 2 de octubre de 1997 y 24 de mayo de 1999). Se trata de que el paciente participe en la toma de decisiones que afectan a su salud y de que a través de la información que se le proporciona pueda ponderar la posibilidad de sustraerse a una determinada intervención quirúrgica, de contrastar el pronóstico con otros facultativos y de ponerla en su caso a cargo de un Centro o especialistas distintos de quienes le informan de las circunstancias relacionadas con la misma».

Por último, cabe traer a colación la **STS n.º 828/2021, de 30 de noviembre, ECLI:ES:TS:2021:4355**:

> «Únicamente cuando el enfermo, con una información suficiente y una capacidad de comprensión adecuada, adopta libremente una decisión con respecto a una actuación médica, se puede concluir que quiere el tratamiento que se le va a dispensar. En este sentido, la sentencia 784/2003, de 23 de julio, señala que: "la información pretende iluminar al enfermo para que pueda escoger con libertad dentro de las opciones posibles, incluso la de no someterse a ningún tratamiento o intervención quirúrgica".
>
> En este sentido, la STC 37/2011, de 28 de marzo, señala que el art. 15 CE comprende: "decidir libremente entre consentir el tratamiento o rehusarlo, aun cuando pudiera conducir a un resultado fatal [...] Ahora bien para que esta facultad de decidir sobre los actos médicos que afectan al sujeto pueda ejercerse con plena libertad, es imprescindible que el paciente cuente con la información médica adecuada sobre las medidas terapéuticas, pues solo si dispone de dicha información podrá prestar libremente su consentimiento".
>
> En definitiva, la privación de información equivale a la privación del derecho a consentir».

2. Daño

Las lesiones causadas a mi mandante cumplen todos los requisitos exigidos jurisprudencialmente para dar lugar a responsabilidad civil:

- Es un daño real y efectivo por cuanto han quedado acreditadas las lesiones que padece mi mandante, como dispone el informe médico aportado.

- Se trata de un daño evaluable económicamente, como cumplidamente expusimos en los hechos de esta demanda y de conformidad con el informe pericial aportado.

- Es consecuencia directa de la actuación del profesional médico/a demandado/a como exponemos a continuación.

3. Nexo causal

La jurisprudencia exige certeza probatoria para determinar el nexo causal la cual se ha determinado en el presente caso pues el/la paciente, de haber conocido el riesgo especifico de la intervención, no se hubiese sometido a la misma puesto que no era imprescindible, ni siquiera aconsejable, para solventar su dolencia.

Sobre el nexo causal, la **STS n.º 483/2010, de 13 de julio, ECLI:ES:TS:2010:3910** dispone que:

> «Esta Sala ha dicho con reiteración que la prueba del nexo causal resulta imprescindible, tanto si se opera en el campo de la responsabilidad subjetiva como en el de la objetiva (SSTS 11 de febrero de 1998; 30 de junio de 2000; 20 de febrero de 2003) y que ha de resultar de una certeza probatoria y no de meras conjeturas, deducciones o probabilidades (SSTS 6 de febrero y 31 de julio de 1999, 8 de febrero de 2000) (...)».

En cuanto a la responsabilidad de la compañía aseguradora, el **art. 73 de la LCS** dispone lo siguiente:

> «Por el seguro de responsabilidad civil el asegurador se obliga, dentro de los límites establecidos en la Ley y en el contrato, a cubrir el riesgo del nacimiento a cargo del asegurado de la obligación de indemnizar a un tercero los daños y perjuicios causados por un hecho previsto en el contrato de cuyas consecuencias sea civilmente responsable el asegurado, conforme a Derecho».

En este sentido, la **STS n.º 129/2022, de 21 de febrero, ECLI:ES:TS:2022:631** señala:

> «La finalidad de esta clase de seguros consiste pues en la protección del asegurado, ante la eventualidad de la responsabilidad en que pueda incurrir frente a terceros. La correlativa obligación de resarcimiento del asegurador, para dejar patrimonialmente indemne al asegurado, se encuentra condicionada a la producción del siniestro que, durante la vigencia del contrato, sea consecuencia de la realización de un riesgo, que no se encuentre debidamente excluido de cobertura, sino abarcado por la misma, bajo los requisitos legalmente exigibles; es decir "dentro de los límites establecidos en la Ley y en el contrato".
>
> El daño, objeto de aseguramiento, tiene características propias, en tanto en cuanto no cubre un bien concreto del asegurado, sino que da cobertura a todo su patrimonio; y en segundo lugar, el daño afecta al asegurado de forma indirecta, pues repercute directamente en el patrimonio de la víctima, que lo padece, y, de manera consecuencial o indirecta, en el del asegurado responsable de su resarcimiento».

VIII.- COSTAS

De conformidad con el **artículo 394 de la LEC**, las costas deberás ser impuestas a la parte demandante.

Por lo expuesto,

SUPLICO AL JUZGADO:

Que tenga por presentado este escrito, con sus copias y documentos que la acompañan, se sirva admitirlo, les de la tramitación legal pertinente, me tenga por comparecido y parte en la representación que ostento y tenga por formulada **DEMANDA DE JUICIO ORDINARIO DE RECLAMACIÓN DE CANTIDAD** por daños y perjuicios derivados de responsabilidad extracontractual contra [NOMBRE PARTE CONTRARIA] y contra [NOMBRE PARTE CONTRARIA] y en su día, y previos los trámites oportunos, incluida la pertinente vista, se sirva dictar sentencia por la que se declare la responsabilidad civil del facultativo y se condene a los demandados a abonar a mi mandante conjunta y solidariamente la cantidad de [NÚMERO] euros, con expresa imposición de costas.

Todo ello con expresa imposición en costas a la parte demandada.

Por ser Justicia que pido en [LUGAR] a [DÍA] de [MES] de [AÑO].

<table>
<tr><td>Letrado/a D./D.ª</td><td>Procurador/a D./D.ª</td></tr>
<tr><td>[NOMBRE Y FIRMA LETRADO/A]</td><td>[NOMBRE Y FIRMA PROCURADOR/A]</td></tr>
</table>

OTROSÍ DIGO: siendo intención de esta parte cumplir con todos los requisitos legales, a tenor de lo previsto en el artículo 231 de la Ley de Enjuiciamiento Civil, se solicita se le diere traslado de cualquier defecto que adoleciere la presente demanda, para la inmediata subsanación de la misma.

Por ello,

SUPLICO AL JUZGADO:

Que tenga por efectuada la anterior manifestación a los efectos oportunos.

Por ser de Justicia, fecha y lugar *ut supra*.

<table>
<tr><td>Letrado/a D./D.ª</td><td>Procurador/a D./D.ª</td></tr>
<tr><td>[NOMBRE Y FIRMA LETRADO/A]</td><td>[NOMBRE Y FIRMA PROCURADOR/A]</td></tr>
</table>

---

(1) El RD-ley 6/2023, de 19 de diciembre, modifica el artículo 249 de la LEC con entrada en vigor el 20/03/2024.
(2) El RD-ley 6/2023, de 19 de diciembre, modifica el artículo 250 de la LEC con entrada en vigor el 20/03/2024.

Demanda de juicio ordinario de reclamación de cantidad por negligencia médica en operación de cirugía estética

AL JUZGADO DE PRIMERA INSTANCIA
NÚMERO [NÚMERO] DE [LOCALIDAD]

D./D.ª [NOMBRE_PROCURADOR/A], procurador/a de los tribunales, colegiado n.º [NÚMEROCOLEGIADO_PROCURADOR_CLIENTE] en nombre y representación de D./D.ª [NOMBRE], mayor de edad, con DNI/NIE/NIF n.º [NÚMERO] y domicilio en C/ [CALLE], n.º [NÚMERO], CP [CÓDIGO_POSTAL], [LOCALIDAD], [PROVINCIA] según acredito por medio de [ESCRITURA DE PODER QUE SE ACOMPAÑA COMO DOCUMENTO N.º [NUMERO]/APUD ACTA], bajo la dirección letrada de D./D.ª [NOMBRE], colegiado/a número [NÚMERO] ICA [LOCALIDAD], ante el juzgado comparezco y, como mejor proceda en Derecho,

DIGO:

En la representación que ostento, procedo a interponer **DEMANDA DE JUICIO ORDINARIO** en reclamación de indemnización de daños y perjuicios contra D./D.ª [NOMBRE], con dirección en [DOMICILIO_PARTECONTRARIA] y [NIF_CIF_DNI_PARTECONTRARIA], y contra la empresa [NOMBRE_EMPRESA] con CIF n.º [NÚMERO] y dirección en [DOMICILIO_SOCIAL].

Todo ello con relación a los siguientes,

HECHOS

PRIMERO.- Mi representado/a en fecha [FECHA] acudió a la clínica [NOMBRE_EMPRESA] situada en [DOMICILIO] de [CIUDAD] para informarse sobre una operación de cirugía estética consistente en [ESPECIFICAR].

SEGUNDO.- En dicha clínica, mi representado/a fue atendido/a por el/la doctor/a D./D.ª [NOMBRE_PARTECONTRARIA], que le explicó verbalmente en qué consistiría la operación, proceso de curación, [ESPECIFICAR], y cantidad a pagar, [CANTIDAD] euros.

En dicha reunión a mi representado/a le fue preguntado/a por la parte demandada si sufría algún tipo de enfermedad o patología. Mi representado/a comunicó no sufrir ninguna enfermedad grave pero sí informó de su tabaquismo de más de veinte años, fumando 2 cajetillas diarias de media.

Por su parte, la clínica como el/la doctor/a D./D.ª [NOMBRE_PARTECONTRARIA] le aconsejó a mi poderdante que, a fecha de la futura intervención, debería haber dejado de fumar o reducir considerablemente el número de cigarros fumados al día, pero sin advertirle de un mayor riesgo.

TERCERO.- En fecha [FECHA] mi representado/a acordó con la clínica [NOMBRE_EMPRESA] y con D./D.ª [NOMBRE_PARTECONTRARIA] realizar la operación de cirugía estética consistente en [ESPECIFICAR] el día [DIA] de [MES] de [AÑO] a las [HORA] horas.

Para ello, mi representado/a firmó un documento entregado por un empleado de la clínica, prestando su consentimiento por escrito para realizar la intervención quirúrgica, tras la información facilitada por la clínica y los cirujanos sobre la intervención, curación y posibles efectos secundarios.

CUARTO.- En fecha [FECHA], en la misma clínica, le es realizada la intervención, procediendo mediante [DESCRIPCIÓN].

QUINTO.- Tras realizar la operación, y pasar hospitalizado/a [NÚMERO] días, tuvieron lugar las siguientes complicaciones:

  • [ESPECIFICAR]

De dichas complicaciones mi representado/a no fue informado/a en ningún momento por los demandados, ni de forma escrita ni de forma verbal.

Estas complicaciones, le produjeron las siguientes secuelas:

  • [ESPECIFICAR]

SEXTO.- La indemnización producida por los daños y perjuicios causados a la parte demandante como consecuencia de la intervención quirúrgica asciende a la cantidad de [CANTIDAD] euros, en concepto de secuelas de carácter somático y estético, calculada conforme al Baremo de circulación, a la cantidad de [CANTIDAD] euros en concepto de daños morales y a la cantidad de [CANTIDAD] euros en concepto de reintegro del importe satisfecho por mi representado/a a la clínica.

A los anteriores hechos, le son de aplicación los siguientes,

FUNDAMENTOS DE DERECHO

I.- JURISDICCIÓN Y COMPETENCIA

De aplicación lo estipulado en los arts. 21 y ss. de la LOPJ, así como lo establecido en el art. 36 de la LEC.

Es competente el Juzgado al que me dirijo de conformidad con el artículo 50 y 53.2 de la LEC.

II.- CAPACIDAD Y LEGITIMACIÓN

Poseen las partes capacidad y legitimación suficiente de conformidad con lo estipulado en los arts. 6, 10 y concordantes de la LEC.

III.- REPRESENTACIÓN

Las partes deberán comparecer por medio de procurador y asistidas de letrado, de conformidad con lo expuesto en los arts. 23 y 31 de la LEC, al ser la cuantía del procedimiento superior a 2.000 euros.

IV.- PROCEDIMIENTO

De tramitación por los cauces del procedimiento ordinario de acuerdo con lo dispuesto en el artículo 249.2 de la LEC **(1)**, al ser la cuantía reclamada superior a 15.000 euros y no concretarse en ninguna de las materias establecidas en el art. 250 de la LEC.

V.- CUANTÍA

Se establece la cuantía del procedimiento en [CUANTÍA] euros, ello con relación a lo expuesto en el artículo 253, en relación con el artículo 251, ambos de la Ley de Enjuiciamiento Civil.

VI.- FONDO DEL ASUNTO

Resultan de aplicación la Ley 41/2002, de 14 de noviembre, básica reguladora de la autonomía del paciente y de derechos y obligaciones en materia de información y documentación clínica.

El **artículo 1** de esta norma señala que «la presente Ley tiene por objeto la regulación de los derechos y obligaciones de los pacientes, usuarios y profesionales, así como de los centros y servicios sanitarios, públicos y privados, en materia de autonomía del paciente y de información y documentación clínica».

El **artículo 2** reconoce que «toda actuación en el ámbito de la sanidad requiere, con carácter general, el previo consentimiento de los pacientes o usuarios. El consentimiento, que debe obtenerse después de que el paciente reciba una información adecuada, se hará por escrito en los supuestos previstos en la Ley».

Y señala la **obligación para todo profesional que interviene en la actividad no solo a la correcta prestación de sus técnicas, sino al cumplimiento de los deberes de información y de documentación clínica**, y al respeto de las decisiones adoptadas libre y voluntariamente por el paciente.

El «consentimiento informado» viene definido por esa ley como «la conformidad libre, voluntaria y consciente de un paciente, manifestada en el pleno uso de sus facultades después de recibir la información adecuada, para que tenga lugar una actuación que afecta a su salud».

Por su parte, el artículo 4 expresa:

«1. Los pacientes tienen derecho a conocer, con motivo de cualquier actuación en el ámbito de su salud, toda la información disponible sobre la misma, salvando los supuestos exceptuados por la Ley (...).
(...)
3. El médico responsable del paciente le garantiza el cumplimiento de su derecho a la información. Los profesionales que le atiendan durante el proceso asistencial o le apliquen una técnica o un procedimiento concreto también serán responsables de informarle».

Respecto al **consentimiento del paciente**, dispone el artículo 8:

«1. Toda actuación en el ámbito de la salud de un paciente necesita el consentimiento libre y voluntario del afectado, una vez que, recibida la información prevista en el artículo 4, haya valorado las opciones propias del caso.
2. El consentimiento será verbal por regla general.
Sin embargo, se prestará por escrito en los casos siguientes: intervención quirúrgica, procedimientos diagnósticos y terapéuticos invasores y, en general, aplicación de procedimientos que suponen riesgos o inconvenientes de notoria y previsible repercusión negativa sobre la salud del paciente».

En cuanto a la **obligación de información por parte de los facultativos**, el artículo 10 les obliga a lo siguiente:

«1. El facultativo proporcionará al paciente, antes de recabar su consentimiento escrito, la información básica siguiente:
a) Las **consecuencias relevantes o de importancia que la intervención origina con seguridad**.
b) Los **riesgos relacionados con las circunstancias personales o profesionales del paciente**.

c) Los riesgos probables en condiciones normales, conforme a la experiencia y al estado de la ciencia o directamente relacionados con el tipo de intervención.

d) Las **contraindicaciones**.

2. El médico responsable deberá ponderar en cada caso que cuanto más dudoso sea el resultado de una intervención más necesario resulta el previo consentimiento por escrito del paciente».

Resulta patente, visto lo expuesto por esta ley, que las partes demandas incumplieron su deber de información a mi representado/a, ya que obviaron en todo momento todas las consecuencias y riesgos derivados de la intervención quirúrgica como las contraindicaciones, ya que no tuvieron en cuenta ni se preocuparon de si mi representado/a había cumplido con los consejos sobre abandono del tabaquismo, y, como expondremos más adelante, esta circunstancia incidió en sus secuelas.

En relación con el **consentimiento informado del paciente**, en la **sentencia dictada por la Audiencia Provincial de Madrid n.º 499/2007, de 31 de octubre, ECLI:ES:APM:2007:15519**, se hace referencia a la doctrina específica del Tribunal Supremo en esta materia:

«(...) el Tribunal Supremo ha desarrollado una **doctrina específica por lo que concierne a las intervenciones de cirugía estética**. Así en su sentencia, de 21 de octubre de 2005 se declaró que "nos hallamos, como ya se ha dicho, ante un **supuesto de medicina satisfactiva o voluntaria** (en cuyo ámbito se desarrolla la motivación de esta resolución), **en el que se acrecienta**, —para algún sector doctrinal es el único aspecto del enfoque judicial en el que debe operar la distinción con la medicina denominada necesaria, curativa o asistencial—, **el deber de información médica**, porque si éste se funda en el derecho del paciente a conocer los eventuales riesgos para poderlos valorar y con base en tal información (conocimiento) prestar su consentimiento o desistir de la operación, en ejercicio de su derecho a la libertad personal de decisión o derecho de autodeterminación sobre la salud y persona que es la finalidad perseguida por la norma (art. 10.5 y 6 Ley General de Sanidad 14/1986, de 25 de abril, y en la actualidad Ley BAPIC 41/2002, de 14 de noviembre), con más razón es exigible tal derecho cuando el paciente tiene un mayor margen de libertad para optar por el rechazo de la intervención habida cuenta la innecesidad o falta de premura de la misma; a lo que debe añadirse la oportunidad de **mantener un criterio más riguroso, que respecto de la medicina asistencial**, porque la relatividad de la necesidad podría dar lugar en algunos casos a un silenciamiento de los riesgos excepcionales a fin de evitar una retracción de los pacientes a someterse a la intervención.

El deber de información en la medicina satisfactiva —en el caso, cirugía estética—, en la perspectiva de la información dirigida a la obtención del consentimiento para la intervención, también denominada en nuestra doctrina 'información como requisito previo para la validez del consentimiento', que es la que aquí interesa (otra cosa es la denominada información terapéutica o de seguridad, que comprende las medidas a adoptar para asegurar el resultado de la intervención una vez practicada, y que también debe abarcar la de preparación para la intervención), como **información objetiva, veraz, completa y asequible, no solo comprende las posibilidades de fracaso de la intervención, es decir, el pronóstico sobre las probabilidad del resultado, sino que también se debe advertir de cualesquiera secuelas, riesgos, complicaciones o resultados adversos se puedan producir, sean de carácter permanente o temporal, y con independencia de su frecuencia y de que la intervención se desarrolle con plena corrección técnica.**

Por lo tanto, **debe advertirse de la posibilidad de dichos eventos aunque sean remotos, poco probables o se produzcan excepcionalmente**, y ello tanto más si el evento previsible —no debe confundirse previsible con frecuente— no es la no obtención del resultado sino una complicación severa, o agravación del estado estético como ocurre con el queloide. La información de riesgos previsibles es independiente de su probabilidad, o porcentaje de casos, y sólo quedan excluidos los desconocidos por la ciencia médica en el momento de la intervención».

Viendo la doctrina expuesta, queda claro que existe una **infracción del deber de información**, ya que las complicaciones y secuelas sufridas por mi representado/a [ESPECIFICAR] son conocidos por la ciencia médica como posible consecuencia de una intervención como la realizada en la parte demandante, por lo que, el/la doctor/a debía conocerlo, aun siendo un riesgo previsible, aunque muy improbable, por lo que no le excusaba del deber de información.

Asimismo, en cuanto al consentimiento informado en relación con la medicina satisfactiva, cabe hacer mención a la **sentencia del Tribunal Supremo n.º 828/2021, de 30 de noviembre, ECLI:ES:TS:2021:4355**, que reza como sigue:

«La diferencia existente entre la denominada medicina voluntaria o satisfactiva y la necesaria o terapéutica, tiene repercusiones en la obligación del médico, derivada de la prestación de la lex artis ad hoc, de obtener el consentimiento informado de sus pacientes.

En este sentido, **la jurisprudencia ha proclamado un mayor rigor en los casos de la medicina voluntaria o satisfactiva**, en los que se actúa sobre un cuerpo sano para mejorar su aspecto estético, controlar la natalidad, colocar dispositivos anticonceptivos, llevar a efecto tratamientos odontológicos o realizar implantes capilares entre otras manifestaciones, en contraste con los casos de la medicina necesaria, asistencial o terapéutica, en los que se actúa sobre un cuerpo enfermo con la finalidad de mantener o restaurar la salud, todo ello con las miras puestas en evitar que prevalezcan intereses crematísticos a través de un proceso de magnificación de las expectativas y banalización de los riesgos, que toda intervención invasiva genera».

De esta forma, se quiere impedir que se silencien los riesgos excepcionales ante cuyo conocimiento el paciente podría sustraerse a una intervención innecesaria o de una exigencia relativa, toda vez que no sufre.

El **Tribunal Supremo en sentencia n.º 993/2006, de 4 de octubre, ECLI:ES:TS:2006:5695** estableció al respecto:

«Estamos ante un supuesto de medicina satisfactiva o voluntaria en el que se acentúa la obligación de informar sobre los riesgos y pormenores de una intervención que permita al interesado, paciente o cliente, conocer los eventuales riesgos para poderlos valorar y con base en tal información prestar su consentimiento o desistir de la operación, habida cuenta la innecesidad de la misma, y ello, sin duda, como precisa la Sentencia de 21 de octubre de 2005, obliga a mantener un criterio más riguroso a la hora de valorar la información, más que la que se ofrece en la medicina asistencial, porque la relatividad de la necesidad podría dar lugar en algunos casos a un silenciamiento de los riesgos excepcionales a fin de evitar una retracción de los pacientes a someterse a la intervención, y esta información no fue proporcionada debidamente (...)».

De todo lo expuesto, queda acreditado el **incumplimiento de las exigencias legalmente establecidas respecto al consentimiento informado del paciente lo que su-**

pone una clara vulneración de la *lex artis*. Al respecto ha dispuesto la jurisprudencia lo siguiente:

STS n.º 483/2015, de 8 de septiembre, ECLI:ES:TS:2015:3722

«(...) es evidente que esta falta de información implica una mala praxis médica que no solo es relevante desde el punto de vista de la imputación sino que es además una consecuencia que la norma procura que no acontezca, para permitir que el paciente pueda ejercitar con cabal conocimiento (consciente, libre y completo) el derecho a la autonomía decisoria más conveniente a sus intereses, que tiene su fundamento en la dignidad de la persona que, con los derechos inviolables que le son inherentes, es fundamento del orden político y de la paz social (art. 10.1 CE), como precisa la Sentencia de 2 de julio de 2002».

STS n.º 478/2009, de 30 de junio, ECLI:ES:TS:2009:4412

«Por su parte la sentencia de 10 de mayo de 2006 (rec. 3476/99), de modo muy similar a la de 15 de noviembre del mismo año (rec.771/00), expone la jurisprudencia sobre el deber de información del médico y el consentimiento informado del paciente en los siguientes términos: "La Jurisprudencia de esta Sala ha puesto de relieve la importancia de cumplir este deber de información del paciente en cuanto integra una de las obligaciones asumidas por los médicos, y es requisito previo a todo consentimiento, constituyendo un presupuesto y elemento esencial de la lex artis para llevar a cabo la actividad médica (SSTS de 2 de octubre de 1997; 29 de mayo y 23 de julio de 2003; 21 de diciembre 2005, entre otras).Como tal, forma parte de toda actuación asistencial y está incluido dentro de la obligación de medios asumida por el médico (SSTS 25 de abril de 1994; 2 de octubre de 1997 y 24 de mayo de 1999). Se trata de que el paciente participe en la toma de decisiones que afectan a su salud y de que a través de la información que se le proporciona pueda ponderar la posibilidad de sustraerse a una determinada intervención quirúrgica, de contrastar el pronóstico con otros facultativos y de ponerla en su caso a cargo de un Centro o especialistas distintos de quienes le informan de las circunstancias relacionadas con la misma (...)"».

Todo lo anterior supone la obligación de los demandados de abonar a mi mandante la indemnización por daños y perjuicios solicitada, de conformidad con el artículo 1101 del CC, que regula la responsabilidad civil contractual y en cuya virtud: «Quedan sujetos a la indemnización de los daños y perjuicios causados los que en el cumplimiento de sus obligaciones incurrieren en dolo, negligencia o morosidad, y los que de cualquier modo contravinieren al tenor de aquellas».

Respecto a la **indemnización** solicitada por esta parte en concepto de daño moral, la **STS n.º 533/2000, de 31 de mayo, ECLI:ES:TS:2000:4430**, declaró:

«La situación básica para que pueda darse lugar a un daño moral indemnizable consiste en un sufrimiento o padecimiento psíquico (sentencias 22 mayo 1995, de 19 de octubre de 1996, 27 de septiembre de 1999). La reciente Jurisprudencia se ha referido a diversas situaciones, entre las que cabe citar el impacto o sufrimiento psíquico o espiritual (sentencia, de 23 julio de 1990), impotencia, zozobra, ansiedad, angustia (sentencia, de 6 julio de 1990), la zozobra, como sensación anímica de inquietud, pesadumbre, temor o presagio de incertidumbre (sentencia, de 22 de mayo de 1995), el trastorno de ansiedad, impacto emocional, incertidumbre consecuente (S. 27 enero 1998), impacto, quebranto o sufrimiento psíquico (sentencia, de 12 de julio 1999)».

VII.- COSTAS

Procede imponer las costas a las partes demandadas de conformidad con lo previsto en el artículo 394 de la LEC.

VIII.- *IURA NOVIT CURIA*

En todo lo no invocado resulta de aplicación el principio *iura novit curia*, plasmado en el párrafo segundo del punto primero del artículo 218 de la Ley de Enjuiciamiento Civil, en virtud del cual serán aplicables las demás normas que sean de pertinente, especial o general aplicación, y que el juzgador podrá tener en cuenta de oficio sin necesidad de que hayan sido previamente alegados o invocados por alguna de las partes intervinientes.

Por lo expuesto,

SUPLICO AL JUZGADO:

Que tenga por presentado este escrito, con sus copias y documentos que la acompañan, se sirva admitirlo, les dé la tramitación legal pertinente, me tenga por comparecido y parte en la representación que ostento y tenga por formulada **DEMANDA DE JUICIO ORDINARIO en reclamación de indemnización de daños y perjuicios** contra D./D.ª [NOMBRE], con dirección en [DOMICILIO_PARTECONTRARIA] y [NIF_CIF_DNI_PARTECONTRARIA], y contra la empresa [NOMBRE_EMPRESA] con CIF número [NÚMERO] y dirección en [DOMICILIO_SOCIAL], y en su día, y previos los trámites oportunos, incluida la pertinente vista, se sirva dictar sentencia por la que,

SE DECLARE

1. Que las partes demandadas son responsables civilmente de los daños causados a mi representado/a por [ESPECIFICAR_MOVITOS].

2. Que las partes demandadas indemnicen a mi mandante con la cantidad de [CANTIDAD] euros por los conceptos especificados en el fundamento de derecho n.º VI del presente escrito, en concepto de daños y perjuicios ocasionados.

Todo ello con expresa imposición en costas a la parte demandada.

Por ser justicia que se pide en [LUGAR] a [DÍA] de [MES] de [AÑO].

Letrado D./D.ª   Procurador D./D.ª

[NOMBRE Y FIRMA LETRADO]   [NOMBRE Y FIRMA PROCURADOR]

OTROSÍ DIGO: siendo intención de esta parte cumplir con todos los requisitos legales, a tenor de lo previsto en el artículo 231 de la Ley de Enjuiciamiento Civil, se solicita se le diere traslado de cualquier defecto que adoleciere la presente demanda, para la inmediata subsanación de la misma.

Por ello,

SUPLICO AL JUZGADO:

Que tenga por efectuada la anterior manifestación a los efectos oportunos.

Por ser de justicia, fecha y lugar *ut supra*.

Letrado D./D.ª   Procurador D./D.ª

[NOMBRE Y FIRMA LETRADO]   [NOMBRE Y FIRMA PROCURADOR]

(1) El RD-ley 6/2023, de 19 de diciembre, modifica el artículo 249 de la LEC, con entrada en vigor el 20/03/2024. Este formulario está actualizado a dicha reforma.

Contestación a demanda de juicio verbal en ejercicio de responsabilidad contractual médica

Procedimiento juicio verbal: [NUMERO]/[AÑO]

AL JUZGADO DE PRIMERA INSTANCIA [NÚMERO] DE [LUGAR]

D./D.ª [NOMBRE_PROCURADOR_CLIENTE], procurador/a de los Tribunales y de D./D.ª [NOMBRE_CLIENTE], según tengo acreditado mediante [ESPECIFICAR], el cual acompaño como documento n.º [NÚMERO], bajo la dirección letrada de D./D.ª [NOMBRE_ABOGADO_CLIENTE] colegiado n.º [NÚMERO] por el ICA [LUGAR], ante el juzgado comparezco y, como mejor proceda en derecho,

DIGO

Mediante el presente escrito vengo a formular, en el plazo de diez días concedido al efecto, **CONTESTACIÓN A LA DEMANDA DE JUICIO VERBAL** formulada por [NOMBRE_PARTE_CONTRARIA] en reclamación de cantidad que asciende a [CANTIDAD] euros por responsabilidad profesional de mi mandante, de conformidad con el **art. 438.1 de la LEC** y los siguientes,

HECHOS

PREVIO.- Esta parte niega todas y cada una de las alegaciones vertidas por la adversa en su escrito de demanda, salvo aquellas que sean expresamente reconocidas en el cuerpo de este escrito.

PRIMERO.- De conformidad con el correlativo en cuanto a los datos de entrada en el centro médico, el contrato, la causa y demás informes aportados con la demanda sobre el estado de salud de la parte demandante.

SEGUNDO.– Disconformes con el correlativo.

Mi mandante es un profesional de reconocido prestigio en medicina [ESPECIALIDAD], colegiado desde el año [AÑO] en el Colegio de Médicos de [LUGAR].

Desarrolla su actividad profesional en el centro médico de [NOMBRE] en [LUGAR] desde [FECHA].

TERCERO.- Resulta incierto que el daño causado provenga de la actuación de mi mandante.

Los hechos causantes del resultado que finalmente se produjo se debieron a las siguientes causas, ajenas a la actuación del médico:

- [DESARROLLAR].

CUARTO.- Disconformes con las cantidades que se reclaman por desproporcionadas:

- [DESARROLLAR].

A los anteriores hechos le son de aplicación los siguientes,

FUNDAMENTOS DE DERECHO

I.-, II.-, III.-, IV.- De conformidad con los correlativos en cuanto a JURISDICCIÓN, COMPETENCIA, CAPACIDAD Y LEGITIMACIÓN, REPRESENTACIÓN Y DEFENSA y PROCEDIMIENTO.

V.- FONDO DEL ASUNTO

El contrato concertado con mi mandante se trata de un arrendamiento de servicios que obliga al facultativo a prestar unos medios adecuados (cumplimiento de la *lex artis*), no a la consecución de un resultado:

STS n.º 218/2008, de 12 de marzo, ECLI:ES:TS:2008:3822

> «La responsabilidad del profesional médico es de medios, y como tal no puede garantizar un resultado concreto. Obligación suya es poner a disposición del paciente los medios adecuados y, en particular, proporcionarle la información necesaria que le permita consentir o rechazar una determinada intervención. Los médicos actúan sobre personas, con o sin alteraciones de la salud, y la intervención médica está sujeta, como todas, al componente aleatorio propio de la misma, por lo que los riesgos o complicaciones que se pueden derivar de las distintas técnicas de cirugía utilizadas son similares en todos los casos y el fracaso de la intervención puede no estar tanto en una mala praxis cuanto en las simples alteraciones biológicas. Lo contrario supondría prescindir de la idea subjetiva de culpa, propia de nuestro sistema, para poner a su cargo una responsabilidad de naturaleza objetiva derivada del simple resultado alcanzado en la realización del acto médico, al margen de cualquier otra valoración sobre culpabilidad y relación de causalidad y de la prueba de una actuación médica ajustada a la lex artis, cuando está reconocido científicamente que la seguridad de un resultado no es posible pues no todos los individuos reaccionan de igual manera ante los tratamientos de que dispone la medicina actual. Las singularidades y particularidades, por tanto, de cada supuesto influyen de manera decisiva en la determinación de la regla aplicable al caso y de la responsabilidad consiguiente. En este sentido, la sentencia de 22 de noviembre de 2007, analizando un supuesto de medicina voluntaria o satisfactiva, declara que "no comportan por sí la garantía del resultado perseguido, por lo que sólo se tomará en consideración la existencia de un aseguramiento del resultado por el médico a la paciente cuando resulte de la narración fáctica de la resolución recurrida (así se deduce de la evolución jurisprudencial, de la que son expresión las SSTS 25 de abril de 1994, 11 de febrero de 1997, 7 de abril de 2004, 21 de octubre de 2005, 4 de octubre de 2006 y 23 de mayo de 2007)"».

En cuanto a la alegación de la responsabilidad objetiva de la Ley General de Defensa de los Consumidores y Usuarios, es jurisprudencia reiterada que no puede aplicarse a los profesionales médicos, sino que solamente puede proyectarse sobre los aspectos funcionales del servicio sanitario:

STS n.º 138/2013, de 4 de marzo, ECLI:ES:TS:2013:868

> «En segundo lugar, es cierto que esta Sala admite la invocación de los preceptos de la LCU, citados por la parte recurrente, en relación con la responsabilidad derivada del defectuoso funcionamiento de los servicios sanitarios, si bien advierte que los criterios de imputación derivados de la expresada ley deben proyectarse sobre los aspectos funcionales del servicio sanitario y no puede alcanzar a los daños imputables directamente a los actos médicos (STS de 5 de febrero de 2001 y SSTS allí citadas, de 26 de marzo de 2004 y 17 de noviembre de 2004 y, más recientemente, STS de 5 de enero de 2007). Sin

embargo, en el caso examinado la invocación de los citados preceptos resulta intrascendente, dado que los presupuestos sobre los que se fundan no concurren, habida cuenta de la valoración probatoria efectuada por la sentencia de instancia, que tampoco ha sido combatida».

VI.- COSTAS

Deben imponerse a la demandante, de conformidad con el artículo 394 de la LEC.

Por lo expuesto,

AL JUZGADO SUPLICO:

Que tenga por presentado este escrito con sus documentos y copias, se sirva a admitirlo y, en su virtud, tenga por presentada **CONTESTACIÓN A LA DEMANDA** formulada por [NOMBRE_PARTE_CONTRARIA], para que previos los trámites legales oportunos, dicte en su día sentencia por la que desestime íntegramente la demanda por no existir responsabilidad de mi mandante con expresa imposición de costas a la actora.

Es Justicia que pido en [LUGAR] a [DÍA] de [MES] de [AÑO].

Letrado D./D.ª   Procurador D./D.ª

[NOMBRE Y FIRMA LETRADO]   [NOMBRE Y FIRMA PROCURADOR]

Demanda de responsabilidad patrimonial de la Administración por funcionamiento de servicios sanitarios

AL JUZGADO CONTENCIOSO-ADMINISTRATIVO DE [LOCALIDAD]/**A LA SALA DE LO CONTENCIOSO-ADMINISTRATIVO DEL TRIBUNAL SUPERIOR DE JUSTICIA DE** [COMUNIDAD_AUTÓNOMA]

Don/Doña [NOMBRE_PROCURADOR_CLIENTE], procurador/a de los tribunales de [LOCALIDAD], con n.º de colegiado/a [NÚMERO_COLEGIADO_PROCURADOR_CLIEN-TE] actuando en nombre y representación de don/doña [NOMBRE_CLIENTE], con DNI [NÚMERO], representación que consta acreditada en autos de referencia, bajo la dirección técnica de **don/doña** [NOMBRE_ABOGADO_CLIENTE], abogado/a con número de colegiado/a [NÚMERO_COLEGIADO_ABOGADO_CLIENTE] del Iltre. Colegio de Abogados de [LOCALIDAD], ante el [JUZGADO/SALA_DE_LO_CONTENCIOSO-ADMINISTRATI-VO_DEL_LUGAR_QUE_CORRESPONDA] comparezco y como mejor proceda en derecho,

DIGO

Con fecha [FECHA] se me ha notificado la diligencia de ordenación de [FECHA], por la que se me hace entrega del expediente administrativo [ESPECIFICAR], y dentro del indicado plazo y mediante el presente escrito vengo a formalizar la **DEMANDA de RESPONSABILIDAD PATRIMONIAL**, y ello de conformidad con lo dispuesto en el apartado primero del artículo 52 de la Ley 29/1998, de 13 de julio, reguladora de la Jurisdicción Contencioso-Administrativa **(1)** frente a [ESPECIFICAR], y todo ello en base a los siguientes **(1)**,

HECHOS

PRIMERO.- Mi mandante ingresó el día [FECHA] en el centro sanitario público de [NOMBRE] con los siguientes síntomas [ESPECIFICAR].

El médico de urgencia, Don/Doña [NOMBRE Y APELLIDOS], le diagnosticó en aquel momento: [ESPECIFICAR].

Como consecuencia de aquel diagnóstico ordenó la intervención de urgencia a las [HORAS].

A efectos acreditativos de las manifestaciones anteriores, se adjunta como **documento n.º** [NÚMERO], parte médico de [FECHA] emitido por [NOMBRE_DEL_CEN-TRO_HOSPITALARIO].

SEGUNDO.- Como consecuencia de la operación efectuada de forma negligente se produjeron los siguientes daños a mi mandante:

- [EXPOSICIÓN_DEL_RELATO_DE_HECHOS_Y_LAS_LESIONES_PRODUCIDAS]

- Se adjunta como **documento n.º** [NÚMERO] informe médico [DESCRIPCIÓN].

TERCERO.- Se dan los requisitos necesarios para que prospere la responsabilidad patrimonial de la Administración: la actuación en el marco de la sanidad pública (hecho primero); las lesiones (hecho segundo) y la relación de causalidad entre ambas.

La relación de causalidad entre ambas es manifiesta por cuanto la práctica realizada en la intervención quirúrgica no fue adecuada a la *lex artis*, como dispone el dictamen pericial médico [DESCRIPCIÓN] que adjuntamos como documento n.° [NÚMERO].

CUARTO.- Las secuelas se determinaron en la revisión médica realizada el día [FECHA], por lo que el que suscribe se encuentra dentro del plazo de un año para reclamar legalmente previsto.

A tales efectos se adjunta como **documento n.°** [NÚMERO], informe [DESCRIPCIÓN].

FUNDAMENTOS

I.- JURISDICCIÓN Y COMPETENCIA

El apdo. 1 del art. 1 de la Ley 29/1998, de 13 de julio, reguladora de la Jurisdicción Contencioso-Administrativa indica que los juzgados y tribunales del orden contencioso-administrativo conocerán de las pretensiones que se deduzcan en relación con la actuación de las Administraciones públicas sujetas a derecho administrativo. Por su parte, corresponde el conocimiento de la presente pretensión al órgano al que me dirijo de conformidad con el **artículo 8 de la LJCA. (2)**

II.- CAPACIDAD PROCESAL Y LEGITIMACIÓN

El artículo 19 de la Ley 29/1998, de 13 de julio, reguladora de la Jurisdicción Contencioso-Administrativa (3) legitima activamente ante esa jurisdicción a las personas que ostenten un interés legítimo y el artículo 21 de la Ley 29/1998, de 13 de julio, reguladora de la Jurisdicción Contencioso-Administrativa, atribuye legitimación pasiva a la Administración demandada.

III.- POSTULACIÓN

Por lo que respecta a la postulación, esta parte se encuentra representada por procurador y asistida técnicamente por letrado de conformidad con lo establecido en el artículo 23 de la Ley 29/1998, de 13 de julio **(4) reguladora de la Jurisdicción Contencioso-Administrativa.**

IV.- AGOTAMIENTO DE LA VÍA ADMINISTRATIVA

El acto que se recurre ha puesto fin a la vía administrativa en virtud de lo dispuesto en el artículo 114 de la Ley 39/2015, de 1 de octubre, del Procedimiento Administrativo Común de las Administraciones Públicas.

V.- PROCEDIMIENTO

La demanda se tramitará por los cauces del procedimiento **(5)** [ORDINARIO/ABREVIADO], de conformidad con el artículo 78 de la LJCA.

VI.- FONDO DE ASUNTO

El **apartado 2 del artículo 106 de la CE** proclama la responsabilidad patrimonial de la Administración:

> «Los particulares, en los términos establecidos por la ley, tendrán derecho a ser indemnizados por toda lesión que sufran en cualquiera de sus bienes o derechos, salvo en los casos de fuerza mayor, siempre que la lesión sea consecuencia del funcionamiento de los servicios públicos».

En el mismo sentido, el **apartado 1 del artículo 32 de la Ley 40/2015**, de 1 de octubre, señala:

> «Los particulares tendrán derecho a ser indemnizados por las Administraciones públicas correspondientes de toda lesión que sufran en cualquiera de

sus bienes y derechos, siempre que la lesión sea consecuencia del funcionamiento normal o anormal de los servicios públicos salvo en los casos de fuerza mayor o de daños que el particular no tenga el deber jurídico de soportar de acuerdo con la Ley».

Así, cabe citar la **sentencia del Tribunal Supremo n.º 272/2022, de 3 de marzo, ECLI:ES:TS:2022:765**, que reza el tenor literal siguiente:

«Si la **Administración sanitaria que realiza correcta y adecuadamente un acto sanitario debe responder de las lesiones causadas a un paciente** como consecuencia de la utilización de un producto sanitario defectuoso —previamente autorizado por la Agencia Española de Medicamentos y Productos Sanitarios—, cuya toxicidad se descubre y alerta con posterioridad, o, sí por el contrario, la responsabilidad deber recaer en el productor o, en su caso, en la Administración con competencias para autorizar y vigilar los medicamentos y productos sanitarios».

Se dan en el presente caso los **elementos para poder hablar de responsabilidad patrimonial regulados en el artículo 32 de la Ley 40/2015, de 1 de octubre,** y objeto de interpretación por la jurisprudencia en el ámbito de la responsabilidad sanitaria exigiendo los siguientes requisitos:

- Acción u omisión producida en el desarrollo de una actividad cuya titularidad corresponde a un ente público.

- Lesión o daño que el perjudicado no tenga el deber de soportar.

- Nexo de causalidad entre la conducta y el resultado lesivo.

Es decir, **la viabilidad de la acción de responsabilidad patrimonial de la Administración requiere,** tal y como dispone el Tribunal Supremo en, entre otras, **sentencia del Tribunal Supremo, rec. 120/2007, de 03 de mayo de 2011, ECLI:ES:TS:2011:2587, y sentencia del Tribunal Supremo n.º 1177/2016, de 25 de mayo, ECLI:ES:TS:2016:2289:**

- La efectiva realidad del daño o perjuicio, evaluable económicamente e individualizado en relación a una persona o grupo de personas.

- Que el daño o lesión patrimonial sufrida por el reclamante sea consecuencia del funcionamiento normal o anormal (es indiferente la calificación) de los servicios públicos en una relación directa e inmediata y exclusiva de causa a efecto, sin intervención de elementos extraños que pudieran influir, alterando, el nexo causal.

- Ausencia de fuerza mayor.

- Que el reclamante no tenga el deber jurídico de soportar el daño cabalmente causado por su propia conducta.

Establece la **Sala del Tribunal Supremo en la sentencia, rec. 4294/2010, de 13 de marzo de 2012, ECLI:ES:TS:2012:1452,** que:

«Conforme a reiterada jurisprudencia (STS de 25 de septiembre de 2007, rec. casación 2052/2003 con cita de otras anteriores) para que prospere la acción de responsabilidad patrimonial de la administración se exige la antijuridicidad del resultado o lesión siempre que exista nexo causal entre el funcionamiento normal o anormal del servicio público y el resultado lesivo o dañoso producido».

La **STS rec. 6794/2009, de 16 de enero de 2012, ECLI:ES:TS:2012:61** se pronuncia al **respecto de la carga de la prueba de la relación de causalidad** señalando en este sentido que ella corresponde a quien la reclama. Existiendo ciertamente dicha relación de causa efecto entre la actividad administrativa y el resultado dañoso, puesto que, de lo expuesto en los documentos adjuntos a la presente, [ESPECIFICAR].

Sobre la **cuantificación del daño**, indica la Sala del Tribunal Supremo **(STS, rec. 3724/2012, de 17 de julio de 2014, ECLI:ES:TS:2014:3283)**:

> «(...) venimos declarando, entre otras muchas, en sentencia de 9 de junio de 2009 (recurso de casación nº 1822/2005) que "que la utilización de algún baremo objetivo puede ser admisible, pero siempre y cuando se utilice con carácter orientativo y no vinculante, ya que debe precisarse y modularse al caso concreto en el que surge la responsabilidad patrimonial, sin perjuicio, claro está, de la incidencia que debe tener la existencia de precedentes jurisprudenciales aplicables al caso que nos ocupe.'(...) **para la realización de tal cuantificación puede acudirse al baremo establecido para el Seguro Obligatorio del Automóvil, pero ello con carácter orientativo**, como señala la sentencia de instancia y la jurisprudencia que acabamos de citar, por lo que no puede acogerse la alegación de la parte que exige que la indemnización se acomode a dicho baremo y considera contraria a derecho la sentencia de instancia en cuando no se ha ajustado al mismo y por la misma razón no puede imponerse una valoración fundada en dicha exigencia"».

Por lo anteriormente expuesto,

SUPLICO:

Que tenga por presentado este escrito y por formalizada la **DEMANDA DE RESPONSABILIDAD PATRIMONIAL**, con los documentos que se acompañan, se sirva a admitirlos y con estimación del mismo, acuerde la procedencia de la responsabilidad patrimonial de la Administración y la condene al pago de [CANTIDAD] € en concepto de reparación de los daños y perjuicios causados.

Es justicia que pido en [LUGAR], a [DÍA] de [MES] de [AÑO].

Fdo. letrado/a don/doña   Fdo. procurador/a don/doña

[NOMBRE_ABOGADO]   [NOMBRE_PROCURADOR]

Por lo expuesto,

PRIMER OTROSÍ DIGO: de conformidad con lo previsto en los artículos 40 y ss. de la Ley 29/1998, de 13 de julio, reguladora de la Jurisdicción Contencioso-Administrativa, esta parte estima que la cuantía del proceso es de [CANTIDAD] €.

En su virtud,

SUPLICO:

Que tenga por hecha la anterior manifestación y acuerde de conformidad a la misma.

Es justicia que reitero en el lugar y fecha *ut supra*.

Fdo. letrado/a don/doña   Fdo. procurador/a don/doña

[NOMBRE_ABOGADO]   [NOMBRE_PROCURADOR]

SEGUNDO OTROSÍ DIGO: de acuerdo con lo previsto en el artículo 60 de la Ley 29/1998, de 13 de julio, reguladora de la Jurisdicción Contencioso-Administrativa **(6)** solicito el recibimiento del proceso a prueba, que habrá de versar sobre los siguientes extremos de hecho:

- 1. [DESCRIPCIÓN].

- 2. [DESCRIPCIÓN].

Por lo expuesto,

SUPLICO:

Fdo. letrado/a don/doña

[NOMBRE_ABOGADO]

Fdo. procurador/a don/doña

[NOMBRE_PROCURADOR]

Que tenga por hecha la anterior manifestación y acuerde de conformidad a la misma.

Es justicia que reitero en el lugar y fecha *ut supra*.

---

(1) El RD-ley 6/2023, de 19 de diciembre, modifica el artículo apartado 1 de la LJCA en vigor desde el 20/03/2024.

(2) La competencia corresponderá al juzgado de lo contencioso-administrativo si la cuantía no excede de 30.050 €.

(3) La ley 4/2023 de 28 de febrero, modifica el artículo 19 de la LJCA en vigor desde el 20/03/2024.

(4) El RD-ley 6/2023, de 19 de diciembre, modifica el artículo 23 de la LJCA en vigor desde el 20/03/2024.

(5) Dependerá de la cuantía reclamada. Si esta supera los 30.000 euros, el procedimiento será ordinario (artículo 78 de la Ley 29/1998, de 13 de julio, reguladora de la Jurisdicción Contencioso-administrativa).

(6) El RD-ley 6/2023, de 19 de diciembre, modifica el artículo 60 de la LJCA añadiendo un nuevo apartado 8, en vigor desde el 20/03/2024.

Querella por delito de lesiones imprudentes (responsabilidad médica)

AL JUZGADO DE INSTRUCCIÓN DE [LOCALIDAD]

D./D.ª [NOMBRE_PROCURADOR/A_CLIENTE], procurador/a de los tribunales, en nombre y representación de **D./D.ª** [NOMBRE_CLIENTE], con DNI [DNI_CLIENTE], lo que acredito por medio de [ESCRITURA DE PODER QUE SE ACOMPAÑA COMO DOCUMENTO N.º [NUMERO]/APUD ACTA], bajo la dirección técnica de **D./D.ª** [NOMBRE_ABOGADO/A_CLIENTE], ante ese Juzgado, comparezco y como mejor proceda en Derecho,

DIGO:

En el ejercicio de la acción de mi representado/a, al amparo del artículo 270 de la Ley de Enjuiciamiento Criminal, mediante el presente escrito, presento **QUERELLA** contra **D./D.ª** [NOMBRE_PARTE_CONTRARIA], mayor de edad, como presunto/a autor/a del **delito de lesiones tipificado en el artículo** [NÚMERO] del Código Penal, con DNI [NÚM_DNI] y domicilio en [DIRECCIÓN].

De acuerdo con el artículo 277 de la Ley de Enjuiciamiento Criminal, se hacen constar los siguientes fundamentos:

PRIMERO.- COMPETENCIA

Esta querella se presenta ante los Juzgados de Instrucción de [LOCALIDAD], por ser competente de acuerdo con el artículo 14.2 de la Ley de Enjuiciamiento Criminal.

SEGUNDO.- QUERELLANTE

El/la querellante es mi representado/a, cuyos datos identificativos ya han sido citados.

Habida cuenta su condición de ofendido por el delito, está exento de prestar la fianza a que se refiere el artículo 280 de la Ley de Enjuiciamiento Criminal, de conformidad con el art. 281, apartado 1, del mismo cuerpo legal.

TERCERO.- QUERELLADO

El/la querellado/a es D./D.ª [NOMBRE_PARTECONTRARIA], con [DNI] y domicilio en [DOMICILIO_PARTECONTRARIA], doctor de [ESPECIALIDAD] que ejerce su profesión en el centro hospitalario [NOMBRE] de [DOMICILIO].

CUARTO.- HECHOS

Mi mandante ingresó el día [DÍA] de [MES] de [AÑO] en el Centro Hospitalario de [LUGAR] con los siguientes síntomas: [INDICAR].

A las [HORAS] le atendió el Doctor [NOMBRE PARTE CONTRARIA] y la enfermera [NOMBRE Y APELLIDOS]. Dada la gravedad de la paciente, ordenaron realizar las siguientes pruebas médicas: [ESPECIFICAR].

El resultado de la analítica practicada revelaba la necesidad de una intervención quirúrgica de urgencia como manifiesta el informe pericial que adjuntamos como **documento n.º** [NÚMERO].

A pesar de lo anterior, el facultativo no ordenó actuación médica alguna, lo que causó a mi mandante los daños que más adelante se dirán.

El retraso en dicha actuación supone una manifiesta infracción de la *lex artis ad hoc*, como corrobora el informe pericial indicado, elaborado por el Doctor [NOMBRE Y APELLIDOS], especialista en [ESPECIALIDAD MÉDICA].

Como consecuencia, mi mandante sufrió las siguientes lesiones: [ESPECIFICAR LESIONES], como se acredita con el informe médico que adjuntamos como **documento número** [NÚMERO].

QUINTO.- CALIFICACIÓN JURÍDICA

Los hechos descritos, sin perjuicio de ulterior calificación, son constitutivos de un delito de LESIONES del artículo [NUMERO] del Código Penal.

El querellado ha incumplido la *lex artis ad hoc* que le obligaba a actuar de la forma que se ha expuesto en el apartado anterior.

Con su conducta infringió el deber de cuidado generando un riesgo que era previsible y evitable.

Sobre el deber de cuidado en los delitos imprudentes, citamos la **STS n.º 805/2017, de 11 de diciembre, ECLI:ES:TS:2017:4867**, la cual señala que:

«Como acertadamente se razona, y resulta de la jurisprudencia de esta Sala, el delito imprudente exige la concurrencia de los siguientes requisitos:

1.º) La infracción de un deber de cuidado interno (deber subjetivo de cuidado o deber de previsión).

2.º) Vulneración de un deber de cuidado externo (deber objetivo de cuidado).

3.º) Generación de un resultado.

4.º) Relación de causalidad.

A lo anterior debe sumarse:

1) En los comportamientos activos:

a) el nexo causal entre la acción imprudente y el resultado (vínculo naturalístico u ontológico)

b) la imputación objetiva del resultado (vínculo normativo): que el riesgo no permitido generado por la conducta imprudente sea el que materialice el resultado.

2) En los comportamientos omisivos: dilucidar si el resultado producido se hubiera ocasionado de todos modos si no se presta el comportamiento debido. Pero no que no se puede saber o conocer si el resultado se hubiera producido, o no, de haberse prestado la atención debida.

Conforme a la teoría de la imputación objetiva, se exige para determinar la relación de causalidad:

1) La causalidad natural: en los delitos de resultado éste ha de ser atribuible a la acción del autor.

2) La causalidad normativa: además hay que comprobar que se cumplen los siguientes requisitos sin los cuales se elimina la tipicidad de la conducta:

1º) Que la acción del autor ha creado un peligro jurídicamente desaprobado para la producción del resultado, lo que se entiende que no concurre en los siguientes supuestos:

a) Cuando se trata de riesgos permitidos.

b) Cuando se pretende una disminución del riesgo: es decir, se opera para evitar un resultado más perjudicial.

c) Si se obra confiado en que otros se mantendrán dentro de los límites del riesgo permitido (principio de confianza).

d) Si existen condiciones previas a las realmente causales puestas por quien no es garante de la evitación del resultado (prohibición de regreso).

2º) Que el resultado producido por la acción es la concreción del peligro jurídicamente desaprobado creado por la acción, manteniéndose criterios complementarios nacidos de la presencia de riesgos concurrentes para la producción del resultado, de forma que en estos casos hay que indagar cuál es la causa que realmente produce el resultado».

Sobre el deber de cuidado por los profesionales sanitarios y su relación con la *lex artis* nos dice la jurisprudencia que «(...) la imprudencia nace cuando el tratamiento médico o quirúrgico incide en comportamiento descuidados, de abandono y de omisión del cuidado exigible, atendidas las circunstancias del lugar, tiempo, personas, naturaleza de la lesión o enfermedad, que olvidando la *'lex artis'* conduzcan a resultados lesivos para las personas (sentencias de 5 de julio de 1989, 4 de setiembre de 1991, 8 de junio de 1994, 29 de octubre de 1994 y 29 de febrero de 1996)'» **(AAP de Barcelona n.º 817/2012, de 9 de octubre, ECLI:ES:APB:2012:7520A).**

En conclusión, se dan todos los requisitos exigidos por la jurisprudencia para declarar la responsabilidad penal médica:

a) Acción u omisión voluntaria;

b) Infracción del deber de cuidado;

c) Resultado lesivo;

d) Relación de causalidad entre la conducta y el daño causado.

SEXTO.- DILIGENCIAS QUE SE INTERESAN

Como diligencias que se deben practicar para la comprobación de los hechos que motivan el presente escrito, interesa al derecho de esta parte que, sin perjuicio de proponer otras en el momento oportuno, y de aquellas que estime oportunas el Juez instructor, se solicitan las siguientes:

1. Interrogatorio [telemático/presencial] del querellado/a D./D.ª [NOMBRE_PARTE_CONTRARIA].

2. Declaración testifical [telemática/presencial] de los siguientes profesionales sanitarios:

– [NOMBRE Y APELLIDOS].

– [NOMBRE Y APELLIDOS].

– [NOMBRE Y APELLIDOS].

Se libre atento oficio al Centro Médico [NOMBRE] para que remita la siguiente documentación:

• Historia Clínica de la paciente.

• Documento de consentimiento informado.

Ello con arreglo a lo dispuesto en el art. 258 bis de la LECrim, relativo la celebración de los actos procesales mediante presencia telemática **(1).**

Por todo ello,

SUPLICO AL JUZGADO:

Que tenga por presentada y formulada **QUERELLA** contra D./D.ª [NOMBRE_PARTE_CONTRARIA] junto con los documentos que se acompañan, la admita a trámite, ordene las diligencias que se interesan en el presente escrito, y aquellas otras que el Juzgado estime oportunas para la averiguación de los hechos en que se fundamenta.

Por ser Justicia que pido en [LOCALIDAD], a [DÍA] de [MES] de [AÑO].

Letrado D./D.ª   Procurador D./D.ª

[NOMBRE Y FIRMA LETRADO]   [NOMBRE Y FIRMA PROCURADOR]

Nombre y firma del querellante:

[FIRMA]

---

(1) Tras la introducción en la LECrim del nuevo art. 258 bis a través del Real Decreto-ley 6/2023, de 19 de diciembre, las actuaciones procesales se realizarán preferentemente, salvo que el juez o jueza o tribunal, en atención a las circunstancias, disponga otra cosa, mediante presencia telemática, incluyendo las que se celebren ante los/las letrados/as de la Administración de Justicia o ante el Ministerio fiscal. En las citaciones se informará de la posibilidad de declarar de forma telemática en las condiciones establecidas en el citado precepto. Esta reforma ha entrado en vigor el 20 de marzo de 2024.

Querella por delito de homicidio imprudente (responsabilidad médica)

AL JUZGADO DE INSTRUCCIÓN DE [LOCALIDAD].

Don/Doña [NOMBRE_PROCURADOR_CLIENTE] procurador/a de los tribunales, en nombre y representación de **don/doña** [NOMBRE_CLIENTE], con DNI [DNI_CLIENTE], lo que acredito mediante poder (general para pleitos/apud acta), bajo la dirección técnica de **don/doña** [NOMBRE_ABOGADO_CLIENTE], ante ese juzgado, comparezco y como mejor proceda en Derecho,

DIGO:

Que en el ejercicio de la acción de mi representado/a, al amparo del artículo 270 de la Ley de Enjuiciamiento Criminal, mediante el presente escrito, presento **QUERELLA** contra **don/doña** [NOMBRE_PARTE_CONTRARIA], mayor de edad, como presunto/a autor/a del **delito de HOMICIDIO IMPRUDENTE** tipificado en el artículo 142 del Código Penal, con DNI [DNI] y domicilio en [DIRECCIÓN].

De acuerdo con el artículo 277 de la Ley de Enjuiciamiento Criminal, se hacen constar los siguientes

FUNDAMENTOS

I. COMPETENCIA

Esta querella se presenta ante los Juzgados de Instrucción de [LOCALIDAD], por ser competente de acuerdo con el **artículo 14.2 de la Ley de Enjuiciamiento Criminal**.

II. QUERELLANTE

El/la querellante es mi representado/a, cuyos datos identificativos ya han sido citados.

Habida cuenta su condición de ofendido por el delito, está exento de prestar la fianza a que se refiere el **artículo 280 de la Ley de Enjuiciamiento Criminal**, de conformidad con el art. 281.1 del mismo cuerpo legal.

III. QUERELLADO

El/la querellado/a es **don/doña** [NOMBRE_PARTE_CONTRARIA], con DNI [DNI] y domicilio en [DOMICILIO_PARTE_CONTRARIA], doctor de [ESPECIALIDAD] que ejerce su profesión en el Centro Hospitalario [NOMBRE] de [DOMICILIO].

IV. HECHOS

Don/Doña [NOMBRE_Y_APELLIDOS_PACIENTE], [RELACIÓN_CON_LA_PACIENTE_FALLECIDA], ingresó el día [DÍA] de [MES] de [AÑO] en el Centro Hospitalario de [LUGAR] con los siguientes síntomas [INDICAR].

A las [HORAS] le atendió el Doctor [NOMBRE_PARTE_CONTRARIA] y la enfermera [NOMBRE_Y_APELLIDOS]. Dada la gravedad de la paciente ordenaron realizar las siguientes pruebas médicas [ESPECIFICAR].

El resultado de la analítica practicada revelaba la necesidad de una intervención quirúrgica de urgencia como manifiesta el informe pericial que adjuntamos como **documento número** [NÚMERO].

A pesar de lo anterior, el facultativo no ordenó actuación médica alguna lo que causó el fallecimiento a [NOMBRE_Y_APELLIDOS_PACIENTE] a las [HORAS] el día [DÍA] de [MES] de [AÑO], como consta en el certificado de defunción que adjuntamos como **documento n.º** [NÚMERO].

El retraso en dicha actuación supone una manifiesta infracción de la *lex artis ad hoc*, como corrobora el informe pericial indicado, elaborado por el Doctor [NOMBRE_Y_APELLIDOS] especialista en [ESPECIALIDAD MÉDICA].

V. CALIFICACIÓN JURÍDICA

Los hechos descritos, sin perjuicio de ulterior calificación, son constitutivos de un delito de **HOMICIDIO IMPRUDENTE** del artículo 142 del Código Penal **(1)**.

El querellado ha incumplido la *lex artis ad hoc* que le obligaba a actuar de la forma que se ha expuesto en el apartado anterior.

Con su conducta infringió el deber de cuidado generando un riesgo que era previsible y evitable.

Sobre el deber de cuidado en los delitos imprudentes citamos la **STS, n.º 805/2017, de 11 de diciembre, ECLI:ES:TS:2017:4867**:

> «Como acertadamente se razona, y resulta de la jurisprudencia de esta Sala, el delito imprudente exige la concurrencia de los siguientes requisitos:
> 1º) La infracción de un deber de cuidado interno (deber subjetivo de cuidado o deber de previsión).
> 2º) Vulneración de un deber de cuidado externo (deber objetivo de cuidado).
> 3º) Generación de un resultado.
> 4º) Relación de causalidad.
> A lo anterior debe sumarse:
> 1) En los comportamientos activos:
> a) el nexo causal entre la acción imprudente y el resultado (vínculo naturalístico u ontológico)
> b) la imputación objetiva del resultado (vínculo normativo): que el riesgo no permitido generado por la conducta imprudente sea el que materialice el resultado.
> 2) En los comportamientos omisivos: dilucidar si el resultado producido se hubiera ocasionado de todos modos si no se presta el comportamiento debido. Pero no que no se puede saber o conocer si el resultado se hubiera producido, o no, de haberse prestado la atención debida.
> Conforme a la teoría de la imputación objetiva, se exige para determinar la relación de causalidad:
> 1) La causalidad natural: en los delitos de resultado éste ha de ser atribuible a la acción del autor».

Sobre el deber de cuidado por los profesionales sanitarios y su relación con la *lex artis* nos dice la jurisprudencia que:

> «La imprudencia nace cuando el tratamiento médico o quirúrgico incide en comportamiento descuidados, de abandono y de omisión del cuidado exigible, atendidas las circunstancias del lugar, tiempo, personas, naturaleza de la lesión o enfermedad, que olvidando la 'lex artis' conduzcan a resultados lesivos para las personas (Sentencias de 5 de julio de 1989, 4 de setiembre de 1991, 8 de junio de 1994, 29 de octubre de 1994 y 29 de febrero de 1996)». (**AAP Barcelona n.º 817/2012, de 9 de octubre, ECLI:ES:APB:2012:7520A**).

En conclusión, se dan todos los requisitos exigidos por la jurisprudencia para declarar la responsabilidad penal médica:

a) Acción u omisión voluntaria;

b) Infracción del deber de cuidado;

c) Resultado lesivo;

d) Relación de causalidad entre la conducta y el daño causado.

VI. DILIGENCIAS QUE SE INTERESAN

Como diligencias que se deben practicar para la comprobación de los hechos que motivan el presente escrito, interesa al derecho de esta parte que, sin perjuicio de proponer otras en el momento oportuno, y de aquellas que estime oportunas el Juez instructor, se solicitan las siguientes: **(2)**

1. Interrogatorio del querellado/a don/doña [NOMBRE_PARTE_CONTRARIA].

2. Declaración testifical de los siguientes profesionales sanitarios:

- [NOMBRE Y APELLIDOS].
- [NOMBRE Y APELLIDOS].
- [NOMBRE Y APELLIDOS].

Se libre atento oficio al Centro Médico [NOMBRE] para que remita la siguiente documentación:

- Historia Clínica de la paciente
- Documento de consentimiento informado

Por todo ello, **AL JUZGADO SUPLICO:**

Que tenga por presentada y formulada QUERELLA contra don/doña [NOMBRE_PARTE_CONTRARIA] junto con los documentos que se acompañan, la admita a trámite, ordene las diligencias que se interesan en el presente escrito, y aquellas otras que el Juzgado estime oportunas para la averiguación de los hechos en que se fundamenta.

Por ser Justicia que pido en [LOCALIDAD], a [DÍA] de [MES] de [AÑO].

Letrado D./D.ª　　　　　　　　　　Procurador D./D.ª

[NOMBRE Y FIRMA LETRADO]　　　[NOMBRE Y FIRMA PROCURADOR]

---

(1) El artículo 142.1 CP castiga al que por imprudencia grave causare la muerte a otro por imprudencia profesional y el artículo 142.2 castiga al que por imprudencia menos grave causare la muerte a otro.

(2) Con la introducción del art. 258 bis en la LECrim a través del Real Decreto-ley 6/2023, de 19 de diciembre, todas las actuaciones procesales se realizarán preferentemente mediante presencia telemática y se garantizará especialmente que las declaraciones o interrogatorios de las partes acusadoras se realicen telemáticamente cuando sean víctimas de violencia de género. Este precepto ha entrado en vigor el 20 de marzo de 2024.

Escrito de reclamación de responsabilidad patrimonial a servicio público de salud

A LA CONSEJERÍA DE [NOMBRE]/ ALCALDE DE
[COMUNIDAD AUTÓNOMA/AYUNTAMIENTO]

Don/Doña [NOMBRE], mayor de edad, con DNI núm. [NÚMERO], domicilio a efectos de notificaciones en [DOMICILIO], ante esta Administración pública comparezco y como mejor proceda en Derecho,

EXPONGO

Que, en ejercicio del derecho de reclamación por los daños y perjuicios ocasionados a consecuencia del funcionamiento de los Servicios Públicos de Salud dependientes de esa Administración, vengo a formular **RECLAMACIÓN POR RESPONSABILIDAD PATRIMONIAL**, al amparo de lo dispuesto en los artículos 32 y ss. de la Ley 40/2015, de 1 de octubre, de Régimen Jurídico del Sector Público, en base a los siguientes

HECHOS

PRIMERO.- Con fecha de [FECHA], por causa imputable a la actuación de los servicios médicos del Complejo Hospitalario [NOMBRE], se me produjeron los siguientes daños y perjuicios lesivos que no tengo el deber jurídico de soportar de acuerdo con la ley. Paso a detallar las lesiones producidas y los hechos que las causaron:

– [DESCRIPCIÓN].

Adjunto informe médico como **documento n.º** [NÚMERO].

SEGUNDO.- De los anteriores hechos resulta evidente la inequívoca relación de causalidad entre las lesiones producidas y el funcionamiento de los servicios públicos sanitarios dependientes de esa Administración.

TERCERO.- La evaluación económica a satisfacer se cifra en la cantidad total de [CANTIDAD] euros, en concepto de indemnización de los daños y perjuicios producidos, con base en:

– [DESCRIPCIÓN]

Para la comprobación de los hechos alegados se acompañan los documentos pertinentes que acreditan su veracidad como **documentos n.º** [NÚMERO] y [NÚMERO].

A los anteriores hechos le son de aplicación los siguientes,

FUNDAMENTOS DE DERECHO

I.- JURISDICCIÓN Y COMPETENCIA

El **artículo 1 de la Ley 29/1998, de 13 de julio, reguladora de la Jurisdicción contencioso-administrativa** indica que los juzgados y tribunales del orden contencioso-administrativo conocerán de las pretensiones que se deduzcan en relación con la actuación de las Administraciones públicas sujetas a Derecho Administrativo. Por su parte, corresponde el conocimiento de la presente pretensión al órgano al que me dirijo de conformidad con el artículo 8 de la LJCA.

II.- CAPACIDAD PROCESAL Y LEGITIMACIÓN

El **artículo 19 de la Ley 29/1998, de 13 de julio, reguladora de la Jurisdicción contencioso-administrativa legitima** activamente ante esa jurisdicción a las personas que ostenten un interés legítimo y el artículo 21.1.a), también de la Ley 29/1998, de 13 de julio, reguladora de la Jurisdicción contencioso-administrativa, atribuye legitimación pasiva a la Administración demandada.

III.- POSTULACIÓN

Por lo que respecta a la postulación, esta parte se encuentra representada por procurador y asistida técnicamente por letrado de conformidad con lo establecido en el **artículo 23 de la Ley 29/1998, de 13 de julio, reguladora de la Jurisdicción contencioso-administrativa.**

IV.- PROCEDIMIENTO

La demanda se tramitará por los cauces del procedimiento [ORDINARIO/ABREVIADO] de conformidad con el **artículo 78 de la LJCA.**

V.- FONDO DEL ASUNTO

El **artículo 106 apartado 2 de la CE** proclama la responsabilidad patrimonial de la Administración:

> «Los particulares, en los términos establecidos por la ley, tendrán derecho a ser indemnizados por toda lesión que sufran en cualquiera de sus bienes o derechos, salvo en los casos de fuerza mayor, siempre que la lesión sea consecuencia del funcionamiento de los servicios públicos».

En el mismo sentido el **artículo 32 apartado 1 de la Ley 40/2015, de 1 de octubre**:

> «Los particulares tendrán derecho a ser indemnizados por las Administraciones públicas correspondientes de toda lesión que sufran en cualquiera de sus bienes y derechos, siempre que la lesión sea consecuencia del funcionamiento normal o anormal de los servicios públicos salvo en los casos de fuerza mayor o de daños que el particular no tenga el deber jurídico de soportar de acuerdo con la Ley».

Se dan en el presente caso los elementos para poder hablar de responsabilidad patrimonial regulados en el artículo 32 de la Ley 40/2015, de 1 de octubre y objeto de interpretación por la jurisprudencia en el ámbito de la responsabilidad sanitaria exigiendo los siguientes requisitos:

- Acción u omisión producida en el desarrollo de una actividad cuya titularidad corresponde a un ente público.

- Lesión o daño que el perjudicado no tenga el deber de soportar.

- Nexo de causalidad entre la conducta y el resultado lesivo.

Es decir, la viabilidad de la acción de responsabilidad patrimonial de la Administración requiere, tal y como dispone la **STS, rec. 120/2007, de 03 de mayo de 2011, ECLI:ES:TS:2011:2587**:

a) La efectiva realidad del daño o perjuicio, evaluable económicamente e individualizado en relación a una persona o grupo de personas.

b) Que el daño o lesión patrimonial sufrida por el reclamante sea consecuencia del funcionamiento normal o anormal –es indiferente la calificación– de los servicios públicos en una relación directa e inmediata y exclusiva de causa a efecto, sin intervención de elementos extraños que pudieran influir, alterando, el nexo causal.

c) Ausencia de fuerza mayor.

d) Que el reclamante no tenga el deber jurídico de soportar el daño cabalmente causado por su propia conducta

Partiendo de lo anteriormente expuesto, ciertamente existe una relación de causa efecto entre la actividad administrativa y el resultado dañoso, puesto que [ESPECIFICAR]

En relación con la **relación de causalidad, el Tribunal Supremo en su sentencia, rec. 1985/1994, de 19 de junio de 1998, ECLI:ES:TS:1998:4087**, se ha pronunciado del siguiente modo:

- Que entre las diversas concepciones con arreglo a las cuales la causalidad puede concebirse, se imponen aquellas que explican el daño por la concurrencia objetiva de factores cuya inexistencia, en hipótesis, hubiera evitado aquél.

- No son admisibles, en consecuencia, otras perspectivas tendentes a asociar el nexo de causalidad con el factor eficiente, preponderante, socialmente adecuado o exclusivo para producir el resultado dañoso, puesto que, válidas como son en otros terrenos, irían en éste en contra del carácter objetivo de la responsabilidad patrimonial de las Administraciones públicas.

- La consideración de hechos que puedan determinar la ruptura del nexo de causalidad, a su vez, debe reservarse para aquéllos que comportan fuerza mayor, única circunstancia admitida por la ley con efecto excluyente, a los cuales importa añadir la intencionalidad de la víctima en la producción o el padecimiento del daño, o la gravísima negligencia de esta, siempre que estas circunstancias hayan sido determinantes de la existencia de la lesión y de la consiguiente obligación de soportarla.

- El carácter objetivo de la responsabilidad impone la prueba de la concurrencia de acontecimientos de fuerza mayor o circunstancias demostrativas de la existencia de dolo o negligencia de la víctima, suficiente para considerar roto el nexo de causalidad, pues no sería objetiva aquella responsabilidad que exigiese demostrar que la Administración que causó el daño procedió con negligencia, ni aquella cuyo reconocimiento estuviera condicionado a probar que quien padeció el perjuicio actuó con prudencia.

Asimismo debe ser una causalidad adecuada la **sentencia del Tribunal Supremo, rec. 100/1993, de 5 de diciembre de 1995, ECLI:ES:TS:1995:6155**, esto es,

«Esta **causa adecuada o causa eficiente** exige un presupuesto, una "conditio sine qua non" esto es, un acto o un hecho sin el cual es inconcebible que otro hecho o evento se considere consecuencia o efecto del primero. Ahora bien, esta condición, por sí sola, no basta para definir la causalidad adecuada. Es necesario además que resulte normalmente idónea para determinar aquel evento, o resultado teniendo en consideración todas las circunstancias del caso; esto es, que exista una adecuación objetiva entre acto y evento, lo que se ha llamado la verosimilitud del nexo; solo cuando sea así, dicha condición alcanza la categoría de causa adecuada, causa eficiente o causa próxima y verdadera del daño (in iure non remota causa, sed proxima spectatur). De esta forma quedan excluidos tanto los actos indiferentes como los inadecuados o inidóneos y los absolutamente extraordinarios».

Es interés de esta parte traer a a colación las siguientes sentencias:

Sentencia del Tribunal Supremo, rec. 1515/2005, de 1 de julio de 2009, ECLI:ES:TS:2009:5042

«'(...) la necesaria concurrencia, para apreciar en sentido positivo la responsabilidad administrativa, de la antijuricidad del daño, puesto que, en definitiva, y como esta jurisprudencia ha declarado, no todo daño causado por la Administración ha de ser reparado, sino que tendrá la consideración de auténtica lesión resarcible, exclusivamente, aquella que reúna la calificación de antijurídica, en el sentido de que el particular no tenga el deber jurídico de soportar los daños derivados de la actuación administrativa».

Sentencia del Tribunal Supremo, rec. 2052/2003, de 25 de septiembre de 2007, ECLI:ES:TS:2007:6042

«(...) como hemos declarado igualmente en reiteradísimas ocasiones es imprescindible que exista nexo causal entre el funcionamiento normal o anormal del servicio público y el resultado lesivo o dañoso producido, cuya concurrencia la Sala de instancia niega en el caso de autos. Es además jurisprudencia reiteradísima que la apreciación del nexo causal entre la actuación de la Administración y el resultado dañoso producido, o la ruptura del mismo, es una cuestión jurídica revisable en casación, si bien tal apreciación ha de basarse siempre en los hechos declarados probados por la Sala de instancia, salvo que éstos hayan sido correctamente combatidos por haberse infringido normas, jurisprudencia o principios generales del derecho al valorarse las pruebas, o por haberse procedido, al hacer la indicada valoración, de manera ilógica, irracional o arbitraria».

Sentencia del Tribunal Supremo, rec. 10231/2003, de 19 de junio de 2007, ECLI:ES:TS:2007:4200

«(...) es doctrina jurisprudencial consolidada la que sostiene la exoneración de responsabilidad para la Administración, a pesar del carácter objetivo de la misma, cuando es la conducta del propio perjudicado o la de un tercero la única determinante del daño producido aunque hubiese sido incorrecto el funcionamiento del servicio público».

Sentencia del Tribunal Supremo, rec. 6998/1995, de 27 de diciembre de 1999, ECLI:ES:TS:1999:8467

«(...) como en cualquier supuestos de responsabilidad extracontractual, ésta tiene la naturaleza de solidaria, de manera que frente al perjudicado cada obligado responde de la totalidad de la deuda, razón por la que el Ayuntamiento demandado habrá de indemnizar íntegramente al demandante en la cantidad que estimemos adecuada para su plena indemnidad».

Sentencia del Tribunal Supremo, rec. 4294/2010, de 13 de marzo de 2012, ECLI:ES:TS:2012:1452

«Conforme a reiterada jurisprudencia (STS de 25 de septiembre de 2007, rec. casación 2052/2003 con cita de otras anteriores) para que prospere la acción de responsabilidad patrimonial de la administración se exige la antijuridicidad del resultado o lesión siempre que exista nexo causal entre el funcionamiento normal o anormal del servicio público y el resultado lesivo o dañoso producido.

Y también reitera la jurisprudencia (por todas STS de 11 de mayo de 2010, recurso de casación 5933/2005) que la apreciación del nexo causal entre la actuación de la Administración y el resultado dañoso, o la ruptura del mismo, es una cuestión jurídica revisable en casación, si bien tal apreciación ha de basarse siempre en los hechos declarados probados por la Sala de instancia, salvo que éstos hayan sido correctamente combatidos por haberse infringido normas, jurisprudencia o principios generales del derecho al haberse valorado las pruebas, o por haber procedido, al hacer la indicada valoración de manera ilógica, irracional o arbitraria».

VII.- COSTAS

De acuerdo con el **artículo 139 de la LJCA (1)**, las costas deben imponerse a la Administración demandada. Conforme al mencionado artículo:

«1. En primera o única instancia, el órgano jurisdiccional, al dictar sentencia o al resolver por auto los recursos o incidentes que ante el mismo se promovieren, impondrá las costas a la parte que haya visto rechazadas todas sus pretensiones, salvo que aprecie y así lo razone, que el caso presentaba serias dudas de hecho o de derecho.

En los supuestos de estimación o desestimación parcial de las pretensiones, cada parte abonará las costas causadas a su instancia y las comunes por mitad, salvo que el órgano jurisdiccional, razonándolo debidamente, las imponga a una de ellas por haber sostenido su acción o interpuesto el recurso con mala fe o temeridad.

2. En los recursos se impondrán las costas al recurrente si se desestima totalmente el recurso, salvo que el órgano jurisdiccional, razonándolo debidamente, aprecie la concurrencia de circunstancias que justifiquen su no imposición.

3. En el recurso de casación se impondrán las costas de conformidad con lo previsto en el artículo 93.4.

4. En primera o única instancia, la parte condenada en costas estará obligada a pagar una cantidad total que no exceda de la tercera parte de la cuantía del proceso, por cada uno de los favorecidos por esa condena; a estos solos efectos, las pretensiones de cuantía indeterminada se valorarán en 18.000 euros, salvo que, por razón de la complejidad del asunto, el tribunal disponga razonadamente otra cosa.

En los recursos, y sin perjuicio de lo previsto en el apartado anterior, la imposición de costas podrá ser a la totalidad, a una parte de éstas o hasta una cifra máxima.

5. Para la exacción de las costas impuestas a particulares, la Administración acreedora utilizará el procedimiento de apremio, en defecto de pago voluntario.

6. En ningún caso se impondrán las costas al Ministerio Fiscal.

7. Las costas causadas en los autos serán reguladas y tasadas según lo dispuesto en la Ley de Enjuiciamiento Civil».

Por todo lo expuesto,

SOLICITO:

1.º Se admita el presente escrito de **RECLAMACIÓN DE RESPONSABILIDAD PATRIMONIAL** de esa Administración por el funcionamiento de los servicios públicos de salud, junto con la documentación que se acompaña, previa la tramitación del correspondiente procedimiento, acuerde indemnizar al reclamante con la cantidad de [CANTIDAD] euros, por los daños y perjuicios causados que se encuentran enumerados en este escrito.

2.º Se tengan por propuestas las siguientes pruebas

    1.- Prueba documental pública, consistente en la expedición de [NOMBRE].

    2.- Pericial, consistente en que por perito competente en la materia, se informe sobre [DESCRIPCIÓN].

    3.- ...

3.º Que, de conformidad con lo dispuesto en el **artículo 14.1 de la Ley 39/2015, de 1 de octubre, del Procedimiento Administrativo Común de las Administraciones Públicas**, manifiesto que, dada mi condición de persona física, no estoy obligado a relacionarme a través de medios electrónicos con las Administraciones públicas y que ejerzo mi derecho a elegir que las posteriores notificaciones relativas al procedimiento sancionador de referencia no sean practicadas a través de medios electrónicos y me sean dirigidas por escrito a la dirección que encabeza la misma.

En [LOCALIDAD] a [DÍA] de [MES] de [AÑO].

Firmado:

---

(1) El RD-ley 6/2023, de 19 de diciembre, modifica el artículo 139 de la LJCA, con entrada en vigor el 20/03/2024. El extracto mostrado en este formulario constituye la versión vigente desde esa fecha.